Dr. John Coleman

A DITADURA DA ORDEM MUNDIAL SOCIALISTA

John Coleman

John Coleman é um autor britânico e antigo membro dos Serviços Secretos de Inteligência. Coleman produziu várias análises do Clube de Roma, da Fundação Giorgio Cini, da Forbes Global 2000, do Colóquio Interreligioso para a Paz, do Instituto Tavistock, da Nobreza Negra e outras organizações que se aproximam do tema da Nova Ordem Mundial.

A DITADURA DA ORDEM MUNDIAL SOCIALISTA

ONE WORLD ORDER
socialist dictatorship

Traduzido do inglês e publicado pela Omnia Veritas Limited

www.omnia-veritas.com

"O inimigo em Washington é mais a temer do que o inimigo em Moscovo". Este é um sentimento que tenho expressado repetidamente. O comunismo não destruiu a protecção pautal erigida pelo Presidente George Washington. O comunismo não obrigou os Estados Unidos a adoptar o imposto progressivo sobre o rendimento. O comunismo não criou o Conselho da Reserva Federal. O comunismo não arrastou os Estados Unidos para a Primeira e Segunda Guerras Mundiais. O comunismo não impôs as Nações Unidas à América. O comunismo não tirou o Canal do Panamá ao povo americano. O comunismo não criou o plano de genocídio em massa do relatório Global 2000. Foi o SOCIALISMO que trouxe estes males para os Estados Unidos!

O comunismo não deu SIDA ao mundo! O comunismo não deu à América níveis desastrosos de desemprego. O comunismo não lançou ataques implacáveis contra a Constituição dos EUA.

O comunismo não obrigou a América a adoptar a "ajuda estrangeira", aquele maldito imposto sobre o povo americano que é a servidão involuntária.

O comunismo não impôs um fim às orações nas escolas. O comunismo não promoveu a mentira da "separação da igreja e do estado". O comunismo não deu à América um Supremo Tribunal repleto de juízes vinculados e determinados a minar a Constituição dos EUA. O comunismo não enviou os nossos soldados para combater uma guerra ilegal no Golfo para proteger os interesses da coroa britânica.

No entanto, todos estes anos, enquanto a nossa atenção se concentrava nos males do comunismo em Moscovo, os socialistas em Washington estavam ocupados a roubar a América! Apenas ***The Dictatorship of the Socialist World Order*** explica como isto foi, e é, conseguido.

INTRODUÇÃO

> "Construiremos a Nova Ordem Mundial peça por peça, mesmo debaixo dos seus narizes (do povo americano)." A casa da Nova Ordem Mundial terá de ser construída de baixo para cima e não de cima para baixo. Um desvio de soberania, corroendo-a peça por peça, realizará muito mais do que o bom e velho ataque frontal". Richard Gardner, líder socialista americano, *Foreign Affairs*, a revista do Council on Foreign Relations (CFR), Abril de 1974.

Neste livro (juntamente com os meus outros títulos *History of the Committee of 300* e *Diplomacy by Lying*), explico como a declaração de Gardner fornece uma visão geral da agenda socialista Fabian para os Estados Unidos. As ideias, pensamentos e pessoas que trabalharam diligentemente para estabelecer o socialismo, a principal e fatal doença política das nações modernas, são explicadas em pormenor.

Há um relato dos vários objectivos dos socialistas estabelecidos pela British Fabian Society, cujo lema é "Make Haste Slowly".[1] Quando lhe foi pedido para explicar o comunismo, Lenine respondeu: "O comunismo é socialismo à pressa". O socialismo não tem outra saída a não ser o comunismo, isto é algo que eu tenho dito frequentemente. Este livro explica porque é que tantos dos males que afligem a nossa sociedade de hoje têm a sua origem num cuidadoso planeamento e execução socialista.

O socialismo é inerentemente mau porque obriga as pessoas a aceitarem mudanças deliberadamente concebidas que elas não pediram nem quiseram. O poder do socialismo é disfarçado em

---

[1] "Apresse-se lentamente", Ndt.

termos calmantes e esconde-se por detrás de uma máscara de humanitarismo. Manifesta-se também em mudanças fundamentais e de grande alcance na religião, que os socialistas há muito utilizam como um poderoso meio de ganhar aceitação, alargando assim a sua influência dentro das igrejas, em detrimento de todas as religiões.

O objectivo do socialismo é a liquidação do sistema de livre iniciativa, que é o verdadeiro capitalismo. O socialismo científico surge em muitos disfarces, e os seus promotores chamam-se a si próprios liberais ou moderados. Não usam crachás e não são reconhecíveis, como seriam se se intitulassem comunistas.

Existem mais de 300.000 socialistas no governo dos EUA e, segundo estimativas conservadoras, em 1994, 87% dos membros do Congresso eram socialistas. As ordens executivas são um estratagema socialista inconstitucional para utilizar legislação para tornar a Constituição dos EUA ineficaz, quando não são possíveis métodos directos para provocar as desejadas mudanças socialistas bloqueadas pela Constituição.

O socialismo é uma revolução que não recorre a métodos manifestamente violentos, mas que, no entanto, causa o maior dano à psique da nação. É um movimento governado pela furtividade. O seu lento progresso em direcção aos Estados Unidos desde o seu ponto de origem em Inglaterra foi quase imperceptível até aos anos 50. O movimento socialista Fabian continua a ser distinto dos chamados grupos do partido socialista, pelo que a sua marcha em frente era quase imperceptível para a maioria dos americanos. "Quando se fere um comunista, um socialista sangra" é um ditado que remonta aos primeiros tempos do socialismo Fabiano.

O socialismo regozija-se fervorosamente com a proliferação do poder do governo central que se esforça por assegurar para si próprio, afirmando sempre que é para o bem comum. Os Estados Unidos e a Grã-Bretanha estão repletos de falsos profetas que pregam a Nova Ordem Mundial. Estes missionários socialistas pregam a paz, o humanitarismo e o bem comum. Plenamente conscientes de que não podiam vencer a resistência do povo americano ao comunismo por meios directos, os insidiosos socialistas Fabianos sabiam que tinham de agir calma e lentamente, e evitar alertar o povo para os seus verdadeiros objectivos. Assim, o "socialismo científico" foi adoptado como o meio de derrotar os

Estados Unidos e torná-lo o primeiro país socialista do mundo.

Este livro conta a história do sucesso do socialismo Fabian e a nossa situação actual. Os presidentes Wilson, Roosevelt, Eisenhower, Carter, Kennedy e Johnson eram servos entusiastas e dispostos do socialismo Fabian. Passaram a tocha ao Presidente Clinton. Democracia e socialismo andam de mãos dadas. Todos os presidentes dos EUA desde Wilson declararam repetidamente os EUA como sendo uma democracia, quando na realidade é uma república confederada. O socialismo Fabiano governa o destino do mundo de uma forma disfarçada para o tornar irreconhecível. O socialismo é o autor do imposto progressivo sobre o rendimento, o destruidor do nacionalismo, o autor do chamado "comércio livre".

Este livro não é uma exposição enfadonha das filosofias do socialismo, mas um relato dinâmico e dramático de como se tornou a maior ameaça para libertar os homens em toda a parte, mas especialmente nos Estados Unidos, que ainda não o enfrentou de frente. A superfície branda e suave do socialismo esconde a sua verdadeira intenção: um governo federal mundial sob controlo socialista, no qual nós, o povo, seremos os seus escravos numa escura Nova Ordem Mundial.

Capítulo 1

A ORIGEM DO SOCIALISMO FABIANO E A SUA HISTÓRIA

> "Como todos os socialistas, acredito que a sociedade socialista está a evoluir ao longo do tempo para uma sociedade comunista". - John Strachey, ministro do Partido do Trabalho.
>
> "No jargão dos jornais americanos, John Strachey seria chamado 'Marxista N° 1' e o título seria merecido". *Notícias da Esquerda*, Março de 1938.

O socialismo Fabian começou com a Sociedade Fabian que, nas suas próprias palavras, "consiste em socialistas que se aliaram ao Manifesto Comunista de 1848", escrito por Karl Marx, um judeu nascido na Prússia que viveu a maior parte da sua vida em Highgate, Londres. No "Fundamentos da Sociedade Fabian" aprendemos o seguinte:

> "Visa, portanto, a reorganização da sociedade através da emancipação da terra e do capital industrial da propriedade individual e a sua devolução à comunidade para benefício geral. Só assim as vantagens naturais e adquiridas do país poderão ser partilhadas por todo o povo...".

Este é o princípio que o socialismo Fabian exportou para os Estados Unidos e impôs incansavelmente ao povo americano, em grande detrimento da nação.

Marx morreu sozinho em Outubro de 1883, nunca tendo conseguido concretizar a visão que partilhou com Moses Mendelssohn (Mendelssohn é geralmente reconhecido como o pai do comunismo europeu), e foi enterrado no pequeno cemitério murado em Highgate, no norte de Londres. O Professor Harold Laski, o homem mais estreitamente associado ao movimento desde o seu início até à sua morte em 1950, admitiu que o Manifesto Comunista tinha dado vida ao socialismo.

Mas na realidade, o socialismo nasceu com a fundação da Sociedade Ética da Cultura, anteriormente a Fellowship of New Life, em Nova Iorque. Embora a economia política de John Stuart Mill, tal como expressa no livro socialista de Henry George, Progresso e Pobreza, o lado espiritual do socialismo não deve ser ignorado. Webb e a sua esposa Beatrice lideraram a Sociedade Fabian desde o seu início. A maioria dos membros da Fellowship of New Life, que precedeu a Sociedade Ética da Cultura, eram Maçons Livres afiliados à teosofia ocultista de Madame Blavatsky, à qual Annie Besant também subscreveu.

Laski não era de modo algum um "homem espiritual", mais parecido com Marx do que Ramsay McDonald, que mais tarde se tornou Primeiro-Ministro de Inglaterra. Laski exerceu uma influência considerável sobre dezenas de líderes políticos, económicos e religiosos britânicos, e é creditado por ter uma influência irresistível sobre os presidentes Franklin Delano Roosevelt e John F. Kennedy. Victor Gollancz, o editor socialista, afirmou repetidamente que o socialismo era necessário para o domínio mundial:

> "O socialismo centraliza o poder e torna os indivíduos completamente subservientes àqueles que controlam esse poder", disse ele.

Tendo-se retirado da Irmandade da Nova Vida, Fabian Socialismo tentou vários caminhos já percorridos pelos comunistas, os Bakunistas, os Babouvists (anarquistas) e Karl Marx, negando sempre com veemência qualquer ligação com estes movimentos. Constituído principalmente por intelectuais, funcionários públicos, jornalistas e editores como o grande Victor Gollancz, o socialismo Fabian não tinha qualquer interesse em envolver-se nas batalhas de rua dos revolucionários anarquistas. Os membros fundadores do Fabianismo aperfeiçoaram a técnica utilizada pela primeira vez por Adam Weishaupt - a de penetrar na Igreja Católica e "roer-lhe o interior até que apenas restasse uma concha vazia". A isto chamava-se "penetração e impregnação". Aparentemente, nem Weishaupt nem Gollancz pensaram que os cristãos seriam suficientemente inteligentes para ver o que se estava a passar.

Gollancz teria dito:

> "Os cristãos não são realmente brilhantes, por isso será fácil para o socialismo conduzi-los no nosso caminho através dos seus ideais de amor fraterno e justiça social".

O socialismo Fabiano visou organizações políticas, económicas e educacionais, para além da Igreja cristã. Mais tarde, a Gollancz's Left Wing Books deu descontos especiais aos cristãos que estavam interessados em ideias socialistas. O comité de selecção do Clube do Livro da Esquerda era constituído pelo próprio Gollancz, pelo Professor Harold Laski e por John Strachey, deputado do Partido Trabalhista. Gollancz, que também era proprietário do The Christian Book Club, acreditava firmemente que a Rússia bolchevique era um aliado do socialismo. Por instigação de Beatrice Webb, publicou um dos best-sellers da Sociedade Fabian, 'O nosso aliado soviético'.

Desde o início da sua história, o socialismo Fabian procurou penetrar e permear os partidos trabalhistas e liberais britânicos, e mais tarde o Partido Democrata nos Estados Unidos. Era implacável no seu zelo e energia criar um socialismo "feminista", o que conseguiria fazer. O socialismo conseguiu tomar posse de conselhos escolares, conselhos municipais e sindicatos sob o pretexto de melhorar o lote de trabalhadores. A determinação do socialismo de Fabian em assumir a educação reflecte o que Madame Zinoviev há muito aconselhava na Rússia bolchevique.

Em 1950, Gollancz publicou "Corruption in a Profit Economy", um livro amplamente lido por Mark Starr. Starr foi um produto do socialismo Fabian e, embora considerado um pouco áspero nos limites (começou a vida como mineiro de carvão), não foi rejeitado pelos socialistas da Ivy League de Harvard e Yale, a quem a Sociedade Fabian tinha tido acesso no seu progresso ordenado para subir a escada desde o seu humilde início em Londres. Starr emigrou para os Estados Unidos em 1928, após ter obtido as suas credenciais socialistas no National Council of Labour Colleges.

Treinado pela formidável Margaret Cole, fundadora do Fabian Research Center, Starr foi A ligação entre a Fabian Society em Londres e os movimentos socialistas emergentes na América. Starr serviu no Brockwood Labor College de 1925 a 1928, passando por uma notável educação socialista desde a mais tenra idade. O Fundo Socialista Garland concedeu ao Starr uma bolsa de estudo de 74.227 dólares, uma soma considerável na altura. Tornou-se director de educação do International Ladies Garment Workers Union (ILGWU) de 1935 a 1962. O seu trabalho sobre política e educação sindical foi notável pela causa do socialismo. Para Starr, a educação significava ensinar que o lucro privado estava errado e deveria ser abolido.

Em 1941, Starr foi nomeado vice-presidente da Federação Americana de Professores, uma das principais organizações de professores socialistas da época. Após ter adquirido a cidadania americana, Starr foi nomeado pelo Presidente Harry Truman para a Comissão Consultiva dos EUA, autorizada pelo Direito Público 402, "para aconselhar o Departamento de Estado e o Congresso sobre o funcionamento dos centros de informação e bibliotecas mantidos pelo Governo dos Estados Unidos em países estrangeiros, e sobre o intercâmbio de estudantes e peritos técnicos". Este foi de facto um "golpe" para o socialismo nos Estados Unidos!

O socialismo Fabiano atraiu grande parte da elite da sociedade na Grã-Bretanha e nos Estados Unidos. Diz-se que os socialistas americanos "imitaram os seus homólogos ingleses, admirando o seu domínio da língua, as suas rápidas reviravoltas de frase, e a sua refinada respeitabilidade, talvez personificada pelo Professor Graham Wallas, Sir Stafford Cripps, Hartley Shawcross, e Richard Crossman".

O Professor Graham Wallas deu uma palestra na New School for Social Research em Nova Iorque, um "think tank" socialista fundado pela revista *New Republic*, que se destina a professores de esquerda, dos quais os EUA têm mais do que a sua quota-parte justa. Wallas foi um dos primeiros intelectuais a aderir à então inominada Sociedade Fabian, que em 1879 enfrentou um futuro muito incerto e não foi vista como uma ameaça para o governo ou para a igreja. O interesse inicial de Wallas pela educação reflecte-se num dos seus primeiros trabalhos - o do Comité de Gestão Escolar do Condado do Conselho Escolar. Como veremos noutros capítulos, a hierarquia dos socialistas Fabianos viu o controlo da educação como o elemento-chave da sua estratégia para a conquista mundial.

Este ideal reflectiu-se também na nomeação de Wallas como professor na London School of Economics, fundada por Sydney Webb e ainda uma jovem instituição educacional socialista. Wallas tinha apenas quatro alunos na sua turma.

Wallas acreditava que a forma de socializar um país era através da psicologia aplicada. A forma de socializar a América, argumentou Wallas, era levar a massa da população pela mão como crianças (ele não tinha uma opinião muito elevada sobre o padrão de educação nos Estados Unidos) e como crianças, levá-las passo a passo pelo caminho do socialismo, ao qual eu acrescentaria, e da escravatura final. Wallas é um nome importante neste relato do socialismo, pois escreveu um livro que foi adoptado, literalmente, pelo Presidente Lyndon Johnson, como política oficial do Partido Democrático.

O sinistro avanço sinistro do socialismo que começou a cobrir a Inglaterra poderia ter sido evitado, mas para a Primeira Guerra Mundial. A flor da juventude cristã britânica, que teria resistido à marcha em frente deste conceito alienígena, estava morta nos campos da Flandres, as suas vidas desperdiçadas desnecessariamente num nebuloso ideal de "patriotismo". Entorpecida pela horrível perda dos seus filhos, a geração mais velha não se importou com o que o socialismo fez ao seu país, acreditando que "haverá sempre uma Inglaterra".

A psicologia social foi uma arma inteligentemente utilizada para desviar os ataques contra as organizações Fabianas americanas. Americans for Democratic Action (ADA) afirmou não fazer parte da Sociedade Fabian, e o seu porta-voz, *The Nation* newspaper, procurou veementemente negar as tentativas de ligar as duas organizações.

Em 1902, Wallas ensinava o socialismo hardcore na Escola de Verão da Universidade de Filadélfia. Ele tinha sido convidado para os Estados Unidos por socialistas americanos ricos que tinham frequentado a Oxford Summer School em 1899 e 1902, um período em que os cursos de doutrinação de Verão estavam no auge da sua popularidade junto dos americanos ricos que não tinham nada melhor para fazer. Em 1910, Wallas tornou-se mentora de líderes socialistas americanos como Walter Lippmann, proferindo as Lowell Lectures em Harvard. Graham Wallas foi reconhecido como um dos quatro grandes intelectuais socialistas britânicos e como tal foi procurado pelo socialista americano Ray Stannard Baker, o emissário que o Coronel Edward Mandel House enviou à Conferência de Paz de Paris para o representar e cobrir o que os delegados estavam a fazer.

Entre 1905 e 1910, Graham Wallas escreveu "A Grande Sociedade", que viria a ser o projecto do programa do Presidente Johnson com o mesmo nome, e que incorporava os princípios da psicologia social. Wallas deixou claro que o objectivo da psicologia social era controlar a conduta humana, preparando assim as massas para o próximo estado socialista que as levaria eventualmente à escravatura - embora tenha tido o cuidado de não explicar isto tão claramente. Wallas tornou-se um intermediário nos Estados Unidos para as ideias dos socialistas Fabian, grande parte das quais foi incorporada no "New Deal" de Roosevelt, escrito pelo socialista Stuart Chase, no "New Frontier" de Kennedy, escrito pelo socialista Henry Wallace, e no "Great Society" de Johnson, escrito por Graham Wallas. Estes factos, por si só, fornecem uma medida do impacto considerável do socialismo Fabiano na cena política americana.

Tal como o Professor Laski, Wallas tinha o mesmo bom carácter e bondade que teria um impacto tão grande nos líderes políticos e religiosos da América. Ambos os homens deveriam ser os missionários mais eficazes da Sociedade Fabian nas universidades e colégios em todos os Estados Unidos, para não mencionar o seu impacto nos líderes do recentemente emergente movimento agressivo "feminista".

Assim, desde o início do socialismo Fabiano na América, este movimento perigosamente radical estava falsamente revestido de um manto de bondade capaz de enganar "os eleitos", para parafrasear a Bíblia. Forneceu uma cobertura para a revolução em ambos os lados do Atlântico, mantendo-se afastado da violência normalmente associada à palavra "revolução". A história registará um dia que a revolução socialista Fabian ultrapassou de longe a violenta revolução bolchevique em alcance e escala. Enquanto a revolução bolchevique terminou há mais de cinquenta anos, a revolução socialista Fabian continua a crescer e a fortalecer-se. Este movimento silencioso literalmente "moveu montanhas" e mudou dramaticamente o curso da história, e em nenhum outro lugar mais do que nos Estados Unidos.

Os dois faróis que permaneceram mestres do socialismo Fabiano até ao fim dos seus dias foram George Bernard Shaw e Sydney Webb. Mais tarde juntaram-se-lhes homens como Graham Wallas, John Maynard Keynes e Harold Laski, todos eles sabendo que o sonho de uma conquista socialista da Grã-Bretanha e dos Estados Unidos só poderia ser realizado através do enfraquecimento gradual do sistema financeiro de cada país, até que caíssem num estado de bem-estar total. É isto que vemos hoje, uma vez que a Grã-Bretanha foi ultrapassada e se tornou um Estado social falhado.[2]

A segunda linha de acção do Fabianismo foi contra a separação constitucional de poderes mandatada pela Constituição dos EUA. O Professor Laski e os seus colegas acreditavam que se o socialismo Fabian pudesse remover este obstáculo, eles teriam a chave para desmantelar toda a Constituição dos EUA. Era portanto imperativo que o socialismo treinasse e empregasse agentes especiais de mudança capazes de minar isto, a disposição mais importante da Constituição. A Sociedade Fabian iniciou a tarefa, e o sucesso da sua missão pode ser visto na forma chocante como o Congresso rende alegremente os seus poderes ao ramo executivo de uma forma que só pode ser descrita como não só imprudente, mas também 100% inconstitucional.

Um bom exemplo seria o poder de veto concedido ao Presidente Clinton, desafiando a Constituição. Outro bom exemplo é a renúncia de poderes nas negociações comerciais que são legitimamente investidos na Câmara dos Representantes. Como veremos nos capítulos sobre o NAFTA e o GATT, foi precisamente isto o que o Congresso fez, fazendo assim de boa ou má vontade - não importa - o jogo nas mãos dos inimigos socialistas desta nação.

Sydney Webb e George Bernard Shaw foram os homens que estabeleceram o rumo socialista Fabiano: penetração e permeação, em vez de anarquia e revolução violenta. Ambos estavam determinados que o público deveria ser levado a acreditar que o socialismo não significava necessariamente a esquerda, e certamente não o marxismo. Ambos viajaram para a Rússia

[2] O que podemos dizer hoje sobre a França...? Nde.

bolchevique no auge do terror, ignorando, em vez de comentar, o talho que era do conhecimento público. Dos dois, Webb foi o mais impressionado com os bolcheviques e escreveu um livro intitulado "Socialismo Soviético - Uma Nova Civilização? ". Mais tarde surgiu, após a deserção de um funcionário do Ministério dos Negócios Estrangeiros soviético, que Webb aparentemente não tinha escrito este livro, que era obra do Ministério dos Negócios Estrangeiros soviético.

Shaw e Webb ficaram conhecidos como os "demónios do socialismo à espera de serem exorcizados" antes que o socialismo pudesse abrir as suas asas e, como Shaw disse, "resgatar o comunismo das barricadas". Embora Shaw tenha afirmado não se importar com a FORMA, ele ainda assim expressou a sua crença de que o socialismo Fabian se tornaria um "movimento constitucional". Mesmo com os "grandes" do socialismo a juntarem-se ao movimento, Toynbee, Keynes, Haldane, Lindsay, H.G. Wells e Huxley, Shaw e Webb mantiveram o seu domínio sobre a Fabian Society em Londres e conduziram-na na direcção que tinham escolhido tantos anos antes.

A indigência de Shaw quase sempre sem dinheiro foi aliviada pelo seu casamento com Charlotte Payne Townshend, uma senhora de meios consideráveis, que alguns acreditam ter sido a razão pela qual o irascível Shaw casou com ela. Isto é confirmado pelo facto de que antes da troca dos votos de casamento, Shaw insistiu em ser tratado sob a forma de um substancial acordo pré-nupcial.

Shaw já não se entregava a orações de caixa de sabão e reuniões de adega, mas aspirava a misturar-se socialmente com a alta sociedade do socialismo. Homens como Lord Grey e Lord Asquith tornaram-se seus bons amigos, e enquanto Shaw fazia mais uma ou duas viagens a Moscovo, ele arrefeceu do comunismo. Embora fosse um ateu confesso, isto não impediu Shaw de cultivar aqueles que pensava poder usar para promover a sua carreira, tais como Lord Asquith em particular. Shaw não recebeu ordens de ninguém, muito menos de todos os 'recém-chegados' como Hugh Gaitskell, futuro Primeiro Ministro de Inglaterra, e protegido da família Rockefeller. Shaw viu-se definitivamente como a 'velha guarda' ao lado de Sydney e Beatrice Webb. Estes socialistas profissionais endurecidos resistiram a muitas tempestades políticas e nunca recuaram em relação a muitas vezes considerável oposição externa e "rixas familiares".

O socialismo Fabian começou em 1883 como uma sociedade em debate, 'Nueva Vita' (Nova Vida), que se reuniu numa pequena sala na 17 Osnaburgh Street, Londres. Isto fazia lembrar o início do movimento nacional-socialista alemão, mais tarde retomado por Hitler. Um dos objectivos da 'Nueva Vita' era reunir os ensinamentos de Hegel e São Tomás de Aquino numa amálgama.

Mas a palavra 'socialismo' não era nova, pois já existia desde 1835, muito antes da 'Nueva Vita' ter dado os seus primeiros passos em 1883, na própria noite da morte de Marx. O líder do grupo - que era quatro - foi Edward Pease, e o seu objectivo era utilizar a educação como veículo para a propaganda socialista que teria um efeito tão profundo na educação e na política de ambos os lados do Atlântico. Isto parecia uma ordem alta para um grupo de homens que não tinham recebido a necessária educação pública, uma necessidade para os futuros líderes da Inglaterra vitoriana, e no entanto um exame da Sociedade Fabiana mostra que isto é exactamente o que conseguiram.

Em estilo bastante grandioso, os jovens deram ao seu grupo o nome de Quintus Fabian, um famoso general romano, cuja táctica era esperar pacientemente que o inimigo cometesse um erro e depois atacar duramente. O irlandês George Bernard Shaw juntou-se à Sociedade Fabian em Maio de 1884. Shaw veio do Hampstead Historical Club, um círculo de leitura marxista. É estranho que tanto Shaw como Marx tenham chegado ao socialismo a uma curta distância um do outro - Hampstead Heath não está assim tão longe de Highgate. (Conheço bem a zona, tendo vivido na zona de Hampstead e Highgate e passado muitos anos a estudar no Museu Britânico). Assim, de certa forma, a minha percepção do que era o socialismo Fabian foi tornada mais clara por estas circunstâncias.

Embora nunca tenha admitido conhecer Marx, embora tenha cortejado a sua filha Eleanor, Shaw é suspeito de ter sido o "líder" de Marx ao trazer o socialismo às audiências a que mais frequentemente se dirigia, quatro vezes por semana, onde quer que os pudesse encontrar. Um estudo que fiz no Museu Britânico leva-me a crer que o comunismo inventou o socialismo para transmitir as suas ideias radicais que de outra forma não teriam sido bem recebidas em Inglaterra ou nos Estados Unidos, os dois países mais favorecidos pelo comunismo para a sua conquista.

Há poucas dúvidas na minha mente de que Shaw era um Marx "disfarçado", pois o socialismo era comunismo "disfarçado". A minha teoria ganha peso quando ficamos a saber que Shaw frequentou a Internacional Socialista em Londres, em 1864, como delegado dos Fabianos. Como sabemos, Marx foi o criador da Internacional Socialista, na qual as suas teorias erradas foram pregadas ad-infinitum a par de propaganda comunista pura e simples. Karl Marx nunca tentou esconder a aliança profana entre a Internacional Comunista e a sua própria Internacional Socialista, mas Shaw e os Webbs, e mais tarde Harold Laski, negou veementemente qualquer ligação com o marxismo ou o comunismo.

Os Fabianos passaram horas sem fim a debater se a "social-democracia" ou o "socialismo democrático" deveria ser o grito de batalha. No final, foi o "socialismo democrático" que foi utilizado nos EUA com tanto sucesso, sendo a ideia de Shaw que os intelectuais socialistas (dos quais ele era um) liderariam a acusação na altura das eleições, enquanto os trabalhadores forneceriam o dinheiro. Esta ideia foi cooptada com sucesso pela ADA, que inundou os comités do Congresso com "peritos" que iam e vinham para Harvard, a fim de confundir e confundir os senadores e representantes incultos e inexperientes nos caminhos da traição socialista.

O socialismo NÃO tem A ver com a IGUALDADE E LIBERDADE. Também não se trata de ajudar a classe média e os trabalhadores. Pelo contrário, trata-se de escravizar o povo por meios graduais e subtis, um facto que Shaw uma vez admitiu num momento de desatenção. O livro "Grande Sociedade" de Graham Wallas e "Grande Sociedade" de Lyndon Banes Johnson eram a mesma coisa, e à primeira vista parecia que o povo seria o beneficiário da generosidade do governo, mas na verdade era apenas uma armadilha de escravatura alimentada com mel socialista. ENQUANTO O SOCIALISMO ESTIVER VIVO, O COMUNISMO NÃO PODE ESTAR MORTO, E É AÍ QUE O SOCIALISMO CONDUZ ESTA NAÇÃO - PARA A ARMADILHA DO AÇO DO COMUNISMO.

Devemos recordar o que o grande Presidente Andrew Jackson disse sobre o inimigo oculto entre nós:

> "Mais cedo ou mais tarde o seu inimigo irá aparecer, e saberá o que fazer e será confrontado com muitos inimigos invisíveis da sua liberdade duramente conquistada. Mas eles aparecerão no devido tempo - tempo suficiente para os destruir".

Esperemos que o povo americano, cego pelas políticas falsamente socialistas de quatro presidentes, tenha as escalas retiradas dos seus olhos antes que seja demasiado tarde.

Um segundo marxista disfarçado foi Sydney Webb, tão desdenhosamente despedido por Sir Bertrand Russell em anos posteriores como "funcionário do Escritório Colonial". Webb ficou furioso ao negar que alguma vez conheceu Marx, mas tal como com Shaw, há provas circunstanciais de que Webb conheceu Marx com bastante regularidade. Ao contrário de Shaw, que casou tarde na vida, Webb casou cedo com Beatrice Potter, uma mulher rica e formidável que faria progredir a sua carreira mais do que ele se importava de admitir.

Beatrice era filha de um magnata ferroviário canadiano, que se tinha apaixonado por Joseph Chamberlain, mas que tinha sido rejeitada por ele por causa da diferença de classe. Naqueles dias, ter dinheiro não significava a admissão automática aos melhores círculos. Tinha de vir do contexto "certo", o que geralmente significava uma educação escolar pública (uma "escola pública" em Inglaterra é o mesmo que uma escola pública na América). Desde a sua primeira reunião, Shaw e os Webbs estavam na mesma página e fizeram uma grande equipa.

A revolução socialista proposta pela Sociedade Fabian foi a de lançar uma longa e sombria sombra sobre a Inglaterra e mais tarde sobre os Estados Unidos. Os seus objectivos pouco diferem dos que constam do manifesto comunista de 1848:

> "Visa, portanto, a reorganização da sociedade através da emancipação da terra e do capital industrial da propriedade individual e a sua devolução à comunidade para benefício geral. Trabalha, portanto, para a extinção da propriedade privada de terras. Procura alcançar estes objectivos através da disseminação geral do conhecimento sobre a relação entre o indivíduo e a Sociedade nos seus aspectos económicos, éticos e políticos".

Não houve denúncia da religião, nem anarquistas de cabelo

comprido a correr por aí com bombas. Nada disso. Os fascistas também foram bem-vindos, como evidenciado pelo facto de Sir Oswald Mosely e a sua esposa, née Cynthia Curzon, serem ambos socialistas convictos antes de se juntarem às fileiras do fascismo. Shaw, o socialista da "velha guarda", elogiou Hitler nos anos que antecederam a Segunda Guerra Mundial. Em vez de mostrar as suas verdadeiras cores, o Fabianismo deu-se ares e graças que desmentiram as suas perigosas intenções revolucionárias: a constituição não escrita da Inglaterra e a constituição escrita dos Estados Unidos deviam ser subvertidas e substituídas por um sistema de socialismo de Estado, através de um processo conhecido como "gradualismo" e "penetração e permeação".

Há aqui algumas semelhanças entre Hitler e os Fabianistas: no início, ninguém lhes prestou qualquer atenção. Mas ao contrário de Hitler, para Shaw e Webb a visão era a de um mundo que evoluiria para uma Nova Ordem Mundial em que todos ficariam felizes e satisfeitos, sem recorrer à violência e à anarquia.

Os Fabianos começaram a abrir as suas asas e em 1891 estavam prontos para publicar a sua primeira "Fabian News". Foi nesta altura que Beatrice Webb começou a ensinar o feminismo radical e desenvolveu o programa de investigação Fabian, mais tarde utilizado com grande sucesso pelo Juiz Louis Brandeis e conhecido como o Brandeis Brief. Este programa consistia em volume após volume de material de 'investigação', o suficiente para sobrecarregar os adversários, coberto pelo mais fino dos dossiers jurídicos. Houve pouco encorajamento para novos membros sem estatura e importância: Webb e Shaw sentiram que o seu movimento era para a elite - não estavam interessados em movimentos de massas de pessoas sem dinheiro ou influência.

Assim, voltaram-se para as universidades de Oxford e Cambridge, onde os filhos da elite estavam a ser treinados, que mais tarde levariam a mensagem da Fabian Society (devidamente disfarçada de "reformas") ao coração e à alma do Parlamento. O objectivo da Sociedade Fabian era assegurar que os socialistas fossem instalados em posições de poder, onde a sua influência pudesse ser invocada para conseguir "reformas".

Este programa, com algumas modificações, foi praticado também nos Estados Unidos e deu origem a Roosevelt, Kennedy, Johnson e

Clinton - todos socialistas. Estes agentes de mudança foram formados à maneira Fabiana, combinando sociologia e política para abrir portas. Os números simples nunca foram o seu estilo. Um dos seus membros de elite, Arthur Henderson, que foi secretário britânico dos negócios estrangeiros em 1929, foi o instigador do reconhecimento diplomático do monstruoso regime bolchevique, seguido pelos EUA alguns anos mais tarde.

A primeira célula da Fabian Society em Oxford abriu em 1895, e em 1912 havia mais três, com os estudantes a representarem mais de 20% dos membros.

Este é talvez o período mais importante para o crescimento da Sociedade Fabian; os estudantes são introduzidos no socialismo, e muitos deles tornar-se-ão líderes mundiais.

O pequeno movimento a que ninguém prestou atenção em 1891 tinha chegado. Um dos movimentos radicais e revolucionários mais perigosos do século XX tinha-se enraizado em Inglaterra e já estava a começar a espalhar-se pelos Estados Unidos. Laski, Galbraith, Attlee, Beaverbrook, Sir Bertrand Russell, H.G. Wells, Wallass, Chase e Wallace; estes eram alguns dos socialistas Fabianos que deveriam ter um efeito profundo no curso que os Estados Unidos seguiriam.

Isto foi particularmente verdadeiro para o Professor Laski. Poucas pessoas no governo, durante os trinta anos que Laski passou na América, perceberam a profundidade da sua penetração na educação e no próprio governo. Foi um homem que colocou os princípios do socialismo na prática diária. Laski deu palestras em muitos estados e nas universidades de Oregon, Califórnia, Colorado, Columbia, Yale, Harvard e Roosevelt, Chicago. Ao longo deste tempo, insistiu constantemente na adopção de um programa federal de "seguro social" que, não mencionou, levaria ao objectivo socialista de um Estado Providência TOTAL.

Mais tarde, Laski, Wallas, Keynes e muitos dos líderes políticos e economistas da Sociedade Fabian iriam ao Tavistock Institute of Human Relations[3] para aprender os métodos de John Rawlings

---

[3] Ver *Instituto Tavistock de Relações Humanas - Moldando o declínio moral,*

Reese, conhecidos como ‘condicionamento interior’ e ‘penetração a longo prazo’. Henry Kissinger também foi treinado nesta escola.

Gradualmente, como era seu hábito, os Fabianistas começaram a penetrar nos partidos trabalhistas e liberais, dos quais exerceram uma grande influência na socialização do inglês outrora fortemente independente, que estava relutante em aceitar a ajuda do governo. Embora os Webbs tenham reclamado o crédito pela técnica de "penetração", esta reclamação foi rudemente minada em 1952 pelo Coronel I.M. Bogolepov, que declarou que todo o plano tinha sido escrito para os Webbs no seio do Ministério dos Negócios Estrangeiros soviético, tal como tinha grande parte do conteúdo dos muitos livros que os Webbs afirmavam ter escrito. Bogolepov continuou a dizer que muito do conteúdo dos livros da Webb tinha sido escrito por ele próprio. "Eles apenas o mudaram um pouco aqui e ali, senão foi copiado palavra por palavra", disse o coronel.

Como acontece frequentemente quando os heróis esquerdistas ou socialistas são desmascarados, a imprensa cobre e elogia o desmascarado com massas de verbos irrelevantes até que a acusação seja quase esquecida. Vemos isto quase diariamente na imprensa no que diz respeito ao carácter moral e à inépcia política do Presidente Clinton. "Ele é deles, e não importa o que digam sobre ele, não deixarão a lama secar", disse um dos meus colegas da inteligência. E eles exoneram Clinton. Ao analisar os relatórios do carácter questionável de Clinton e os erros políticos, não se pode deixar de ficar impressionado com o controlo dos danos dos socialistas Fabianos: "Lavar" o alvo e abafar o atacante em verborreia que pouco tem a ver com as questões.

Ao estudar a história da Sociedade Fabian no Museu Britânico em Londres, fiquei impressionado com o impressionante progresso do pequeno grupo de estranhos que acabou por trazer alguns dos mais importantes políticos, escritores, professores, economistas, cientistas, filósofos, líderes religiosos e editores para a órbita da Sociedade Fabian, enquanto o mundo parecia nunca reparar na sua

---

espiritual, cultural, político e económico dos Estados Unidos da América, John Coleman, Omnia Veritas Ltd, www.omnia-veritas.com.

existência. Isto pode explicar porque é que as profundas mudanças que estavam a ocorrer não foram motivo de alarme. A técnica Fabian de apresentar "reformas" como "benéficas", "justas" ou "boas" foi a chave do seu sucesso.

O mesmo é válido para os socialistas americanos. Todas as medidas importantes tomadas pela quinta coluna socialista em Washington estão disfarçadas de "reformas" que irão beneficiar o povo. O estratagema é tão antigo como o tempo, mas os eleitores caem sempre nele. O "New Deal" de Roosevelt saiu directamente de um livro socialista Fabiano com o mesmo título escrito por Stuart Chase, e no entanto foi aparentemente aceite como uma genuína "reforma" do sistema. Até o reconhecimento por Woodrow Wilson da traição do governo Kerensky foi revestido de uma linguagem concebida para enganar intencionalmente o povo americano, levando-o a acreditar que as "reformas" em curso na Rússia eram para o benefício do povo. A "Grande Sociedade" de Johnson foi outro programa "americano" retirado directamente de um livro escrito por Graham Wallas, intitulado "A Grande Sociedade".

Com a criação da London School of (Socialist) Economics, embora não tão pretensiosa nas suas origens como o título implicava, os socialistas Fabian tornaram-se cada vez mais influentes na elaboração da política monetária de ambos os lados do Atlântico. A instituição foi muito melhorada quando a Fundação Rockefeller forneceu uma subvenção substancial. O método de financiamento de instituições socialistas por subsídios da elite rica, bem como os seus programas quotidianos para os pobres, seria ideia do Shaw, que ele activou depois de assistir a uma conferência na London School of Economics.

Basicamente, fazer os pobres pagarem os programas ‘locais’ era como criar sindicatos entre a classe trabalhadora, e depois utilizar as quotas dos membros para facilitar e financiar programas socialistas. É um pouco como os Maçons Livres, que tendem a dizer-nos que pagam quantias generosas de dinheiro à caridade. Mas o dinheiro vem normalmente do público, não dos cofres dos maçons. Nos Estados Unidos, os Shriners são famosos pelas suas doações aos hospitais, mas o dinheiro vem do público através de colecções de rua organizadas pelos Shriners. Nenhum dos seus próprios fundos vai alguma vez para hospitais.

Os "Quatro Pilares da Casa do Socialismo", escritos por Sydney Webb pouco depois da Primeira Guerra Mundial, tornaram-se o projecto para a acção socialista futura, não só na Grã-Bretanha mas também nos Estados Unidos. O plano exigia a destruição do sistema de produção de bens e serviços baseado na concorrência, impostos ilimitados e intrusivos, bem-estar maciço, nenhum direito de propriedade privada e um governo mundial único. Estes objectivos não são tão diferentes dos princípios estabelecidos por Karl Marx no Manifesto Comunista de 1848. As diferenças residem no método de implementação, no estilo, mais do que na substância.

Em detalhe, o bem-estar financiado pelo Estado deveria ser o primeiro princípio. O direito de voto das mulheres foi incluído (o nascimento dos movimentos pelos direitos das mulheres), todas as terras deviam ser nacionalizadas, sem quaisquer direitos de propriedade privada. Todas as indústrias "ao serviço do povo" (caminhos-de-ferro, electricidade, luz, telefone, etc.) deviam ser nacionalizadas, o "lucro privado" devia ser eliminado do sector dos seguros, a confiscação da riqueza através da tributação devia ser intensificada e, finalmente, foi estabelecido o conceito de um governo mundial único: controlos económicos internacionais, tribunais internacionais que proporcionassem legislação internacional que regesse os assuntos sociais.

Um exame superficial do Manifesto Comunista de 1848 revela onde foi feita a "pesquisa" para os "Quatro Pilares". Enquanto "Four Pillars" tratava exclusivamente da socialização da Grã-Bretanha, muitas das suas ideias foram postas em prática por Wilson, Roosevelt, Johnson, Carter, e agora por Clinton. O trabalho e a Nova Ordem Social foi toda a raiva nos Estados Unidos, onde os seus objectivos revolucionários não foram reconhecidos, mesmo quando Hitler foi apresentado como a maior ameaça para o mundo. Quer queiramos quer não, as políticas e programas instituídos por Wilson, Roosevelt, Kennedy, Johnson, Carter e Reagan ostentavam todos o selo "Made in England By the Fabian Society". Isto é mais verdadeiro com Clinton do que com qualquer dos presidentes anteriores.

Ramsay McDonald, enviado para os EUA para "espionar o país", tornou-se o primeiro primeiro primeiro-ministro socialista britânico da Sociedade Fabian. McDonald estabeleceu o padrão para futuros primeiros-ministros se rodearem de conselheiros socialistas da Fabian Society, uma tradição levada a cabo por Margaret Thatcher e John Major. Do outro lado do Atlântico, os socialistas Fabian rodearam o Presidente Wilson e apresentaram-lhe um programa para socializar os EUA. Foi um feito espectacular para aqueles poucos homens, sob a liderança de Pease, que se propuseram a mudar o mundo na viragem do século, e que o fizeram fazendo pleno uso de "conselheiros presidenciais".

Uma das estrelas em ascensão do círculo interno da Sociedade Fabian foi Sir Stafford Cripps, sobrinho de Beatrice Webb. Sir Stafford desempenhou um papel importante no aconselhamento aos socialistas americanos sobre como levar os EUA para a Segunda Guerra Mundial. Em 1929, os Cripps tinham sido um guia para a entrada da alta sociedade no Fabianismo, apesar de o Fabianismo e o Comunismo se terem tornado confusos nas fronteiras, e vários dos principais conservadores da época terem advertido que havia pouco para escolher entre o Fabian Socialismo e o Comunismo, para além da falta de cartões de membro para os Fabian Socialistas.

O ano de 1929 viu também a ascensão de outra estrela que estava destinada a abalar as políticas económicas e financeiras de muitas nações, incluindo a Inglaterra, mas talvez mais importante, os Estados Unidos. John Maynard Keynes tornou-se um ícone virtual da Sociedade Fabian através de homens como Gollancz, com a sua editora gigante de esquerda e o Clube do Livro de Esquerda, e Harold Joseph Laski (1893-1950)

Os documentos raros da Sociedade Fabian que vi no Museu Britânico eram da opinião que sem a bênção de Laski Keynes não teria conseguido muito. Laski foi descrito nestes documentos como "a ideia de todos de um socialista".

Mesmo o grande H.G. Wells dobrou o joelho ao Laski, chamando-o "o maior intelectual socialista do mundo anglófono".

Laski veio de pais judeus de meios modestos e diz-se que foi a ascensão de Hitler ao poder que o transformou num activista dos direitos dos judeus na Palestina. Os confrontos com Earnest Bevin, o primeiro-ministro socialista britânico, foram frequentes e furiosos. A 1er de Maio de 1945, Laski, como presidente do Partido Trabalhista Britânico, fez um discurso no qual repetiu que não acreditava na religião judaica por ser marxista. Mas agora Laski diz que acredita que o renascimento da nação judaica na Palestina é vitalmente necessário. Isto foi confirmado pelo próprio Ben Gurion.

A opinião de Laski foi transmitida ao Presidente Truman e ao rabino Stephen Wise a 20 de Abril de 1945. Truman tinha herdado a linha dura de Roosevelt a favor das aspirações judaicas, tal como ditado por Laski, e quando os problemas começaram a surgir sobre a questão de permitir colonos judeus na Palestina, Truman enviou uma cópia do que muitos acreditavam ser um relatório Fabian-Socialista sobre o estatuto dos campos de refugiados na Europa, exortando o então Secretário dos Negócios Estrangeiros Bevin a permitir que 100.000 judeus emigrassem dos campos e se estabelecessem na Palestina.

A mensagem de Truman fez com que Bevin discordasse profundamente da Laski e Truman. A imagem de Bevin dos judeus não era nem a favor nem contra. As suas opiniões foram decididamente temperadas pelas de Clement Attlee, então Primeiro-Ministro de Inglaterra. De acordo com Bevin, os judeus não eram uma nação, enquanto os árabes eram. "Os judeus não precisam de um estado próprio", disse Bevin. Disse a Laski que não daria a mínima atenção à sugestão de Truman, culpando "a pressão do voto judeu em Nova Iorque". A recusa de Bevin em ver as coisas (à maneira de Laski e de Truman) levou a discussões intermináveis.

Bevin aderiu à sua política com base na sua crença de que

> "os árabes eram essencialmente indígenas da região e pró-britânicos, enquanto um Estado sionista significava a intrusão de um elemento estranho e perturbador, o que enfraqueceria a região e abriria as portas ao comunismo".

Mesmo quando Weizman foi ao seu encontro, Bevin recusou-se a oferecer mais de uma quota mensal de quinhentos judeus que podiam ir para a Palestina. Isto teve de ser deduzido do número de imigrantes judeus ilegais que entram na Palestina todos os meses. Esta foi uma das poucas ocasiões em que o socialismo Fabian e o Laski sofreram uma grave derrota.

Diz-se que Ayn Rand usou Laski como modelo para o seu romance de 1943, "The Fountainhead", e Saul Bellow escreveu: "Nunca esquecerei as observações de Mosby sobre Harold Laski: sobre a embalagem do Supremo Tribunal, sobre os julgamentos de purga russos e sobre Hitler". A influência de Laski ainda é sentida nos Estados Unidos, quarenta e quatro anos após a sua morte. A sua associação com Roosevelt, Truman, Kennedy, Johnson, Oliver Wendell Holmes Jr, Louis Brandeis, Felix Frankfurter, Edward R. Murrow, Max Lerner, Averill Harriman e David Rockefeller mudaria profundamente o rumo e a direcção que os Pais Fundadores tinham definido para esta nação.

Laski ensinou como professor de ciência política na London School of Economics e foi presidente do Partido Trabalhista britânico quando Aneuran Bevan era primeiro-ministro. Laski era como George Bernard Shaw; ele não hesitou em apresentar-se a quem quisesse conhecer. Cultivou amizades com os mais importantes para a promoção de causas socialistas. Richard Crossman, um associado próximo, descreve a sua personalidade como "caloroso e gregário, um homem que subiu ao topo por si próprio, um intelectual público". Diz-se que Laski tem sido generoso e bondoso e que as pessoas gostaram de estar com ele, bem como de ser o incansável cruzado socialista.

Um passo importante no progresso do socialismo Fabian foi dado na década de 1940 com o Relatório Beveridge sobre uma série de ensaios simplesmente intitulados "Segurança Social". O ano de 1942 foi escolhido precisamente por razões psicológicas. A Grã-Bretanha enfrentava os dias mais negros da Segunda Guerra Mundial. Era um tempo para o socialismo oferecer esperança. Laski ofereceu o plano a John G. Winant, Embaixador dos EUA no Tribunal de St. James. Eugene Meyer, do *Washington Post,* descreve a atenção de Roosevelt. Na Grã-Bretanha, notáveis nomes da Fabian Society como Lord Pakenham fizeram centenas de discursos de alto nível em apoio ao milagre da abolição da miséria e da privação. O público britânico está extasiado.

Mas cinco anos mais tarde, o governo britânico estava a "pedir emprestado" fortemente aos Estados Unidos para gerir a segurança social. John Strachey, tão idolatrado pelos socialistas Fabianos, descobriu que embora regulasse o montante da segurança social, aumentando-o onde necessário, ainda não era suficiente para gerar poder de compra, por isso Strachey, o Marxista n° 1 e Ministro do Abastecimento Alimentar, teve de racionar o abastecimento. Os socialistas tinham quase falido o país, num ano, em 1947, gastando 2,75 mil milhões de dólares nos seus programas socialistas, sendo o dinheiro "emprestado" dos EUA! Os "empréstimos" foram obra de Laski, e Harry Dexter White do Tesouro dos EUA, e de um informador soviético.

É verdadeiramente espantoso que o povo americano tenha permanecido em silêncio face ao tipo de financiamento de sonhos socialistas de tubos que se esperava deles. A única razão que me vem à mente para o povo americano não ter protestado é, muito simplesmente, que a verdade lhes foi ocultada. A Reserva Federal 'emprestou' à Grã-Bretanha 3 mil milhões de dólares nos anos 20 para que o sistema 'dole' (previdência social) pudesse continuar, enquanto aqui em casa as pensões dos veteranos de guerra eram cortadas em 4 milhões de dólares por ano como contribuição parcial. Poderá tal coisa acontecer de novo? A opinião informada é que não só poderia voltar a acontecer, como a reacção do povo americano seria a mesma; na sua maioria, a indiferença total.

Mas mesmo com a ajuda inabalável, se não oficial, de Harry Dexter White, o socialismo por si só não podia financiar os seus grandiosos planos, e quando o Congresso finalmente descobriu a extensão total do apoio financeiro de White para a Grã-Bretanha socialista, Sir Stafford Cripps teve de dizer ao povo britânico que a segurança social teria de ser financiada pelo imposto sobre o rendimento a partir de agora. No período 1947-49, os impostos subiram, os alimentos tornaram-se escassos, os rendimentos diminuíram, e embora os painéis Fabian tenham trabalhado incansavelmente para encontrar uma solução que fizesse o socialismo funcionar - para além de pedir dinheiro emprestado aos EUA - chegaram sempre à mesma conclusão: o défice de despesas ou o abandono dos programas socialistas Fabian como impraticáveis.

A Grã-Bretanha deixou de ser um fornecedor rentável de bens e serviços e um corretor para outras nações, para se tornar uma nação mendiga. Em suma, os programas socialistas foram responsáveis pela destruição da sua economia secular e próspera. A Grã-Bretanha começou a assemelhar-se a uma república das bananas. Agarrando-se a tudo, o Partido Trabalhista (cujos líderes eram quase todos socialistas Fabianos) pensou que poderia corrigir as coisas nacionalizando e racionalizando mais, mas o eleitorado não deu uma oportunidade à Sociedade Fabiana e expulsou os Trabalhistas nas eleições gerais de 1950.

O legado da Sociedade Fabian? Com um tesouro vazio, reservas de ouro esgotadas e baixa produção, procurou distanciar-se do desacreditado Partido Trabalhista, argumentando que "a Sociedade Fabiana não é um partido político". Falando na Câmara dos Comuns, um notável socialista, Albert Edwards, disse:

> "Passei anos a discutir sobre os defeitos do sistema capitalista. Eu não retiro essas críticas. Mas temos visto os dois sistemas lado a lado. E o homem que ainda defende o socialismo como uma forma de livrar o nosso país dos defeitos do capitalismo é realmente cego. O socialismo simplesmente não funciona".

Contudo, apesar do total e abjecto fracasso do socialismo na prática, não em teoria, ainda havia pessoas nos Estados Unidos determinadas a enfiar políticas socialistas falhadas pela garganta abaixo do povo americano. Roosevelt, Truman, Kennedy, Johnson, Nixon, Bush e Carter pareciam determinados a ignorar o grande desastre socialista do outro lado do Atlântico e, instados pelos seus conselheiros socialistas, embarcaram nas versões americanas das mesmas teorias e políticas socialistas fracassadas de Fabian.

Ainda ligados à Grã-Bretanha por uma língua e herança comuns, os socialistas conseguiram envolver os Estados Unidos no seu sonho de um governo mundial através da Aliança Atlântica ou União Atlântica. Ignorando a sabedoria do discurso de despedida do Presidente George Washington, sucessivos governos dos EUA têm prosseguido o que foi essencialmente um projecto socialista Fabiano do governo mundial, no qual os Americanos pela Acção Democrática (ADA) desempenharam um papel significativo. O Royal Institute for International Affairs (RUA), sediado em Chatham House, St. James Square, Londres, a "mãe" do American Council of Foreign Relations (CFR), esteve também muito envolvido nesta empresa estritamente socialista.

A campanha Socialista Mãos no Mar foi reforçada pela presença de Owen Lattimore na Universidade de Leeds. Lattimore, professor na Johns Hopkins, é mais conhecido pela sua conduta traiçoeira como chefe do Institute for Pacific Relations (IPR), que é creditado com a instigação da política comercial dos EUA em relação ao Japão. Isto levou ao ataque a Pearl Harbor e à entrada dos Estados Unidos na Segunda Guerra Mundial, quando o exército alemão tinha esmagado os chamados "aliados" que estavam a encarar a derrota na Europa.

A ascensão de Harold Wilson como futuro Primeiro-Ministro de Inglaterra pode ser atribuída à administração Kennedy, que após despachar Harold MacMillan "com um raio de luz", como um comentador o disse, a administração Kennedy exalou bondade e perícia para com o "socialista de Oxford em flanela cinzenta", como Wilson foi descrito. Wilson foi à América para encontrar uma forma de ser eleito por um slogan, e encontrou-o entre os agentes publicitários da Madison Avenue. É estranho que o socialismo tenha tido de recorrer ao capitalismo para descobrir como as coisas são feitas!

No entanto, não antes de Wilson ser instalado como primeiro-ministro, diz à Câmara dos Comuns que a sua política será o socialismo habitual: nacionalização das indústrias, "justiça social" e, claro, a REFORMA FISCAL, uma maior quota-parte do rendimento das empresas, deduções de salários e todas as coisas socialistas. Um entusiasta Wilson diz aos seus colegas socialistas Fabian que eles podem ter a certeza do sucesso, porque "temos um governo americano em simpatia".

O que Wilson realmente queria dizer era que o governo dos EUA parecia mais disposto do que nunca a pagar as contas dos gastos socialistas extravagantes do seu governo trabalhista. Mais uma vez, salientamos a contribuição para o "socialismo mundial".

O Primeiro-Ministro Wilson, fazendo bom uso das suas ligações americanas, pediu emprestados quatro mil milhões de dólares ao Fundo Monetário Internacional (cujo principal financiador era, e ainda é, os EUA). Mais uma vez ficou demonstrado que os programas socialistas não podiam carregar o seu próprio peso e que, tal como o dinossauro, entrariam em colapso se não fossem apoiados. O FMI foi criado por Lord Keynes, que o descreveu como "essencialmente um desenho socialista".

Mas houve vozes nos Estados Unidos contra a perturbadora penetração socialista do governo que tinha começado com Wilson, acelerado com Roosevelt e se tornou mais audaciosa e mais franca na administração Kennedy. Um deles era o Senador Joseph

McCarthy do Wisconsin. Um verdadeiro patriota, McCarthy estava determinado a erradicar os socialistas e os agentes comunistas da mudança com os quais o Departamento de Estado norte-americano estava infestado, uma batalha que McCarthy iniciou em 1948 com a administração Truman e continuou com a administração Eisenhower.

A Sociedade Fabian ficou alarmada. Como defenderia a sua penetração do governo dos EUA e das suas instituições contra a exposição pública? Em busca de ajuda, os Fabianos dirigiram-se aos americanos para a Acção Democrática, que se comprometeram a montar uma campanha maciça de difamação contra o senador de Wisconsin. Sem esta força a ter em conta, não há dúvida que McCarthy teria atingido o seu objectivo de expor até que ponto o governo dos EUA e as suas instituições tinham sido assumidos pelo socialismo Fabian, que McCarthy identificou erroneamente como "comunismo".

A ADA gastou centenas de milhares de dólares a tentar controlar McCarthy, chegando a distribuir milhares de cópias das finanças pessoais do senador, em violação das regras do Senado, que foram divulgadas à subcomissão do Senado. A publicação socialista "New Statesman" voltou subitamente a sua atenção para a Constituição e a Carta dos Direitos - sugerindo que as audiências de McCarthy puseram em perigo estes "direitos sagrados". A resolução patrocinada pela ADA condenando McCarthy foi a prova de que o Partido Democrático estava então, como agora, nas mãos dos socialistas internacionais da Sociedade Fabian. A ADA não hesitou em ficar com os louros por "parar McCarthy".

Com a queda do Senador McCarthy, a Sociedade Fabian deu um suspiro colectivo de alívio: nunca tinha sido tão exposta. O único homem que poderia ter impedido o ataque da ADA não compareceu à audiência do Senado. O senador John F. Kennedy, um admirador declarado do senador do Wisconsin, foi alegadamente confinado a uma cama de hospital na altura da votação. A razão da sua ausência não foi explicada. Kennedy deve a sua ascensão ao poder a McCarthy, que se recusou a fazer campanha pelo Henry Cabot Lodge quando concorreu contra Kennedy em Massachusetts.

Este facto pouco conhecido é um mau presságio para a independência dos Estados Unidos e da República que defende. No futuro, a menos que o socialismo seja radicalmente controlado e depois desenraizado, o Juramento de Fidelidade pode muito bem ser lido:

> "Juro fidelidade à bandeira dos Estados Unidos e ao governo socialista que ela representa..."

Não pensemos que é rebuscado. Lembre-se que o pequeno grupo de jovens inconsequentes que iniciou o seu movimento em Londres, um movimento que espalhou o seu perigoso veneno por todo o mundo, também foram considerados "malucos" na sua época. A Sociedade Fabian foi agora revigorada. Com a ameaça de McCarthy afastada, e um novo e jovem presidente na Casa Branca, treinado por Harold Laski na London School of Economics e influenciado por John Kenneth Galbraith, os socialistas pareciam prontos a saltar para a espinhosa medula e músculo do governo dos EUA. Afinal de contas, a "Nova Fronteira" de Kennedy não era realmente um livro escrito pelo grande socialista Henry Wallace?

Wallace não tinha hesitado em apresentar os objectivos do socialismo:

> "Os homens socialmente disciplinados trabalharão em cooperação para aumentar a riqueza da raça humana e aplicar os seus poderes de invenção à transformação da própria sociedade. Eles irão mudar (reformar) o aparelho governamental e político e o sistema de preços e valores, de modo a realizar uma possibilidade muito mais ampla de justiça social e caridade social (bem-estar) no mundo... os homens podem sentir, com razão, que estão a cumprir uma função tão elevada como qualquer ministro do Evangelho. Não serão comunistas, socialistas ou fascistas, mas meros homens a tentar alcançar por métodos democráticos os objectivos professados pelos comunistas, socialistas ou fascistas"...

Que a administração Kennedy embarcou inicialmente num programa que parecia ainda mais radical do que o da era Roosevelt não está em disputa. Mesmo o facto de a ADA ter escolhido o seu gabinete e os seus conselheiros para dentro de um só homem é bem conhecido. Na Grã-Bretanha, os socialistas Fabian usavam amplos sorrisos: o seu tempo, ao que parecia, tinha chegado. Mas a sua felicidade começou a ser temperada por uma certa reserva quando notícias dos Estados Unidos indicavam que Kennedy não estava a corresponder às suas expectativas socialistas.

O porta-voz da ADA, "New Republic" disse num editorial publicado a 1 de Junho^{er} 1963, "Em geral, o desempenho de Kennedy é menos impressionante do que o estilo de Kennedy". A visão de Laski de uma "nova Jerusalém" no mundo anglófono e a construção de uma nova sociedade socialista, parecia ter sido posta em espera - pelo menos durante algum tempo. Laski tinha sido capaz de lidar com os líderes do Partido Trabalhista Attlee, Dalton, McDonald, os irmãos Kennedy, a questão era se os seus sucessores seriam capazes de lidar com o "lado americano" tão bem como ele lidou?

A ascensão do Fabianismo nos Estados Unidos pode ser atribuída à Fellowship of New Life e mais tarde ao Boston Bellamy Club, que foi formado após a visita de 1883 aos Estados Unidos da Sydney Webb e ao historiador da Fabian Society R.R. Pease, um dos quatro Fabianos originais. O Clube Bellamy foi fundado pelo General Arthur F. Devereux e o Capitão Charles E. Bowers, com o apoio dos jornalistas Cyrus Field, Willard e Frances E. Willard. O clube não se destinava a promover o socialismo. A principal preocupação de Devereux era o afluxo maciço de imigrantes não instruídos aos Estados Unidos, que ele sentia que não estava preparado para os receber.

O General Devereux sentiu que a situação tinha de ser cortada na raiz antes de ficar completamente fora de controlo. (Ele não podia ter previsto a situação horrível e deliberadamente planeada da imigração que se desenvolveu nos Estados Unidos em 1990 - graças às políticas socialistas). Enquanto Devereux e os seus amigos se preparavam para fundar o Boston Bellamy Club, Webb chegou de Inglaterra em Setembro de 1888 e foi colocada em contacto com os fundadores do clube. Sentindo uma oportunidade, Webb e Pease conseguiram incluir nos princípios do clube a nacionalização da indústria privada, com o nome a ser mudado para o Clube Nacionalista de Boston. Webb e Edward Bellamy participaram na reunião de abertura. Em 15 de Dezembro de 1888, a semente do socialismo Fabian nos Estados Unidos, que iria brotar numa árvore enorme, foi plantada.

Nas artes, em 1910 as peças de Shaw estavam a ser encenadas pelo The Theater Guild of New York pelo Professor Kenneth MacGowan do Harvard Socialist Club, utilizando métodos aprendidos com o

Teatro de Artes de Moscovo. A Liga da Democracia Industrial, os Americanos pela Acção Democrática, ainda estavam longe no futuro, mas as fundações das suas organizações já tinham sido lançadas.

Shaw e H.G. Wells estavam a ser cortejados por agentes literários em toda a América, particularmente em cidades universitárias, e as revistas socialistas, *The New Republic* and *The Nation* e *The Socialism Of Our Times*, editadas por Norman Thomas e Henry Laidler, estavam a descolar.

Contribuinte frequente da Nova República, Laski ensinou em Harvard durante a Primeira Guerra Mundial. Os seus críticos antipáticos dizem que ele evitou assim qualquer possibilidade de ter de servir, a qualquer título, no esforço de guerra britânico. Foi a partir da "Nova República" que Woodrow Wilson recebeu apoio, não só para trazer os Estados Unidos para essa conflagração, mas ao longo do seu curso desastroso. Se alguma vez existiu uma "guerra socialista", foi esta. A "Nova República" não teve a mesma preocupação com o terrível massacre que estava a ocorrer na Rússia sob o disfarce da bolchevisação da Rússia.

Laski era um admirador entusiasta de Felix Frankfurter e algumas das suas cartas de elogio a Frankfurter revelam até que ponto o socialismo Fabian tinha penetrado no sistema jurídico americano. Numa das suas muitas visitas aos Estados Unidos, Laski exortou a ADA e outros socialistas americanos a tomarem medidas activas para aprovar legislação de aumento de impostos: impostos mais elevados e mais recentes sobre rendimentos elevados não obtidos eram a forma de conseguir uma distribuição justa dos impostos, disse Laski. Também permaneceu em contacto constante com o seu amigo Juiz Felix Frankfurter, exortando-o a pressionar no sentido de "reformas" da Constituição dos EUA, em particular a separação constitucional de poderes entre os ramos executivo, legislativo e judicial.

Laski estava constantemente ao lado de Frankfurter e atacava constantemente a Constituição dos EUA, chamando-a ironicamente "a mais forte salvaguarda do capitalismo, um documento de classe". Laski chamou Roosevelt, "o único baluarte contra a forma fascista do capitalismo". O facto de Laski não ter sido acusado de sedição por tentativa de derrubar a Constituição dos EUA foi um grande erro. Visitante frequente da Casa Branca de Roosevelt, foi também muito reservado a este respeito, nunca sendo mencionado na imprensa.

Os encontros foram sempre organizados através de Felix Frankfurter. Durante uma destas visitas, Laski, segundo o seu biógrafo, disse a Roosevelt: "Ou o capitalismo ou a democracia devem prevalecer" e exortou o Presidente a "salvar a democracia". Por "democracia" Laski significava obviamente SOCIALISMO, uma vez que os Socialistas há muito que tinham adoptado a "democracia" como o porta-estandarte do Socialismo. Durante a Segunda Guerra Mundial, Laski exortou frequentemente Roosevelt a tornar o mundo seguro, lançando as bases do socialismo pós-guerra. Diz-se que a educação socialista que Roosevelt recebeu da Laski é quase igual à recebida por John F. Kennedy quando era aluno da Laski na London School of Economics.

Alguns estavam cientes do que estava a acontecer. O congressista Tinkham introduziu no Registo Civil, Câmara dos Representantes, a 14 de Janeiro de 1941, uma carta escrita por Amos Pinchot. A carta de Pinchot declara:

> *"Muitos jovens socialistas declaram que o que é geralmente chamado o programa Roosevelt é realmente o programa Laski, imposto aos pensadores do New Deal e eventualmente ao presidente, pelo professor de economia de Londres e seus amigos".*

A única coisa errada com esta afirmação ousada é que Laski era um professor de ciência política, não de economia. Caso contrário, a observação estava mesmo no alvo!

Laski manteve uma longa correspondência com Frankfurter, exortando-o a estar vigilante e a impulsionar a "psicologia política" do socialismo Fabiano. Não há dúvida de que o conselho de Laski a Frankfurter constituiu a base para as mudanças radicais operadas pelo Supremo Tribunal, mudanças que alteraram completamente o curso e o carácter dos Estados Unidos. Se se pode dizer que o New Deal teve um pai, esse pai não era Roosevelt, mas sim o Professor Harold Laski da Sociedade Fabian.

Ainda hoje, poucos americanos estão conscientes da influência considerável que o Professor Laski da Sociedade Fabian teve em

Roosevelt. Seis meses depois de Pearl Harbor ter trazido os Estados Unidos à Segunda Guerra Mundial como planeado, Eleanor Roosevelt convidou Laski para ser a oradora principal no Congresso Internacional de Estudantes a realizar em Setembro de 1942, um congresso que Churchill se recusara a permitir a participação de Laski.

O congressista Woodruff do Michigan colocou-o muito sucintamente quando denunciou Laski como tendo "uma chave para a porta traseira da Casa Branca". Se tivesse sido permitido aos patriotas o acesso às cartas privadas entre Laski, Frankfurter e Roosevelt, eles poderiam ter suscitado indignação suficientemente justa para que Laski fosse expulso do país, um destino que ele ricamente merecia.

Graham Wallas foi outro grande socialista cuja influência em Frankfurter e no Juiz Oliver Wendell Holmes se diz ter mudado a jurisprudência americana. Diz-se que através de William Wisemen, chefe do escritório norte-americano do MI6, Laski mandou nomear Frankfurter para um dos primeiros grupos de trabalho puramente socialistas: A Comissão de Mediação de Conflitos Industriais.

Na Grã-Bretanha, o Fabianismo penetrou em todos os recantos da cena civil e militar. Nenhuma faceta da sociedade estava a salvo da sua penetração, e este era o rumo que devia seguir na sua invasão dos Estados Unidos. Na verdade, o socialismo é um inimigo mais mortal do que aquele que George Washington e as suas tropas enfrentaram na Guerra da Independência Americana. Esta guerra em curso nunca cessa, dia e noite, a batalha pelos corações, mentes e almas da nação americana continua.

Um dos baluartes contra a penetração do socialismo é a religião cristã. Clement Atlee, um dos principais Fabianistas que se tornou Primeiro-Ministro de Inglaterra, atribui o sucesso dos Fabian Socialistas à sua penetração no mundo do trabalho. Mas os sindicatos católicos irlandeses nunca foram penetrados por Webb, Shaw ou qualquer outro líder da Fabian Society. Há muita esperança para nós hoje em dia enquanto procuramos encontrar formas de parar a marcha implacável do socialismo no continente norte-americano, uma marcha que terminará nos campos de escravos comunistas, pois de facto, o socialismo é o caminho para a escravatura.

Os métodos escorregadios, viscosos e traiçoeiros adoptados para difundir o socialismo nunca são melhor demonstrados do que por socialistas proeminentes que nunca foram reconhecidos como tal. Estas figuras de destaque têm ocupado posições de grande poder, sem nunca admitirem abertamente as suas aspirações socialistas. Alguns nomes ilustrarão o ponto: Na Grã-Bretanha :

- A Honorável L. S. Amery. Deu uma palestra no Livingston Hall, um importante centro educacional.
- Professor A.D. Lindsay, conferencista no Kingston Hall, um importante centro educacional. Annie Besant, líder do movimento teosofista,
- Oswald Mosley, deputado, e líder fascista em Inglaterra.
- Malcolm Muggeridge, autor, académico, conferencista.
- Bertrand Russell, estadista mais velho, o Comité dos 300, conferencista no Kingsway Hall.
- Wickham Steed, talvez um dos comentadores mais famosos da British Broadcasting Corporation (BBC), cujas opiniões influenciaram milhões de ouvintes da BBC.
- Arnold Toynbee, conferencista no Kingsway Hall.
- J.B. Priestly, autor.
- Rebecca West, conferencista no Kingsway Hall.
- Anthony Wedgewood Benn, conferencista no Kingsway Hall. Sydney Silverman, conferencista e parlamentar.

Do lado americano, as seguintes personalidades têm escondido bem as suas convicções socialistas:

- Archibald Cox, procurador especial do Watergate.
- Arthur Goldberg, Secretário do Trabalho, representante da ONU, etc.
- Henry Steel Commager, escritor e editor.
- John Gunther, escritor, repórter da revista *LIFE*.
- George F. Kenan, especialista em bolcheviques da Rússia.

- Joseph e Stewart Alsop, escritores, colunistas de jornais, formadores de opinião.
- Dra. Margaret Meade, antropóloga, autora.
- Martin Luther King, líder dos direitos civis da Conferência de Liderança Cristã do Sul.
- Averill Harriman, industrialista, representante itinerante, democrata proeminente.
- Birch Bayh, Senador dos Estados Unidos.
- Henry Fowler, Subsecretário do Tesouro dos Estados Unidos.
- G. Mennen Williams, Industrialista, Departamento de Estado.
- Adlai Stevens, político.
- Paul Volcker, Conselho da Reserva Federal.
- Chester Bowles.
- Harry S. Truman, Presidente dos Estados Unidos da América.
- Lowell Weicker, Senador dos Estados Unidos.
- Hubert Humphrey, Senador dos Estados Unidos.
- Walter Mondale, Senador dos Estados Unidos.
- Bill Clinton, Presidente, EUA.
- William Sloane Coffin, Líder da Igreja.

Existem centenas de outros nomes, alguns proeminentes, outros menos, mas os acima mencionados são suficientes para ilustrar o ponto. A carreira destas pessoas encaixa muito bem com o tipo de inimigo descrito pelo Presidente Andrew Jackson.

Uma pessoa que contribuiu grandemente para a propagação do socialismo na Grã-Bretanha e nos Estados Unidos foi o famoso Malcolm Muggeridge. Filho de H.T. Muggeridge, Malcolm fez uma brilhante carreira escrevendo para "Punch", com boas ligações em Moscovo. O facto de ele ser o sobrinho da grande senhora Beatrice

Webb teve algo a ver com isso. Muggeridge escreveu para o New Statesman e o Fabian News e foi procurado como orador nas escolas de fim-de-semana da Sociedade. Malcolm Muggeridge tornou-se um dos principais cartões de visita do socialismo nos Estados Unidos, e foi frequentemente apresentado de forma proeminente em entrevistas televisivas.

Capítulo 2

O QUE É O SOCIALISMO, PORQUE LEVA À ESCRAVATURA

"Em termos dos objectivos que perseguem, o socialismo e o comunismo são termos virtualmente permutáveis. De facto, o partido de Lenine continuou a intitular-se 'social-democrata' até ao sétimo congresso do partido em Março de 1918, quando substituiu o termo 'Bolchevique' em protesto contra a atitude não-revolucionária dos partidos socialistas ocidentais"... Ezra Taft Benson - *Uma Corrida Contra o Tempo*, 10 de Dezembro de 1963.

"Através da reestruturação,[4] queremos dar ao socialismo um segundo vento. Para o conseguir, o Partido Comunista da União Soviética está a regressar às origens e princípios ou à revolução bolchevique, às ideias leninistas sobre a construção de uma nova sociedade". Mikhail Gorbachev, num discurso no Kremlin, em Julho de 1989.

Estes comentários muito reveladores, e outros que citaremos mais adiante, colocam o socialismo na sua devida perspectiva. A maioria dos americanos hoje em dia têm apenas uma vaga ideia do que é o socialismo, vendo-o como um movimento semi-benigno cujos objectivos são uma melhoria geral do nível de vida das pessoas comuns. Nada poderia estar mais longe da verdade. O socialismo

---

[4] Perestroika, Ndt.

tem apenas um lugar para onde ir, e que é o comunismo. Fomos sitiados pelos media, levados a acreditar que o comunismo está morto, mas alguma reflexão irá convencer-nos do contrário.

Os socialistas Fabianos seguiram de perto o Manifesto Comunista de 1848, mas de uma forma mais elegante e menos abrasiva. Os seus objectivos eram, contudo, os mesmos: uma revolução mundial que levaria a um governo mundial único - uma nova ordem mundial - em que o capitalismo seria substituído pelo socialismo num estado de bem-estar, onde cada indivíduo seria responsável perante uma hierarquia socialista ditatorial em todas as questões da vida.

Não haveria propriedade privada, não haveria governo constitucional, apenas um governo autoritário. Cada indivíduo ficaria em dívida para com o Estado socialista pelo seu sustento. À primeira vista, isto seria em teoria muito benéfico para as pessoas comuns, mas um exame das experiências socialistas na Grã-Bretanha revela que o sistema é um fracasso completo e impraticável. Como mostramos noutros lugares, a Grã-Bretanha em 1994 desmoronou-se completamente devido aos socialistas e ao seu estado de bem-estar.

Os socialistas Fabian procuraram alcançar os seus objectivos na Inglaterra e nos Estados Unidos, colocando os intelectuais em posições-chave a partir das quais poderiam exercer uma influência indevida na mudança de liderança em ambos os países. Nos EUA, os dois principais agentes a este respeito foram sem dúvida o Professor Harold Laski e John Kenneth Galbraith. No fundo, um dos "velhos guardas" do Fabianismo britânico, Graham Wallas, era director de propaganda. Juntos escreveram as "Fundamentos da Sociedade Fabiana de Socialistas".

> "A Sociedade Fabian visa assim a reorganização da sociedade através da emancipação da terra e do capital industrial da propriedade individual e a sua devolução à comunidade para benefício geral... A Sociedade trabalha, portanto, para a extinção da propriedade privada de terras. A Sociedade também trabalha para a transferência para a comunidade de capital industrial que pode ser facilmente gerido pela Sociedade. Para atingir estes objectivos, a Sociedade Fabian baseia-se na difusão das opiniões socialistas e nas mudanças sociais e políticas que delas decorrem... Procura alcançar estes objectivos através da

> disseminação geral do conhecimento sobre a relação entre o indivíduo e a Sociedade nos seus aspectos económicos, éticos e políticos".

Em 1938, as metas e objectivos da sociedade foram de certa forma modificados: "A Sociedade Fabiana dos Socialistas".

> "Visa, portanto, o estabelecimento de uma sociedade em que o poder económico dos indivíduos e das classes será abolido pela propriedade colectiva e pelo controlo democrático dos recursos económicos da comunidade. Procura alcançar estes objectivos através dos métodos da democracia política. A Sociedade Fabian é filiada no Partido Trabalhista. As suas actividades destinam-se a promover o socialismo e a educar o público na direcção do socialismo através da organização de reuniões, conferências, grupos de discussão, congressos e escolas de Verão, da promoção da investigação sobre problemas políticos, económicos e sociais, e da publicação de publicações periódicas, bem como por quaisquer outros meios apropriados. "

É imediatamente atingido pelo número de vezes que a palavra "comunidade" aparece, bem como pela minimização dos direitos individuais. Nisto, parece que o socialismo Fabian foi colocado contra o cristianismo desde os primeiros encontros dos primeiros membros em Londres. A determinação de nacionalizar projectos industriais ao serviço do público era muito evidente e tinha uma semelhança impressionante com o que o Manifesto Comunista de 1848 tinha a dizer sobre este assunto. Era também claro que o objectivo do socialismo Fabian era estabelecer uma sociedade cooperativa nacional de riqueza comum, na qual todos teriam direitos iguais à riqueza económica da nação.

O Boston Bellamy Club, que abriu em 1888, sucedeu à Fellowship of New Life com os seus ensinamentos teosóficos e tornou-se a primeira empresa socialista Fabian nos EUA. A base era um pouco diferente:

> "O princípio da fraternidade da humanidade é uma das verdades eternas que governam o progresso do mundo nas linhas que distinguem a natureza humana da natureza bruta. Nenhuma verdade pode prevalecer se não for aplicada na prática. Portanto, aqueles que procuram o bem-estar do homem devem esforçar-se por abolir o sistema baseado nos princípios grosseiros da

> concorrência e colocar no seu lugar outro sistema baseado nos princípios mais nobres da associação"...
>
> "Não defendemos qualquer mudança súbita ou precipitada; não fazemos guerra aos indivíduos que acumularam imensas fortunas apenas levando a cabo os falsos princípios em que os negócios agora se baseiam. As combinações, trusts e sindicatos de que as pessoas agora se queixam, demonstram a praticabilidade do nosso princípio fundamental de associação. Estamos simplesmente a procurar levar o princípio um pouco mais longe e fazer com que as indústrias trabalhem no interesse da nação - o povo organizado, a unidade orgânica de todo o povo".

A prosa é o trabalho de Sydney Webb e Edward Pease, historiador da Fabian Society, que viajaram para os Estados Unidos na década de 1880 para criar o socialismo Fabian americano. A suavidade do tom e da escolha das palavras mascara a dureza dos seus objectivos revolucionários. O uso da palavra "reformas" pretendia desarmar os críticos, tal como as publicações Fabian, tais como "The Fabian News", que defendiam "reformas" que se revelariam particularmente prejudiciais para a Constituição dos EUA. Isto preparou o cenário para a revolução em curso que está a transformar os Estados Unidos de uma República Confederada para um Estado socialista (foi George Washington quem descreveu os Estados Unidos como uma República Confederada).

No "Fabian americano" de 1895, (em contraste com os socialistas disfarçados que infestam a Câmara e o Senado dos EUA e o poder judicial e actuam como conselheiros do Presidente), os objectivos socialistas de Fabian para a América foram afirmados de forma bastante clara:

> "Chamamos ao nosso jornal 'The American Fabian' por duas razões: chamamos-lhe 'Fabian' porque queremos que represente o tipo de trabalho educativo socialista tão bem feito pela Sociedade Fabian inglesa... Chamamos ao nosso jornal 'The American Fabian' porque a nossa política deve ser, em certa medida, diferente da dos Fabianos ingleses. A Inglaterra e a América são semelhantes em alguns aspectos; em outros são bastante diferentes. A constituição inglesa admite prontamente uma mudança constante mas gradual. A nossa Constituição americana não admite facilmente tais mudanças. A Inglaterra

> pode, portanto, avançar quase imperceptivelmente para o socialismo. A nossa Constituição largamente individualista deve ser alterada para admitir o socialismo, e cada mudança requer uma crise política".

Assim, desde o início, ficou claro que o principal desafio à introdução do socialismo nos Estados Unidos era a Constituição, e a partir desse dia tornou-se alvo de ataques socialistas contra as instituições que constituem a República Confederada dos Estados Unidos da América. Como veremos, para este fim, socialistas endurecidos e sem coração como Walt Whitman Rostow foram empregados para minar as próprias fundações da nação. Como os observadores entusiastas foram rápidos a reconhecer, o socialismo Fabian não era apenas uma sociedade de debate amigável liderada por professores e senhoras instruídos, que falavam com sotaque educado e projectavam um ar de razão gentil.

O socialismo Fabiano desenvolveu a arte de divulgar e mentir sem parecer mentir. Muitos foram enganados em Inglaterra, e mais tarde nos Estados Unidos, onde ainda somos enganados em grande escala. Mas houve ocasiões em que os líderes socialistas não se puderam conter, como por ocasião da Conferência da Primavera de 1936 das Escolas Profissionais de Professores do Leste. Roger Baldwin explica o duplo significado das palavras tão frequentemente utilizadas pelos socialistas Fabian: "progressista" significava "as forças que trabalham para a democratização da indústria através do alargamento da propriedade e controlo públicos", enquanto que "democracia" significava "sindicatos fortes, regulamentação governamental das empresas, propriedade pelos povos das indústrias que servem o público".

O senador Lehman foi outro socialista que não conseguiu conter a sua ânsia de trazer o socialismo Fabiano para os Estados Unidos. Falando no simpósio do aniversário da Liga Fabian Americana sobre "A Liberdade e o Estado Providência", disse Lehman:

> "Há cento e setenta anos, o conceito de Estado-Providência foi traduzido na lei básica deste país pelos fundadores da república... Os Pais Fundadores são os que realmente criaram o Estado Providência".

Lehman, como muitos dos seus colegas socialistas no Senado, não tinha qualquer conceito da Constituição, por isso não é surpreendente que a tenha confundido com o Preâmbulo da Constituição, que nunca foi incorporada na Constituição, simplesmente porque os nossos Pais Fundadores rejeitaram o conceito de Estado Providência.

O preâmbulo da Constituição: "para criar uma união mais perfeita e para promover o bem-estar geral..." O Senador Lehman parecia estar a confundir os seus desejos com a realidade, uma vez que esta cláusula não faz parte da Constituição dos EUA. Parecia também empenhar-se na técnica socialista favorita de torcer as palavras e os seus significados.

Existe uma cláusula de bem-estar geral na Constituição dos EUA e encontra-se no Artigo 1, Secção 8 dos poderes delegados ao Congresso. Mas neste contexto significa o bem-estar geral de TODOS os cidadãos, ou seja, o seu estado de bem-estar, o que está longe do significado socialista de esmolas gerais, direito, ou seja, o bem-estar individual fornecido pelo Estado.

A primeira vez que os socialistas americanos tentaram implementar o seu plano de ataque ao capital industrial foi provavelmente através de um plano astucioso proposto por Rexford Guy Tugwell. Este plano consistia em nomear consumidores para os vinte e sete conselhos industriais que seriam criados ao abrigo do que foi chamado "The National Recovery Act". Tugwell estava de facto a tentar remover o motivo do lucro; despojado da sua intenção aparentemente benevolente de reduzir os preços para os consumidores, a intenção real era reduzir os lucros dos empresários e aumentar os salários dos trabalhadores em conformidade, mas o esquema foi declarado inconstitucional por uma decisão unânime do Supremo Tribunal. Em 1935, o Tribunal ainda não estava repleto de juízes "liberais" (ou seja, socialistas). Roosevelt moveu-se rapidamente para remediar este "desequilíbrio". É seguro dizer que o Supremo Tribunal dos anos 20 e 30 salvou efectivamente os Estados Unidos do estrangulamento dos socialistas Fabianos que se tinham movido a todos os níveis de governo, banca, indústria e Congresso, com o objectivo de, literalmente, subjugar o país.

Os socialistas, na sua tentativa de contornar a Constituição com as chamadas "leis" tais como a inconstitucional Brady Bill, não sabem que a Constituição dos EUA é "o equilíbrio perfeito ou o equilíbrio da lei comum". A forma como a Constituição foi escrita é que todas as suas disposições se encontram no meio para se neutralizarem umas às outras, e é por isso que as leis que os socialistas tentam passar com a premissa de que podem dividir a Constituição são nulas e nulas. A Constituição deve ser lida como um todo, não pode ser isolada e dividida para satisfazer as aspirações bizarras de homens como o Presidente Clinton. Foi contra isto que Ramsey McDonald se deparou, e foi isto que frustrou totalmente o Professor Laski.

A Fabian Society em Londres e a sua homóloga americana não eram conhecidas por deixarem obstáculos no seu caminho. Para contornar as salvaguardas constitucionais, a Liga Fabiana Americana surgiu com a ideia de submeter todas as suas propostas que fossem contra a constituição a um referendo. Claro que, com os seus recursos consideráveis, e com quase toda a imprensa de salários no bolso, os Fabianos estavam certos de que podiam influenciar a opinião pública a seu favor. Basta ver o que eles fizeram para apoiar a Guerra do Golfo totalmente ilegal de George Bush.

Ao estar consciente da verdadeira natureza do socialismo e dos seus objectivos, é mais fácil compreender porque é que a revolução bolchevique foi comprada e paga pelos banqueiros da City de Londres e de Wall Street, apoiados por acções governamentais que sempre pareceram ajudar os bolcheviques. A revolução bolchevique, tão cara a Gorbachev, não foi uma revolução indígena do povo russo. Pelo contrário, era uma ideologia estrangeira, imposta à nação russa à custa de milhões de vidas. O bolchevismo não era desejado nem exigido pelo povo russo; eles não tinham uma palavra a dizer e não se podiam defender contra esta monstruosa força política, social e religiosa que invadiu o seu país.

O mesmo se aplica ao socialismo, que obriga os seres humanos a aceitarem mudanças deliberadamente concebidas e de grande alcance que não querem e que são levadas a cabo contra a sua vontade. Tomemos o exemplo do chamado Tratado do Canal do Panamá. A única diferença entre o bolchevismo e o socialismo é que o bolchevista usa a força bruta e o terror, enquanto o socialista trabalha lenta e furtivamente, com a vítima pretendida nunca sabendo quem é o inimigo ou qual será o resultado final.

Em "Revolução Mundial" encontramos os verdadeiros objectivos dos comunistas e do seu gémeo socialista:

> "O objectivo da revolução mundial não é a destruição da civilização no sentido material: a revolução desejada pelos governantes é uma revolução moral e espiritual, e uma anarquia de ideias através da qual todas as normas estabelecidas ao longo de dezanove séculos serão derrubadas, todas as honradas tradições espezinhadas, e acima de tudo, o ideal cristão definitivamente obliterado".

Um estudo do livro de Franklin Roosevelt, "On Our Way", chega em grande parte à mesma conclusão.

Emma Goldman, uma das estrelas brilhantes dos socialistas, organizou o assassinato do Presidente McKinley. Este foi o método "directo" favorecido pelo comunismo, mas nas últimas duas décadas temos visto o tipo de anarquia socialista que recorre à calúnia, à mordida, à traição, à difamação e à denigração de membros individuais da Câmara, do Senado e da presidência, que tentaram expor o terrível Senador Joseph McCarthy, Senador Huey Long, Vice-Presidente Agnew - a lista não pára, mas estes nomes devem ser suficientes para fazer valer o ponto de vista.

A "nobreza" dos socialistas Fabianos está longe de ser verdadeira. Querem assumir o controlo da educação e da publicação com o único objectivo de mudar a mente das pessoas, alterando falsamente as premissas em que são feitas as opiniões, individualmente e em massa. Um pequeno grupo de socialistas Fabian propôs-se atingir este objectivo, movendo-se silenciosa e furtivamente, de modo a não alertar o público que desejava capturar, para o seu verdadeiro propósito. Pode dizer-se com algum grau de precisão que hoje, em 1994, este pequeno grupo percorreu um longo caminho e controla virtualmente o destino do mundo anglófono.

A revolução bolchevique nunca teria surgido sem o total apoio e recursos financeiros dos principais socialistas na Grã-Bretanha e nos Estados Unidos. A ascensão do bolchevismo, e como foi financiado por Lord Alfred Milner e os bancos de Wall Street, controlados diariamente pelos emissários de Milner, Bruce Lockhart e Sydney Reilly dos serviços secretos britânicos MI6, estão detalhados em

"Diplomacia por Engano".[5]

Nos Estados Unidos, os provedores dos socialistas penduram outros sinais fora das suas janelas políticas. Nunca ninguém se diz socialista, pelo menos não em público. Não usam distintivos, registando-se como "liberais", "progressistas" e "moderados". Os movimentos famintos de poder estão disfarçados em termos de "paz" e "humanitarismo". A este respeito, os socialistas americanos não são menos desonestos do que os seus controladores britânicos. Adoptaram a atitude dos socialistas fabianos britânicos em relação ao nacionalismo, declarando-o irrelevante e essencial para alcançar aquilo a que chamam "igualdade social", ou seja, o socialismo. Os socialistas americanos juntaram-se aos seus primos britânicos para declarar que a melhor forma de quebrar o nacionalismo e fazer avançar a causa do socialismo é através de um programa progressivo de imposto sobre o rendimento.

Os socialistas Fabian podem ser identificados pelas pessoas que encontram e pelos programas que apoiam. Esta regra de ouro é muito útil para distinguir os seus homens e mulheres secretos. Nos EUA, trabalham a um ritmo mais lento do que os seus homólogos britânicos, nunca mostrando a direcção em que se movem. Um dos seus, Arthur J. Schlesinger Jr., que ganhou um Prémio Pulitzer para a liderança socialista, escreveu:

> "Não parece haver nenhum obstáculo inerente à implementação do GRADUAL (ênfase acrescentada) do socialismo nos Estados Unidos através de uma série de "novos acordos", que é um processo de recuar em direcção ao socialismo". (*Partisan Review* 1947)

Devemos estar conscientes de que as liberdades tradicionais que tomamos como garantidas estão seriamente ameaçadas pelo socialismo, o que provoca mudanças profundas e prejudiciais de uma forma gradual. Entretanto, através do seu controlo da indústria do livro, da edição em geral e da imprensa, estamos sujeitos a um

---

[5] Ver *Diplomacia por engano - Um relato da conduta de traição dos governos da Grã-Bretanha e dos Estados Unidos*, John Coleman, Omnia Veritas Ltd, www.omnia-veritas.com.

processo contínuo de condicionamento por "psicopolítica" para aceitar estas mudanças impostas pelos socialistas como inevitáveis. Os programas socialistas mortais e destrutivos impostos aos EUA, a começar pela presidência Wilson, sempre pareceram benéficos e úteis, quando na realidade eram destrutivos e divisivos.

O socialismo pode ser correctamente descrito como uma perigosa conspiração escondida sob um manto de reforma. Quase sem excepção, os seus programas foram e continuam a ser descritos como "reformas". Os socialistas "reformaram" a educação, e estão a "reformar" os cuidados de saúde. Eles "reformaram" o sistema bancário, e essa "reforma" deu-nos os Bancos da Reserva Federal. Eles "reformaram" as leis comerciais e eliminaram as tarifas de protecção que tinham proporcionado a maior parte das receitas necessárias para o funcionamento do país, até 1913.

Na educação, os Socialistas Fabianos procuram criar uma "maioria medíocre" que tenha a aparência, mas não a substância, de ser educada.

Os socialistas Fabianos travaram uma guerra secreta pelo controlo da educação que começou nos anos 20 e triunfou em 1980 com a passagem do Departamento de Educação, assinado em lei pelo Presidente Carter. Esta grande vitória do socialismo garantiu que apenas estudantes medíocres terminariam o ensino secundário. Esta era a soma e a substância da "reforma" da educação socialista. Existe uma concepção errada no estrangeiro de que somos hoje mais espertos do que os nossos antepassados. No entanto, se olharmos para os currículos escolares em 1857, vemos que esta ideia é absolutamente falsa. As disciplinas em que os estudantes do ensino secundário tinham de ser suficientemente competentes para se licenciarem incluíam :

"Aritmética de Thompson" "Álgebra de Robinson" "Álgebra de Davie" "Geometria de Davie" "Filosofia de Comstock" "História de Willard" "Fisiologia de Cutter" "Gramática de Brown" "Geografia de Mitchell" "Série de Sander".

Se olharmos para o currículo do colégio no final da década de 1880, ficamos surpreendidos com a complexidade e o número de disciplinas ensinadas. Naquela época, os estudantes estudavam história e sabiam tudo sobre Napoleão e Alexandre o Grande. Não houve enigmas, ou seja, perguntas de múltipla escolha. Os estudantes poderiam ou não responder às perguntas nos seus exames. Se não os conheciam, foram reprovados e tiveram de ficar na escola para aprender mais.

Não havia eletivas para lidar com o que não se sabia. Hoje em dia, há um eletivo atrás do outro, deixando os estudantes sem instrução e despreparados para o mundo exterior. A mediocridade é o resultado, e este é o objectivo das "reformas" educacionais do socialismo Fabiano, para produzir uma nação com um nível de educação medíocre.

A grande maldade socialista que derrubou a educação nos Estados Unidos veio com o caso do Supremo Tribunal dos EUA, "Brown v. School Board, Topeka, Kansas". Neste caso, os socialistas asseguraram que os padrões educacionais fossem estabelecidos um pouco acima do menor denominador comum, ligeiramente acima dos elementos mais atrasados da classe. Este era o nível a que todas as crianças iriam ser ensinadas a partir de agora. Obviamente, os alunos mais inteligentes foram mantidos a um nível baixo.

A educação regrediu tanto nos Estados Unidos que mesmo aqueles que pensamos que elegemos para nos servir no Congresso não compreendem a língua da Constituição dos EUA, e os nossos senadores, em particular, estão a tornar-se cada vez mais incompetentes em relação à Constituição a cada ano que passa.

Voltemos à revolução bolchevique. Os líderes socialistas ingleses deram a falsa impressão de que se tratava de uma revolução "socialista" concebida para melhorar a sorte do povo russo e acabar com a tirania dos Romanovs. De facto, os Romanovs eram os monarcas mais benevolentes da Europa, com um genuíno amor e cuidado pelo seu povo. O engano é a marca do socialismo. O seu lema. "Apresse-se lentamente" é enganoso, pois o socialismo não tem sido lento e não é amigo dos trabalhadores. O socialismo é um comunismo mais cauteloso, mas os objectivos são os mesmos, embora os meios sejam diferentes em alguns casos. O objectivo comum do comunismo e do socialismo é liquidar o verdadeiro sistema de livre empreendimento capitalista e substituí-lo por um governo central forte que controle todos os aspectos da produção e distribuição de bens e serviços. Qualquer pessoa que se interponha no seu caminho é imediatamente marcada como "reaccionário", "extremista de direita", "reaccionário McCarthy", "fascista", "extremista religioso", etc. Quando ouve estas palavras, sabe que o orador é um socialista.

O comunismo e o socialismo partilham o objectivo de estabelecer um governo federal, um governo mundial único, ou, como é mais comummente conhecido, a "Nova Ordem Mundial". Descobrir o que os seus líderes tinham a dizer:

> "Estou convencido de que o Socialismo está correcto. Sou um seguidor do socialismo... Não vamos mudar o poder soviético, claro, ou abandonar os seus princípios fundamentais, mas reconhecemos a necessidade de mudanças que reforcem o socialismo" - Mikhail Gorbachev.

> "O objectivo último do Conselho das Relações Externas (CFR) é criar um sistema socialista mundial único e tornar os Estados Unidos uma parte oficial do mesmo". - Senador Dan Smoot, *The Unseen Hand.*

> "O povo americano nunca aceitará conscientemente o socialismo, mas sob o nome de liberalismo adoptará cada fragmento do programa socialista, até que um dia a América seja uma nação socialista sem saber como veio a ser... Os Estados Unidos estão a fazer maiores progressos na adopção do socialismo sob Eisenhower do que sob o Presidente Franklin D. Roosevelt. - Norman Thomas. *Dois Mundos.*

Para compreender todo o plano e objectivo da "acção legislativa" socialista americana de Florence Kelley, é preciso primeiro ler atentamente a Declaração de Princípios dos Socialistas Fabianos e do Socialismo Internacional:

> "O seu objectivo é obter uma maioria no Congresso e em cada legislatura estatal, ganhar os principais cargos executivos e judiciais, tornar-se o partido dominante e, uma vez no poder, transferir indústrias para a propriedade do povo, começando pelos de carácter público, tais como bancos, seguros, etc."

Nos Estados Unidos, a grande maioria dos socialistas está no Partido Democrático, com alguns "progressistas" no Partido Republicano. Neste sentido, o socialismo Fabian é um partido político, embora por adopção, como aconteceu em Inglaterra com a aquisição do Partido Trabalhista. Kelley, será recordado, foi a força motriz por detrás dos "Brandeis Briefs" psico-judiciais altamente destrutivos que mudaram a forma como o Supremo Tribunal toma decisões. Kelley era uma grande amiga da socialista lésbica Eleanor Roosevelt (O método Brandeis Briefs sabotou totalmente o nosso sistema legal e é outro exemplo de mudanças indesejadas e indesejáveis induzidas pelos socialistas impostas ao povo dos Estados Unidos).

Nas páginas 9962-9977, Registo do Congresso, Senado, 31 de Maio de 1924, encontramos os objectivos dos Socialistas e Comunistas explicados ainda mais claramente:

> "Em suma, os próprios comunistas americanos admitem que é impossível promover a revolução neste país a menos que os direitos dos Estados sejam destruídos, e uma burocracia centralizada, sob a liderança de uma casta de burocratas entrincheirados semelhantes aos da Europa, para os comunistas (e socialistas) as condições básicas para a revolução".

Embora isto esteja orientado para os objectivos dos comunistas, não esqueçamos que este é também o objectivo dos socialistas, que diferem apenas em método e grau.

Acrescentaria que sob os Presidentes Johnson, Carter, Bush e Clinton, a agenda socialista nos Estados Unidos avançou a passos largos. Clinton servirá apenas um termo, mas fará mais para promover fortemente planos socialistas, e causará mais danos reais do que Roosevelt, Eisenhower ou Johnson.

É óbvio para aqueles que procuram a verdade que o comunismo não está morto. Está apenas a fazer uma pausa temporária e está actualmente à espera nas asas do socialismo para recuperar o atraso. O que temos hoje é o que Karl Marx chamou de "socialismo científico". Também tem sido chamada "psicopolítica" pelo Professor Harold Laski. O Presidente Kennedy abraçou o "socialismo científico" - o seu programa "New Frontier" é retirado directamente do plano da Sociedade Britânica Fabian Society, "New Frontiers", por Henry Wallace (Nova Iorque, Reynal e Hitchcock 1934).

Psicopolítica" foi resumido por Charles Morgan no seu livro "Liberties of the Mind".

> "... estamos todos condicionados a aceitar limitações à liberdade... Receio que, inconscientemente, mesmo que estejamos preparados para aceitar esta nova infecção... Não há imunidade na grande massa do nosso povo e não há consciência do perigo. Pode-se pensar em muitas formas em que a população como um todo está condicionada ou preparada para esta mudança mental, esta perda de individualidade e identidade".

Seria difícil encontrar uma explicação mais clara sobre o socialismo que se destrói a si próprio a partir do interior.

Os socialistas praticam a psicopolítica sobre o povo da Inglaterra e dos Estados Unidos desde o Manifesto Comunista de 1848. É por isso que, em 1994, os nossos senadores estão a discutir os méritos de um "plano nacional de saúde" em vez de outro, em vez de rejeitarem categoricamente a ideia como um artifício socialista. Foi Lenine que disse que um plano nacional de saúde é o arco do socialismo. Da mesma forma, o Senado debateu os méritos do chamado Brady Bill, em vez de o rejeitar liminarmente como um subterfúgio socialista para contornar a Constituição dos EUA. Um livro inteiro poderia ser escrito apenas sobre este tema.

Havia 36 socialistas Fabian na administração Kennedy. Dois eram membros do gabinete, três eram ajudantes da Casa Branca, dois eram subsecretários e um era secretário de estado adjunto. Os restantes encontravam-se em posições políticas de importância vital. É por isso que muitas das decisões políticas da era Kennedy foram contrárias aos melhores interesses dos Estados Unidos e do seu povo e pareciam estranhamente em desacordo com o que Kennedy disse que representava.

Desde a morte de Kennedy, o socialismo criou raízes profundas nos Estados Unidos, sempre regado e alimentado pelos chamados "liberais" e "moderados" e alimentado com "tolerância". O Coronel Mandel House e Sir William Wiseman, director do gabinete norte-americano dos Serviços Secretos britânicos, 'mentor' do Presidente Wilson, que se tornou o primeiro presidente americano abertamente socialista a sentar-se na Sala Oval.

O socialismo Fabian dominou seis presidentes dos EUA, a começar por Woodrow Wilson. Os objectivos dos socialistas nunca variaram, especialmente naquilo que descreveram como "as dificuldades a ultrapassar", e estas estavam, e em alguns casos ainda estão, presentes:

1. A religião, em particular a religião cristã.
2. O orgulho nacional dos Estados-nação.
3. Patriotismo.
4. A Constituição dos EUA e as constituições estaduais.
5. Oposição a um imposto progressivo sobre o rendimento.
6. Quebrar as barreiras comerciais.

Estes objectivos são descritos no seu plano director, as "técnicas Fabianas Americanas", baseadas no obscurantismo.

O movimento socialista Fabian só estava interessado em recrutar a elite da sociedade britânica, homens como Clement Atlee, Sir Stafford Cripps, Herbert Morrison, Emmanuel Shinwell, Ernest Bevin, Lord Grey, Lord Asquith, e Ramsey McDonald, que passaram a impor a sua vontade à Inglaterra a partir do Parlamento. Embora estes nomes possam ser estrangeiros para os leitores americanos, estes homens desempenharam um papel fundamental na direcção que os Estados Unidos tomariam, e como tal merecem ser mencionados.

Um aspecto interessante da Sociedade Fabian é que o seu comité determinou que não mais do que 5% da população era digno de se tornar bons líderes socialistas. Alguns socialistas britânicos Fabianos foram fundamentais para mudar o rumo e a direcção dos Estados Unidos e voltaremos a este aspecto. O socialista Fabian MacDonald, que mais tarde se tornou Primeiro-Ministro de Inglaterra, foi enviado para os Estados Unidos em 1893 para trabalhar como espião. No seu regresso, a 14 de Janeiro de 1898, MacDonald disse aos membros da sua comissão:

> "O grande obstáculo ao progresso socialista nos Estados Unidos é a sua Constituição escrita, federal e estadual, que dá poder máximo a um tribunal de justiça".

MacDonald declarou também que seria necessário trabalhar diligentemente para cumprir a directiva de Edward Bellamy, um socialista Fabiano americano. A maioria de nós conhece-o como autor do livro "Uncle Tom's Cabin", escrito pelo seu mentor, o Coronel Thomas Wentworth, um notório abolicionista e tão ardente socialista Fabiano quanto se pode ser.

Bellamy era um verdadeiro crente e seguidor da British Fabian Society e um dos primeiros membros do capítulo americano da Fabian Society. Escrevendo no 'American Fabian' em Fevereiro de 1895, três anos antes de MacDonald apresentar o seu relatório de inquérito sobre a sua digressão pelos Estados Unidos, disse Bellamy:

> "...a nossa Constituição em grande parte individualista deve ser alterada para admitir o socialismo, e cada mudança requer uma crise política. Isto significa levantar grandes questões".

Wilson não levantou "grandes questões" e Roosevelt, Truman, Eisenhower, Kennedy, Johnson e Bush não fizeram a mesma coisa e não é notável que Clinton continue a "levantar grandes questões"? Esta é a metodologia do socialismo: levantar "grandes questões" como a chamada "reforma dos cuidados de saúde" e, por detrás das nuvens de poeira levantadas pela questão, fazer o trabalho sujo e dissimulado de minar a Constituição dos EUA.

Aqui reside a explicação fundamental para as acções políticas tomadas pelos Presidentes Wilson, Roosevelt, Truman, Eisenhower, Kennedy, Johnson, Bush e Clinton.

As propostas MacDonald's seguiram de muito perto o padrão estabelecido por Bellamy. MacDonald salientou que a necessidade de alterar a Constituição dos Estados Unidos deve ser preponderante no pensamento do socialista Fabiano. Voltamos a salientar que o socialismo Fabian difere um pouco do socialismo europeu, sobretudo na medida em que afirmava não ter filiação partidária. Isto seria verdade se ignorássemos o facto de que, por "penetração e permeação", tomou conta dos partidos trabalhistas e liberais britânicos e agora tomou conta do Partido Democrata nos Estados Unidos.

MacDonald salientou que os princípios subjacentes à Constituição dos EUA se baseavam nos direitos garantidos pela Quinta Emenda, em particular o direito de propriedade, um corolário da lei natural de Isaac Newton. Portanto, disse MacDonald, a alteração da Constituição tinha de ser feita indirectamente, em grande segredo e ao longo de um período de anos. Salientou também que a separação de poderes entre os três departamentos do governo era um obstáculo à penetração e às tácticas de penetração dos socialistas.

As palavras de MacDonald eram um eco do que Bellamy tinha proposto em Fevereiro de 1895. Pelo menos Bellamy era mais instruído constitucionalmente do que a grande maioria dos juízes e políticos do nosso tempo. Ele admitiu prontamente que a Constituição dos EUA não era flexível. Isto realça a ignorância da Juiz Ruth Ginsberg, recentemente nomeada para o Supremo Tribunal pelo Presidente socialista Clinton, que disse a uma Subcomissão Judicial do Senado que a Constituição é "flexível" quando é imutável.

A grande visão do socialismo Fabiano nos anos 1890 era "rever" a Constituição dos EUA, ou seja, "reformá-la". Embora parecesse à superfície que tal tarefa estava para além das suas capacidades, a capacidade dos Fabianos de trabalhar silenciosa e secretamente foi infelizmente subestimada e negligenciada. Faz-me lembrar a popular canção de Frank Sinatra sobre formigas ambiciosas e uma seringueira. As formigas não tiveram qualquer hipótese de derrubar a árvore numa única operação, mas fizeram o impossível, derrubando-a, folha por folha, até a árvore de borracha ser demolida. Penso que esta é uma boa analogia para a forma como o socialismo Fabian tem trabalhado desde 1895 (uma tarefa que ainda está em curso) para derrubar a Constituição dos EUA, peça por peça.

Bellamy e MacDonald podem ser descritos como "visionários", mas eram visionários socialistas Fabianos com ideias específicas sobre como ter sucesso. Os métodos descritos por "The American Socialist" envolveram o estabelecimento de uma elite socialista nos Estados Unidos, e depois o quadro de elite aprendeu a explorar cada crise local, nacional e estatal para fins encobertos do socialismo e a ganhar apoio para estas ideias através de uma penetração bem organizada na imprensa. A cristalização do socialismo Fabiano americano começou a sério em 1905.

"The American Socialist" também apelou à formação de um quadro de professores socialistas Fabian que, nos anos seguintes, actuariam como conselheiros de uma série de presidentes, orientando-os na direcção do grande projecto de socialização dos Estados Unidos. Estes professores de extrema-esquerda de Marx e Lênin foram principalmente oriundos das fileiras da Faculdade de Direito de Harvard. O "trabalho educacional" foi realizado pelo Clube Socialista de elite de Harvard, que, quando sobreposto à Sociedade Britânica Fabian - uma das poucas vezes que tiveram a audácia de mostrar os seus colarinhos socialistas - revela uma correspondência próxima.

Entre os membros fundadores do Clube Socialista de Harvard estava Walter Lippmann, um dos escolhidos por MacDonald e Bellamy para estabelecer um quadro socialista de elite nos Estados Unidos. Lippmann passou anos a penetrar no mundo dos negócios.

O papel de Lippmann na orientação deste país para o socialismo Fabiano será discutido noutra altura. Como veremos, os socialistas nos círculos internos do poder eram um inimigo mais temido do que o comunismo, embora o público americano nunca tenha sido autorizado a ver as coisas dessa forma. Como tenho dito tantas vezes no passado, "o inimigo em Washington é mais a temer do que o inimigo em Moscovo.

O americano médio, quando ouviu falar de socialismo sob o seu próprio rótulo, foi repelido. Na década de 1890, a American Fabian Society era uma organização jovem que precisava de orientação, especialmente na técnica de ir devagar e obscurecer os seus objectivos. Assim, quando o socialismo foi mencionado, evocou visões de práticas sexuais bizarras - que os socialistas hoje em dia se esforçam por tornar culturalmente aceitáveis - e de como tornar o bem-estar acessível a todos. Assim, não foi levado a sério, excepto por um punhado de académicos que o viam como um perigo maior do que o bolchevismo, pelo menos para a América.

E quando Engels, o modelo das práticas enganosas dos socialistas e marxistas, visitou os Estados Unidos em 1886, foi cometido um erro ao promover o seu livro vitriólico, "The Origin of the Family", que mais tarde se tornou a Bíblia dos abortadores, homossexuais e o chamado movimento de "libertação das mulheres"[6] de Molly Yard, Patricia Schroeder, Eleanor Smeal. Há provas de que o objectivo da

---

[6] Libertação da Mulher, ancestral do MLF. Ndt.

visita de Engels era lançar as bases para o novo Fabian Socialist Club americano.

Do mesmo modo, quando Eleanor Marx - a filha de Karl Marx, conhecida como a amante de George Bernard Shaw - visitou os Estados Unidos com outro amante, desta vez Edward Aveling, a reacção do público foi extremamente infeliz. O grito de "amor livre" foi uma surpresa para os socialistas europeus, que não faziam ideia de quão profundamente os valores cristãos estavam enraizados na sociedade americana na altura. Tinham calculado mal em defender o "amor livre" (a base do aborto, ou seja, amor livre sem responsabilidade) e os seus ataques aos valores familiares apenas provocaram reacções de raiva.

Isto ensinou aos socialistas americanos uma grande lição: "Mais pressa" foi uma filosofia perdida. Era necessário "apressarmo-nos lentamente". Mas os socialistas nunca desistiram, nunca perderam de vista os seus objectivos, e o resultado é que hoje os males do socialismo dominam a América de todos os lados, ganhando força, cultural, religiosa e socialmente, de uma forma que nunca fizeram quando Engels, Eleanor Marx e Edward Aveling estavam a exaltar as suas virtudes. Os leitores sabem provavelmente que Aveling foi o tradutor oficial do alemão para o inglês de "Das Kapital", a mais conhecida das obras de Marx.

Para desviar as críticas ao socialismo, a British Fabian Society decidiu criar um grupo nos Estados Unidos, conhecido como Associação Económica Americana, que se reuniu a 9 de Setembro de 1885. Apenas o quadro de elite dos aspirantes a socialistas americanos foi convidado a participar. (Foi na sequência desta reunião que os socialistas britânicos da Fabian Society decidiram que Mac Donald deveria ir aos Estados Unidos para determinar que problemas estavam a prejudicar o socialismo e como superá-los).

A 9 de Setembro de 1885, a Associação Económica Americana atraiu todos os principais líderes socialistas e aspirantes a socialistas da época a Saratoga, Nova Iorque. Muitos dos "distintos convidados", como os jornais de Nova Iorque os descreveram, eram os principais professores socialistas, incluindo Woodrow Wilson, que se tornaria o primeiro presidente abertamente socialista dos Estados Unidos.

Outros participantes foram os Professores Ely, H. R. Adams, John R. Commons e E. James, Dr. E. R. Seligman de Columbia, Dr. Albert Shaw e E. W. Bemis, que mais tarde se tornaram os principais discípulos do socialismo na América. James, Dr. E. R. Seligman de Columbia, Dr. Albert Shaw e E. W. Bemis, que mais tarde se tornaram os principais discípulos do socialismo na América. Nenhum deles era conhecido fora dos seus estreitos círculos académicos, e o socialismo não era visto como uma séria ameaça ao modo de vida americano. Foi um erro que seria cometido repetidamente no futuro, um erro que se está a repetir hoje. A partir deste pequeno começo cresceu o carvalho do socialismo nos Estados Unidos, cujos ramos em expansão ameaçam hoje a República Confederada dos Estados Unidos. Wilson, então no Bryn Mawr College, passou a ensinar socialismo na extensão da Universidade de Filadélfia em 1902, disfarçado de ciência política.

Aí mergulhou com outros socialistas líderes na promoção de ideias socialistas na educação. Na lista de professores socialistas estão os membros britânicos da Fabian Society Sydney Webb, R.W. Alden e Edward R. Pease; Ely e Adams, dois dos seus associados americanos que já mencionámos. Outros socialistas americanos proeminentes que alimentaram Wilson com as suas ideias socialistas foram Morris Hilquitt e Upton Sinclair. Os seus contactos com os socialistas britânicos Fabianos estenderam-se a reuniões realizadas em Oxford entre 1805 e 1901.

O Dr. Seligman da Universidade de Columbia patrocinou as reuniões e é creditado com a previsão de ter dado a Wilson a presidência. A semelhança entre a ascensão de Wilson e Clinton é bastante notável: ambos eram de persuasão socialista, ambos estavam rodeados por um grande número de intelectuais socialistas e ambos estavam indelevelmente imbuídos de ideais socialistas através do seu contacto com a Universidade de Oxford.

Wilson foi muito influenciado por publicações socialistas Fabian, tais como "The New Freedom". Além disso, foi o primeiro presidente dos EUA a aceitar professores universitários como conselheiros - um afastamento radical das tradições passadas e uma estratégia socialista pura - uma metodologia para impor mudanças indesejadas e inaceitáveis ao povo americano. A lógica era que ninguém suspeitaria de intenções nefastas por parte de académicos.

Albert Shaw, que conseguiu que Wilson fosse eleito através da divisão da votação, dirigindo Theodore Roosevelt com um bilhete independente, o Partido do Touro Alce. Como o Dr. Seymour disse na altura, "a deserção de Roosevelt colocou Wilson na Casa Branca". O subterfúgio era o House 'denunciar' Roosevelt como 'um radical selvagem', e funcionou. Wilson tornou-se Presidente dos Estados Unidos e o seu amigo Albert Shaw foi nomeado para o Comité do Trabalho como recompensa quando Wilson entrou na Casa Branca.

Embora cuidadosamente escondidos do público, os socialistas britânicos Fabian escolheram Wilson, devido à sua propensão para se interessar pelas questões socialistas, e à forte recomendação do House, cujo cunhado, Dr. Sydney Mezes, foi há muito afiliado da British Fabian Society e Presidente do City College de Nova Iorque. Mezes desempenhou um papel de liderança no planeamento socialista antes e depois da Primeira Guerra Mundial.

A isto acresce o facto de uma grande percentagem dos membros da Sociedade Fabian serem marxistas, sendo um dos mais notáveis da Sociedade Fabian de Londres o Professor Harold Laski, que passou a desempenhar um papel profundamente perturbador na socialização dos Estados Unidos, até à sua morte em 1952. Não se contesta que Bernard Baruch, que se tornou o controlador absoluto de Wilson durante os seus anos na Casa Branca, era também um marxista.

Todo o programa da presidência de Woodrow Wilson foi elaborado por conselheiros socialistas, tanto aqui como na Grã-Bretanha. Um dos primeiros esforços socialistas de Wilson foi federalizar poderes que eram proibidos ao governo federal, estando reservados aos estados individuais. Estes incluíam os poderes policiais de saúde, educação, trabalho e protecção policial garantidos aos Estados pela 10ª Emenda à Constituição dos EUA.

Mais tarde, o Professor Harold Laski deveria pressionar fortemente o Presidente Roosevelt a quebrar e destruir, por ordem executiva, a separação de poderes entre os ramos legislativo, executivo e judicial do governo. Esta foi a chave da porta das traseiras para quebrar e tornar a Constituição 'ineficaz'. Um dos principais pontos do programa de Wilson foi a destruição das tarifas que, até 1913, tinham proporcionado aos Estados Unidos receitas suficientes para pagar as contas da nação e que ainda tinham um excedente. A agenda oculta era destruir esta fonte de receitas e substituí-la por um imposto progressivo de inspiração marxista. Para além de qualquer outro resultado, o imposto de rendimento progressivo marxista foi concebido para subjugar para sempre a classe média. Recordar-se-á que um dos principais obstáculos a ultrapassar, segundo Ramsey MacDonald, era a resistência ao imposto progressivo sobre o rendimento. Graças ao Presidente Wilson, a British Fabian Society conseguiu impor este fardo oneroso ao povo americano, cumprindo assim uma das suas ambições mais acarinhadas.

É preciso dizê-lo, e dizê-lo alto e bom som: o comunismo, embora o tenha iniciado, não introduziu uma tributação progressiva do rendimento nos Estados Unidos. Esse foi apenas o trabalho da British Fabian Society. Durante os últimos 76 anos, o povo americano tem sido enganado a acreditar que o comunismo era o maior perigo para um mundo livre. Esperamos que as páginas deste livro contenham provas suficientes para mostrar que o perigo do socialismo transcende tudo o que ainda se tenha visto do comunismo. O socialismo causou milhares de vezes mais danos aos Estados Unidos do que o comunismo alguma vez causou.

Por duas vezes considerado inconstitucional pelo Supremo Tribunal dos EUA, o imposto progressivo sobre o rendimento foi proposto a Wilson pela British Fabian Society e a sua adopção, encorajada pelos socialistas Fabian americanos, foi finalmente conseguida em 1916, mesmo a tempo de pagar pela Primeira Guerra Mundial. Enquanto a atenção do povo americano se concentrava nos acontecimentos na Europa, a Décima Sexta Emenda foi passada pelo Congresso, ajudado e incentivado por uma série de legisladores socialistas.

A Décima Sexta Emenda nunca foi ratificada por todos os Estados, pelo que permaneceu fora da Constituição, mas isso não impediu os seus apoiantes socialistas de fazerem o que queriam. Wilson tentou equiparar a democracia ao Partido Democrático, quando na realidade não pode haver tal partido. O título correcto deveria ser Partido Democrático. Não podemos ter um "Partido Democrático" numa República Confederada ou numa República Constitucional.

O livro de Wilson "The New Freedom" (na verdade escrito pelo socialista William B. Hayle) denunciou o capitalismo. "É contrário ao homem comum", disse Wilson. Numa altura em que os EUA estavam a desfrutar de prosperidade e progresso industrial sem precedentes, Wilson chamou à economia de "estagnação" e propôs uma revolução para pôr as coisas novamente em movimento. Um raciocínio engraçado - se se esquecer que Wilson estava a pregar o socialismo hardcore:

> "Estamos na presença de uma revolução - não sangrenta, a América não foi feita para derramar sangue - mas uma revolução silenciosa, pela qual a América insistirá em recuperar na prática os ideais que sempre professou, em assegurar um governo dedicado ao interesse geral e não a interesses especiais".

A coisa mais importante que ficou de fora do discurso foi ser uma REVOLUÇÃO SOCIALISTA, uma revolução furtiva sem limites no seu engano, baseada em ideais e princípios socialistas britânicos de Fabian.

Wilson faz então uma previsão profética - pelo menos, aparentemente profética, com a excepção de que, numa inspecção próxima, ele está meramente a afirmar o programa socialista para os Estados Unidos:

> "... Estamos no limiar de uma era em que a vida sistemática do país será apoiada, ou pelo menos complementada, em todos os aspectos, pela actividade governamental. E temos agora de determinar que tipo de actividade governamental será; se, em primeira instância, será dirigida pelo próprio governo, ou se será indirecta, através de instrumentos que já foram formados e que estão prontos para tomar o lugar do governo".

O povo americano permaneceu em grande parte inconsciente de que uma força sinistra estava a trabalhar, totalmente alheia a si próprio e à Constituição, que de alguma forma se tinha insinuado no poder ao colocar um chefe do executivo na Casa Branca, um líder totalmente dependente de um grupo impiedoso e faminto de poder como pode ser encontrado em qualquer parte do mundo - incluindo a Rússia bolchevique - esse poder trazendo socialistas Fabianos para a Grã-Bretanha e os Estados Unidos.

Esta tendência tem continuado até aos dias de hoje e, como a vemos, o Presidente Clinton é agora o seu entusiasta e ávido chefe executivo. As "grandes esperanças" das formigas que procuram apoderar-se da seringueira estão lentamente, e inexoravelmente, a realizar-se. Uma grande nação, os Estados Unidos da América, parece totalmente inconsciente da criminalidade por detrás do socialismo e ignorante dos seus objectivos, e por isso está mal preparada para impedir as depredações criminosas que ocorrem no seio do seu próprio governo.

Como poderia Wilson enganar o povo americano sobre uma questão tão monstruosa como um imposto progressivo sobre o rendimento, algo estranho à Constituição, e algo de que o país tinha sido capaz de prescindir até 1913? Para responder a esta pergunta, temos de olhar novamente para a capacidade dos socialistas de implementar o seu programa à socapa, por engano e mentira, ao mesmo tempo que o cozinharam numa linguagem que parecia indicar que o prato venenoso que estavam a cozinhar era para o bem do povo.

O primeiro obstáculo que Wilson teve de superar foi a eliminação das tarifas que tinham protegido o comércio da América e feito dela uma nação próspera com um nível de vida que era a inveja do mundo. A 4 de Julho de 1789, o Presidente George Washington disse ao primeiro Congresso dos Estados Unidos:

> "Um povo livre deve promover os fabricantes que tendem a torná-los independentes de outros para fornecimentos essenciais, especialmente os militares".

Estas palavras sábias desencadearam um sistema de barreiras pautais que impunha direitos aos países que pretendiam vender os seus produtos no mercado americano, a antítese do chamado "comércio livre" que não passava de um subterfúgio concebido por Adam Smith para permitir à Grã-Bretanha despejar os seus produtos no mercado sem reciprocidade para os produtos americanos no mercado inglês. A impressão foi de alguma forma cultivada - talvez através do controlo da imprensa - de que os Estados Unidos tinham desenvolvido o nível de vida do seu povo com base no "comércio livre", quando na realidade o contrário era verdade.

Vimos este engano surgir no debate Perot-Gore, quando Gore, falsamente e com intenção maliciosa contra o povo dos Estados Unidos, denunciou o proteccionismo tarifário como a causa do crash de Wall Street de 1929. Perot não sabia da Lei Smoot-Hawley para a defender contra as mentiras do Vice-Presidente.

O "comércio livre" foi definido como uma doutrina marxista num discurso proferido por Marx em 1848. Não era nova, mas uma ideia inicialmente proposta por Adam Smith para minar a economia da jovem nação americana. Uma sábia Washington compreendeu a necessidade de proteger as indústrias recém-criadas da América. Esta sábia política de protecção foi continuada por Lincoln, Garfield e McKinley. Durante 125 anos, os americanos beneficiaram grandemente desta sábia política, até que a bola destruidora socialista de Wilson foi usada para mudar a face da América.

Mesmo até à Segunda Guerra Mundial, apenas dois por cento da economia dos EUA dependiam do comércio externo. No entanto, para o ouvir dizer agora, os Estados Unidos perecerão se não removerem os últimos vestígios das nossas sábias barreiras tarifárias. O que Wilson fez foi trair e o Congresso cometeu sedição ao aceitar o seu ataque devastador ao nível de vida do povo americano.

Na sua maioria, a administração Wilson abusou da Constituição. Logo que Wilson foi eleito pelos socialistas Fabian, apelou a uma sessão conjunta do Congresso. Em 1900, uma administração maioritariamente republicana tinha mantido as barreiras comerciais existentes e erguido novas barreiras para proteger os agricultores, a indústria e os produtores americanos de mercadorias. A agitação contra as barreiras tarifárias protectoras teve origem em Londres entre os membros da Sociedade Socialista Fabian, que controlava o Royal Institute for International Affairs (RIIA). As ideias para quebrar as barreiras pautais foram transmitidas a Wilson através da sediciosa Mandel House, directamente de Londres.

A propaganda anti-tarifária que saiu de Londres num fluxo ininterrupto, e que tinha começado a sério em 1897, de que este é um exemplo:

> "O fabricante americano atingiu o mais alto nível de ineficiência em 1907, após um declínio notável que começou em 1897, em vários campos importantes os fabricantes americanos não conseguem fazer frente aos concorrentes estrangeiros no mercado nacional. Este facto deve ser levado ao conhecimento do povo americano, pois devido às tarifas que pagam pelos bens um preço mais elevado do que seria o caso se as barreiras pautais que impedem o comércio fossem removidas. A frase "a mãe de

> todos os trusts" pode ser uma forma útil de descrever o proteccionismo, especialmente se estiver relacionada com o aumento do custo de vida que pode ser atribuído às políticas proteccionistas".

Nota: O departamento de pesquisa da Sociedade Fabian começou a produzir documentos a que chamavam "tractos" como se fossem aliados de esforços missionários cristãos. Estes milhares de "folhetos" foram depois recolhidos em livros e documentos de posição. A citação acima é de um folheto publicado em 1914.

O que esta propaganda enganosa não dizia era que não havia ligação entre o aumento do custo de vida entre 1897 e 1902, uma vez que as tarifas não tinham qualquer efeito sobre os preços internos. Mas isto não impediu um ataque concertado dos principais jornais estrangeiros (particularmente o *New York Times*) para denunciar a protecção tarifária como a causa do aumento do custo de vida. Este facto foi ecoado no London Economist e noutras revistas de propriedade dos banqueiros da City de Londres.

A sedição não se limitava aos Democratas. Muitos dos chamados republicanos "progressistas" ("progressistas" e "moderados" sempre significaram socialistas) juntaram-se ao ataque às tarifas de protecção. Como é que os socialistas convenceram o Congresso a alinhar com os seus planos de arruinar o nosso comércio mundial convidado? Fizeram-no combinando a sociologia com a política, uma técnica que empurra os socialistas para um alto cargo, onde podem exercer a maior influência indevida em questões nacionais vitais.

Como exemplo, considere a questão do reconhecimento diplomático do governo bolchevique bárbaro. Através dos bons ofícios de Arthur Henderson, os britânicos reconheceram os açougueiros bolcheviques como o governo legítimo da Rússia em 1929. Depois voltaram a sua atenção para os Estados Unidos e, graças aos socialistas em altos cargos, conseguiram que os EUA fizessem o mesmo. Estas acções dos líderes do mundo anglófono deram aos bolcheviques um prestígio e respeito a que claramente não tinham direito, e abriram portas a contactos diplomáticos, comerciais e económicos que de outra forma teriam permanecido firmemente fechados durante décadas, se não para sempre.

Os socialistas Fabian, tanto nos Estados Unidos como na Grã-Bretanha, pareciam tão benignos, e o seu passado altamente culto e grande encanto pessoal tornava muito difícil acreditar naqueles que advertiam que esta afável elite social era um grupo subversivo com a intenção de suprimir os direitos de propriedade e ameaçar retirar a Constituição dos EUA, pedaço por pedaço. Era simplesmente impossível ver esta elite como revolucionários e anarquistas, o que eles realmente eram.

O Coronel Edward Mandel House, que não só era convenientemente convencional em todos os sentidos da palavra, mas também conservador na sua maneira e discurso - pelo menos quando estava ao alcance do público, foi um bom exemplo, mas moveu-se em círculos que estavam longe do que se poderia imaginar um grupo anarquista.

Foi este grupo de 'anarquistas afáveis' que elegeu Woodrow Wilson. Segundo o House, os cidadãos americanos são pouco mais do que otários que podem ser enganados pelas aparências. Tão certo de que os eleitores não veriam a nomeação de Wilson como um candidato 'Made In England', a Câmara navegou para a Europa no dia em que Wilson foi nomeado na convenção democrática de Baltimore de 1912. "Não sinto necessidade de acompanhar os debates", disse o House a Walter Hines, que o tinha apresentado a Wilson no ano anterior. À sua chegada a Inglaterra, House disse a uma reunião de socialistas Fabian na RIIA: "Estava convencido de que o povo americano aceitaria Wilson sem questionar". E fizeram-no.

Wilson tornou-se então presidente, sendo a sua principal tarefa minar a Constituição tal como mandatada por Ramsey McDonald, sem que o povo americano se apercebesse, ao verdadeiro estilo socialista Fabiano. A Câmara expressara frequentemente o seu ódio à Constituição em discussões privadas com os seus apoiantes secretos de Wall Street. Chamou à Constituição dos EUA "uma criação de mentes do século XVIII, não só ultrapassada, mas grotesca", acrescentando que "deve ser eliminada imediatamente". Regressamos ao homem a quem Wilson chamou o seu maior amigo.

Como diz o Parlamento, "Wilson foi eleito para levar a cabo um programa socialista sem alarmar o povo". A forma como isto deveria ser feito foi definida numa versão ficcionada do plano mestre dos socialistas Fabian de objectivos a longo prazo. "Philip Dru, Administrador" foi uma confissão notável de planeamento e estratégias socialistas a serem utilizadas contra o povo americano, muito reveladora de como os socialistas esperavam que a presidência dos EUA fosse subvertida e minada.

Editado pelo socialista Fabian B. W. Huebsch, o livro deveria ter lançado sinais de alarme em toda a América, mas infelizmente não conseguiu fazer o povo americano compreender o que o House representava. Estabeleceu a agenda da presidência de Wilson tão claramente como se ela própria tivesse sido apresentada ao Congresso pela Câmara. "Philip Dru" (actualmente House) propôs tornar-se o líder da América através de uma série de ordens executivas. Entre as tarefas 'Dru' estabelecidas para si próprio estava o estabelecimento de um grupo de economistas para trabalhar na destruição da Lei Tarifária que acabaria por 'levar à abolição da teoria da protecção como uma questão de política pública'. O grupo deveria também desenvolver um sistema progressivo de imposto sobre o rendimento e instituir novas leis bancárias. Note-se o uso manhoso da palavra 'teoria'. As tarifas protectivas não eram apenas uma teoria: as tarifas tinham levado os EUA a um nível de vida que era a inveja do mundo. A protecção comercial foi uma doutrina estabelecida por George Washington, que tinha sido experimentada e testada durante 125 anos, e não era apenas uma teoria.

Como poderia a 'Dru' chamar à protecção tarifária uma 'teoria'? Foi claramente uma tentativa de denegrir e rebaixar o conceito e abrir caminho para o ideal socialista do "comércio livre" que iniciaria o declínio do nível de vida do povo americano. Foi também aqui que Wilson teve a sua ideia de um imposto sobre o rendimento, que, uma vez em vigor, iria corroer ainda mais o nível de vida da classe média.

Wilson violou o seu juramento de defender a Constituição dos EUA pelo menos 50 vezes. Em Wilson, o Comité dos 300 tinha encontrado o homem ideal para iniciar a socialização da América, tal como mais tarde encontrou outro candidato ideal para os seus objectivos anarquistas em Bill Clinton. Um segundo paralelo entre Wilson e Clinton reside no tipo de conselheiros com quem se rodeiam.

No círculo interior de Wilson, os anarquistas, socialistas e comunistas eram proeminentes: Louis D. Brandeis, Felix

Frankfurter, Walter Lippmann, Bernard Baruch, Sydney Hillman, Florence Kelley e, claro, Edward Mandel House. House, um amigo próximo da mãe de Roosevelt, viveu a dois quarteirões do governador de Nova Iorque Franklin D. Roosevelt e reuniu-se frequentemente para o aconselhar sobre como financiar os seus futuros programas socialistas.

O primeiro ataque à Constituição foi a declaração de Ramsey McDonald's de que a Constituição deveria ser emendada. O segundo ataque foi liderado por House, cujo pai tinha ganho milhões de dólares durante a Guerra Civil a trabalhar para os Rothschilds e Warburgs. Depois de se encontrar com Wilson em 1911, através dos bons ofícios de Walter Hines, House estava confiante que ele tinha encontrado o homem certo para realizar o trabalho de emenda da Constituição dos EUA que McDonald tinha solicitado a 14 de Janeiro de 1898.

House começa a cultivar Wilson, que se sente lisonjeado pela atenção de um homem que parece conhecer todos em Washington. Existe um paralelo distinto entre House e Pamela Harriman, que via Clinton como o homem ideal para realizar uma grande variedade de reformas socialistas sem alarmar o povo. Harriman também conhecia toda a gente em Washington.

A Câmara sabe que Wilson precisará da ajuda de um socialista convicto. Por isso arranjou-lhe um encontro com Louis D. Brandeis, um professor de direito de Harvard. Esta reunião deveria revelar-se sinistra para o bem-estar futuro da nação, pois a Brandeis comprometeu-se a tornar a Constituição inoperante através de legislação. Brandeis já tinha escrito as suas predilecções na lei, "interpretando" a Constituição para a tornar inoperante com base em premissas sociológicas, e não no direito constitucional.

O terceiro ataque socialista Fabian à Constituição dos EUA veio com a fundação da União Americana das Liberdades Civis (ACLU) em Janeiro de 1920 pelo socialista Fabian Philip Lovett. Huebsch, o editor de "Philip Dru, Administrador" foi um dos membros fundadores desta organização socialista cujo principal objectivo na vida era alterar a Constituição dos EUA através daquilo a que Florence Kelley chamou "a via legislativa".

Embora negado, as investigações demonstraram que havia quatro comunistas conhecidos no conselho da ACLU. Nos anos 20, Kelley e os seus associados trabalharam arduamente para destruir a Constituição dos EUA através de uma série de frentes falsas como a Liga Nacional das Eleitoras, à qual voltaremos mais tarde. Este foi o início da 'defeminização' das mulheres pelos socialistas.

Vários dos mais importantes líderes socialistas (e comunistas) dos EUA estavam intimamente associados à ACLU, alguns até servindo no seu comité nacional. Um destes foi Robert Moss Lovett, um director e amigo próximo de Norman Thomas e Paul Blanchard que se aliaram aos "Protestantes e Outros Americanos Unidos pela Separação da Igreja e do Estado".

Thomas é um antigo clérigo tornado comunista. Os modos encantadores e o comportamento agradável de Lovett desmentiram o facto de que por baixo da sua maneira afável se encontra um perigoso anarquista-rácico da pior espécie. Num ataque de raiva, Lovett uma vez explodiu e revelou a sua verdadeira natureza:

> "Odeio os Estados Unidos, eu estaria disposto a ver o mundo inteiro explodir, se isso destruísse os Estados Unidos".

Lovett personificou o lado muito perigoso do socialista Fabian.

Ao pesquisar declarações feitas por comunistas contra os Estados Unidos, nunca consegui encontrar uma tão venenosa na sua intenção como a de Lovett da ACLU. Uma breve história da ACLU pode ser útil neste ponto do livro:

A ACLU cresceu a partir do Gabinete das Liberdades Civis de 1914-1918, que era contra o militarismo. Um dos seus primeiros directores foi Roger Baldwin, que tinha passado algum tempo na prisão por se ter esquivado ao serviço militar. Numa carta de informação muito reveladora aos membros da ACLU, afiliados e amigos, Baldwin utilizou as tácticas enganadoras tradicionais dos socialistas Fabian para esconder as verdadeiras intenções e objectivos da ACLU:

> "Evite dar a impressão de que se trata de uma empresa socialista. Também queremos parecer patrióticos em tudo o que fazemos. Queremos ter um bom número de bandeiras, falar muito sobre a Constituição e o que os nossos antepassados queriam fazer com o país e mostrar que somos realmente as pessoas que defendem

o espírito das nossas instituições".

Se alguma vez existiu um emblema futuro adequado para a British Fabian Society, foi este - o lobo em pele de ovelha por excelência.

Em 1923, Baldwin esqueceu-se dos seus próprios conselhos, revelando a sua verdadeira face:

> "Acredito na revolução - não necessariamente na tomada do poder pela força num conflito armado, mas no processo de movimentos de classe crescentes determinados a expropriar a classe capitalista e a tomar o controlo de todos os bens sociais. Sendo um pacifista - porque acredito que os meios não violentos são melhor calculados a longo prazo para alcançar resultados duradouros, sou contra a violência revolucionária. Mas prefiro ver uma revolução violenta do que nenhuma revolução, apesar de não a apoiar pessoalmente porque considero que outros meios são muito melhores. Mesmo o terrível custo de uma revolução sangrenta é um preço mais barato a pagar à humanidade do que a exploração e afundamento contínuos da vida humana sob a violência instalada do sistema actual".

Em 1936, Baldwin explicou alguma da terminologia utilizada pelos socialistas Fabian:

> "Por progressivo, refiro-me às forças que trabalham para a democratização da indústria através do alargamento da propriedade e controlo públicos, que por si só abolirão o poder daqueles, relativamente poucos, que possuem a riqueza... A verdadeira democracia significa sindicatos fortes, regulamentação governamental das empresas, propriedade pelo povo de indústrias que servem o público".

Basta visitar qualquer fábrica para ver até que ponto os socialistas progrediram em direcção à escravização dos Estados Unidos. Nas paredes do escritório pode ver-se um conjunto desconcertante de "autorizações" que autorizam uma coisa ou outra. Os inspectores da OSHA, EPA e "igualdade de oportunidades" têm o "direito" de entrar sem aviso prévio em qualquer altura, interromper e até parar as operações, enquanto realizam uma inspecção para ver se as condições nas suas "autorizações" foram violadas.

A linguagem enganadora que Baldwin utilizava não significava o que o americano médio pensava que significava. Baldwin estava a praticar técnicas socialistas Fabian num grupo de "retaguarda" de elite que levaria suavemente a América pela mão até à escravatura. Isto é socialismo no seu pior. Ninguém poderia ter explicado melhor os objectivos e métodos do socialismo do que o presidente da ACLU, que hoje em dia não alterou as suas posições e métodos uma vez por todas. Embora os seus membros nunca tenham excedido 5.000 entre 1920 e 1930, a ACLU conseguiu no entanto infiltrar-se e permear todos os aspectos da vida americana, que depois virou de cabeça para baixo.

A principal tarefa da ACLU nos anos 20 era bloquear legalmente o grande número de detenções e deportações de comunistas e anarquistas. No início da década de 1920, os socialistas começaram a sua campanha para subverter a Constituição dos EUA pela porta das traseiras, utilizando estrangeiros para pregar - e realizar actos de sedição. O professor socialista de Harvard Felix Frankfurter serviu como guia legal da ACLU, cujo Roger Baldwin descreveu anarquistas, comunistas e sedicionistas como "vítimas da lei, membros de movimentos laborais e sociais que são insidiosamente atacados por homens sem escrúpulos que trabalham sob o pretexto do patriotismo".

Frankfurter - auxiliado por Harold Laski nos bastidores - ajudou o Presidente Wilson a criar um comité de mediação, que, a pedido de Frankfurter, continuou a utilizar a Constituição para qualificar sedicionistas, anarquistas, inimigos declarados dos Estados Unidos para protecção ao abrigo da Constituição dos EUA. Foi uma táctica sórdida que funcionou notavelmente bem: desde 1920, o uso indevido da Constituição dos EUA para conceder "direitos" e protecção a todos os Dick, Tom, e Harry's que tentam minar a República Confederada cresceu a um grau terrivelmente alarmante.

Outros, tais como o Professor Arthur M. Schlesinger Sr. e o Professor de Direito de Harvard Francis B. Sayre, genro de Wilson, lançaram o seu peso atrás dos "imigrantes perseguidos" e das "vítimas da lei", uma categoria que inclui todos os esquerdistas, incendiários, racistas, e afins. Sayre, genro de Wilson, atirou o seu peso para trás dos "imigrantes perseguidos" e das "vítimas da lei", uma categoria que inclui todos os esquerdistas, incendiários, agitadores socialistas, assassinos e sedicionistas. Este foi o início de uma enorme campanha para espezinhar o verdadeiro propósito e intenção da Constituição dos EUA, e foi bem sucedida para além dos sonhos mais selvagens dos sapadores do socialismo neste país.

Era uma época em que os Estados Unidos tentavam livrar-se de uma inundação de comunistas que tinham vindo cometer actos de sedição num esforço para comungar e socializar o país. O socialista Upton Sinclair escreveu resmas em defesa dos sedicionistas hardcore e a Faculdade de Direito de Harvard enviou alguns dos seus melhores socialistas para a briga, incluindo o seu reitor, Roscoe Pound. Os meios noticiosos, incluindo revistas como "A Nação" e a "Nova República", fazem o seu melhor para turvar as águas legais, referindo-se constantemente ao "susto vermelho".

Em 1919, a Comissão Overman sobre o Bolchevismo do Senado dos Estados Unidos, após exaustivas investigações, chegou à conclusão de que o socialismo Fabiano representava uma séria ameaça para os cidadãos dos Estados Unidos, especialmente para as mulheres e crianças.

A ACLU tem estado na vanguarda da "defeminização" das mulheres sob o pretexto de "direitos da mulher". A ACLU tem sido bem sucedida na protecção dos principais actores do socialismo, correndo para a sua defesa sempre que temem que os verdadeiros líderes e objectivos do socialismo estejam a ser expostos. Este é o principal objectivo da ACLU: Para desviar os ataques contra a liderança intelectual socialista, os "reformadores" com "boas intenções" e os professores de direito de Harvard atrás.

Desde 1920, o modus operandi da ACLU tem permanecido o mesmo, e pode ser descrito melhor por si só:

> "Contra medidas federais, estatais e locais indiscriminadas que, embora visem o comunismo (note-se a exclusão do socialismo), ameaçam as liberdades civis de todos os americanos; para fazer de um programa eficaz de direitos civis a lei da terra; contra a censura de filmes, livros, peças de teatro, jornais, revistas e rádio por grupos de pressão governamentais e privados; e para promover procedimentos justos em julgamentos, audiências no Congresso e audiências administrativas".

A ACLU não deixou dúvidas de que pretende reescrever a Constituição "através de legislação". Também não há dúvidas de que este importante aparelho socialista mudou a face da América

Numa entrevista com Fareed Zakaria dos Negócios Estrangeiros, Lee Kuan Yew, antigo Primeiro-Ministro de Singapura, foi questionado:

> "O que acha que correu mal com o sistema americano? "
>
> "Não é minha função dizer às pessoas o que está errado com o seu sistema. O meu papel é dizer às pessoas para não imporem o seu sistema de forma discriminatória às sociedades onde ele não funcionará", respondeu Yew.

Zakaria perguntou então: "Não vê os Estados Unidos como um modelo para outros países? ", ao que Lee respondeu:

> "... Mas como um sistema global, considero partes dele (os Estados Unidos) totalmente inaceitáveis. Vagabundagem, comportamento impróprio em público, a expansão do direito do indivíduo de se comportar como lhe apetece tem vindo à custa de uma sociedade ordeira. No Oriente, o principal objectivo é ter uma sociedade ordenada para que todos possam gozar ao máximo da sua liberdade. Esta liberdade só existe num estado ordenado e não num estado natural de disputa e anarquia".
>
> "... A ideia da inviolabilidade do indivíduo (nos Estados Unidos) foi transformada em dogma. E no entanto, ninguém se opõe a que os militares saiam e capturem o presidente de outro estado, o tragam para a Florida e o coloquem na prisão (isto é em referência à acção de bandido do ex-presidente George Bush no rapto do General Noriega do Panamá)."

Zakaria perguntou então:

> "Seria justo dizer que admira a América mais do que há 25 anos atrás? O que acha que correu mal?"

Lee respondeu:

> "Sim, as coisas mudaram. Eu diria que tem muito a ver com a erosão dos fundamentos morais da sociedade e a diminuição da responsabilidade pessoal. A tradição intelectual liberal que se desenvolveu após a Segunda Guerra Mundial afirmou que os seres humanos tinham chegado a este estado perfeito onde todos estariam melhor se fossem deixados a fazer as suas próprias coisas e a florescer. Não resultou e duvido que resulte. Há elementos fundamentais da natureza humana que não mudam. O homem precisa de um certo sentido moral do certo e do errado.

> O mal existe e não é o resultado de ser uma vítima da sociedade..."

Não há dúvida de que a ACLU desempenhou um papel crucial na extensão dos "direitos" existentes e na invenção de direitos que não existem na Constituição, na medida em que os Estados Unidos se encontram agora num estado de anarquia virtual. Tomemos o exemplo do desfile do Orgulho Gay em São Francisco no Domingo do Dia dos Pais, 19 de Junho de 1994.

A escolha do dia e da data não foi um acidente, mas um insulto deliberado e estudado ao cristianismo, à tradição do casamento e da família. O desfile consistiu em lésbicas em excesso de velocidade em motos, nuas ou semi-nus (chamadas "diques em motos"), homens com trajes obscenos de travestis e hordas de outros homens com os seus genitais totalmente expostos e a correr por aí. Foi uma exibição completamente repugnante de vulgaridade nas ruas da cidade que nunca teria sido tolerada antes e não deveria ser tolerada agora.

Mas que alguém mencione o "desfile" nojento e talvez sugira acções apropriadas para limitar tais manifestações feias e totalmente abjectas no futuro, e estão certos de encontrar a ACLU a proteger os "direitos civis" do sector mais amoral da população. O deplorável "desfile" foi elogiado pelo *San Francisco Chronicle*, que também publicou uma resenha brilhante de um filme sobre duas lésbicas "apaixonadas". O papel descreveu a peça amoral repugnantemente amoral como "adequada para pessoas heterossexuais". Assim, nós, como sociedade, afundámo-nos até ao fundo da fossa socialista. Os socialistas Fabian sempre foram grandes admiradores de Karl Marx. Eles não admitem prontamente esta "adoração de heróis", para que as ovelhas que tanto desprezam não fiquem alarmadas. Durante os meus cinco anos de estudo intensivo no Museu Britânico em Londres, examinei em profundidade os escritos económicos de Marx. Consegui fazer isto porque Karl Marx tinha passado 30 anos a estudar nesse mesmo Museu Britânico, e alguns dos meus mentores sabiam quais os livros que ele mais gostava e lia, e disseram-me quais.

O que descobri sobre os seus escritos foi que havia muito pouco pensamento original. Isto é comum à maioria dos grandes "pensadores" socialistas. Todas as teorias de Marx sobre economia, despojadas da verbosidade densa que as rodeia, podem ser reduzidas a sete ou oito equações matemáticas básicas que eu poderia fazer no oitavo ano.

As teorias de Marx resumem-se à premissa de que os capitalistas que financiam empresas acabam por roubar grandes somas de dinheiro aos trabalhadores. Isto ignora completamente a verdadeira premissa de que, tendo assumido todos os riscos para iniciar o negócio, o investidor tem direito ao seu lucro. Esta é, na sua essência, a soma e substância das teorias de Marx e da sua verborreia.

A Liga para a Democracia Industrial (LID) classificou-se logo atrás da ACLU. Fundada em 1905 como um ramo da Sociedade Socialista Intercolegial, a Liga deveria desempenhar um papel importante na distorção da educação, indústria e trabalho. O ILS foi apoiado por Eleanor Roosevelt durante toda a sua vida, assim como Florence Kelley e Frances Perkins. Eleanor Roosevelt promoveu a "democracia social" dentro e fora da organização com Frances Perkins, a Comissária do Trabalho do Estado de Nova Iorque do seu marido e um amigo íntimo do juiz socialista Harlan Stevens.

Morris Hillquit foi tesoureiro da LID de 1908 a 1915. Lovett, o líder da ACLU durante tanto tempo, esteve sempre estreitamente ligado à Liga para a Democracia Industrializada, uma vez que chamou a este período da sua carreira socialista "os dias mais felizes da minha vida". Morris Hillquit tinha, no início da sua carreira socialista, defendido o "socialismo industrial".

Hillquit e Eugene V. Debbs seguiu sempre o modelo da Sociedade Fabian de Londres de não ter programas e plataformas, mas sim utilizar institutos educacionais como um público cativo e inspirar estudantes com ideias e filosofias socialistas para que mais tarde pudessem infiltrar-se nos partidos políticos existentes. Os cursos socialistas foram introduzidos calmamente, pelo menos no início do século XIX, mas nos anos 70, na verdadeira ortodoxia socialista Fabiana, o processo foi grandemente acelerado em muitos institutos educacionais.

Diz-se que a Liga da Democracia Industrial revitalizou o socialismo americano, que por volta de 1900 estava em declínio. Nessa altura, vários membros proeminentes da elite da sociedade americana visitaram os socialistas Fabian em Inglaterra. Entre eles encontravam-se líderes religiosos, professores e políticos: Paul Douglas, que mais tarde se tornou Senador Douglas; Arthur M. Schlesinger, cujo filho foi proeminente nas administrações Kennedy e Johnson; Melvyn Douglas, o actor, e a sua esposa, Helen Douglas; e Walter Raushenbusch, antigo pastor da Segunda Igreja Baptista em Nova Iorque. Raushenbusch foi um devoto seguidor de Giuseppe Mazzini, John Ruskin, Edward Bellamy e Marx. Mazzini era um líder mundial na maçonaria. Ruskin era um auto-proclamado "comunista da velha escola" e ensinava em Oxford. Bellamy foi o principal socialista americano da época.

Raushenbusch desistiu de pregar o cristianismo para pregar a política socialista, que ele tentou doutrinar no maior número possível dos seus companheiros Baptistas. A LID foi listada pelos Serviços Secretos do Exército dos EUA como uma organização subversiva, mas como muitas organizações socialistas e comunistas semelhantes, Woodrow Wilson ordenou ao exército que destruísse as listas que possuía, uma perda que nunca poderia ser reparada. O facto de Wilson não ter poderes, ao abrigo da Constituição, para dar tal ordem foi posto de lado pelos socialistas na sua administração em Harvard e em Wall Street.

Mas não foram os agentes alemães da Primeira Guerra Mundial ou os agentes russos da era da Guerra Fria, mas sim os socialistas britânicos Fabianos que penetraram e permearam todos os aspectos do governo, das suas instituições e da própria presidência. Com a educação reconhecida como o meio para fazer avançar o socialismo, foram feitos grandes esforços para captar o "mercado estudantil". Quando a Comissão Lusk investigou a Escola Rand em Nova Iorque, referiu-se a isto:

> "Já chamámos a atenção para a Sociedade Fabian como um grupo muito interessante de intelectuais que se empenham numa campanha de propaganda muito brilhante".

Aparentemente, o Comité Lusk foi um pouco enganado pelo falso ar de candura que permeou as publicações da LID e não foi permitido que nenhum tipo revolucionário violento manchasse as suas listas de membros. O distraído e comunista Comité Lusk - tal como os EUA fizeram ad infinitum - sentiu completamente a falta do muito subversivo e perigoso LID. Os observadores nunca deixam de se espantar com a habilidade com que os socialistas conseguiram desviar a atenção de si próprios, referindo-se repetidamente ao "susto vermelho" e denegrindo todos os esforços para garantir a segurança interna como sendo baseados numa "ameaça comunista" inexistente. Ainda estamos largamente enganados da mesma forma em 1994 que o Comité Lusk estava em 1920.

Após a Primeira Guerra Mundial, o LID associou-se a várias organizações socialistas proeminentes nos Estados Unidos, incluindo a ACLU, a Federated Press e o Garland Fund, que foi citado pela inteligência militar como estando bem disposto a financiar comunistas e algumas organizações decididamente socialistas. Robert Moss Lovett da ACLU foi director de todas as organizações acima referidas, incluindo "Protestantes e Outros Americanos Unidos pela Separação da Igreja e do Estado".

Os membros da LID foram encorajados a repudiar o socialismo em público e a repudiar os seus pais, a Fabian Society, fundada por Sydney e Beatrice Webb. Esta era a prática socialista padrão: negar, negar, negar. Quando um dos membros mais honrados da Sociedade Fabian foi perguntado se era socialista, John Kenneth Galbraith respondeu "claro que não". Durante a Segunda Guerra Mundial, quando ficou claro que Roosevelt faria tudo para que os Estados Unidos entrassem na guerra contra a Alemanha, o LID achou por bem mudar a sua posição e emitiu uma declaração em 1943 dizendo que o objectivo do LID era aumentar a compreensão da democracia através da educação, e não fazer a guerra.

O que a DIL não disse foi que a 'democracia' que tinha em mente era aquilo a que Karl Marx chamou 'democracia socialista científica'. O facto de os EUA serem uma república e não uma democracia foi simplesmente posto de lado. Assim, por subterfúgio, furto e astúcia, a LID tornou-se a principal organização socialista nos EUA, dedicada à queda da República. A história da DIL mostra que desempenhou um papel fundamental na promoção de 'reformas' socialistas através das administrações Wilson e Roosevelt.

Quando Roosevelt era Governador de Nova Iorque, nomeou Frances Perkins como Comissário Industrial. (Damos as notáveis realizações de Perkins nos capítulos sobre as mulheres socialistas). Perkins apelou ao economista da LID Paul H. Douglas para elaborar um programa de combate ao desemprego que foi adoptado pelo

Governador Roosevelt. Um dos seus colaboradores foi o Dr. Isadore Lubin, um socialista convicto, que, juntamente com Perkins, defendeu o tratamento preferencial da União Soviética, conselho que Roosevelt aceitou rapidamente.

Perkins e Lubin iniciaram o longo processo baseado na estratégia socialista Fabian britânica de transformar os Estados Unidos de um estado capitalista para um estado socialista, através de um estado socialista. Isto incluiu o "Plano Nacional de Seguro de Saúde" directamente para fora da União Soviética. É de notar que a "reforma dos cuidados de saúde", as pensões de velhice nacionais e o seguro de desemprego faziam todos parte do plano de mudança da estrutura dos Estados Unidos, sendo a "segurança social" um dos aspectos mais importantes.

Em 1994, temos outra mulher socialista, Hillary Clinton, que apreendeu a frase "reforma sanitária" como sendo a sua própria invenção, quando na realidade era a frase utilizada por Presotonia Martin Mann, uma das socialistas femininas mais dedicadas da cena americana, que ela própria a tinha emprestado à líder socialista britânica Fabian Webb. A frase foi uma obra-prima de psicologia aplicada, juntamente com outra peça de psicologia aplicada concebida para enganar, o "Social Security Act", inventado em Inglaterra e trazido para este país pelo Padre Ryan. O plano socialista Fabian foi mais tarde adaptado às condições americanas por Prestonia Martin, como encontramos no seu livro "Prohibiting Poverty", defendido por Eleanor Roosevelt.

A LID nunca reclamou qualquer crédito pelo seu envolvimento nos bastidores com Perkins e Martin, tal como nunca reclamou que Felix Frankfurter era um dos seus. Os danos consideráveis feitos nos EUA pela LID são notáveis, dada a relativa pequenez do grupo. É precisamente assim que o socialismo Fabian funciona - para se misturar no fundo, infiltrar-se em todos os governos e organismos decisórios importantes, e depois promover (novamente a partir do fundo) uma estrela política em ascensão para lançar programas concebidos pelos socialistas.

Foi assim que o socialismo funcionou nos anos 20, e ainda funciona assim nos Estados Unidos, e foi assim que os socialistas e os seus aliados marxistas/comunistas se aproximaram perigosamente da conquista dos Estados Unidos nos anos 20 e início dos anos 30.

Wilson, Roosevelt, Johnson, Bush e agora o Presidente Clinton e a sua esposa, Hillary Clinton, são exemplos quase perfeitos de socialismo trabalhando através de políticos em ascensão. Clinton foi seleccionado pela British Fabian Society, mas a tarefa de "bombeá-lo" foi secretamente entregue à socialista Pamela Harriman.

O Presidente Clinton, um presidente com um mandato, tem a tarefa de percorrer programas socialistas com consequências devastadoras e de longo alcance. Os seus sucessos em meados de 1994 incluem o maior aumento do imposto sobre o rendimento do mundo, acordos comerciais de um só mundo e possivelmente a "reforma nacional da saúde". Já por três vezes, o socialismo Fabiano britânico mudou a face da América, utilizando grupos de liderança e "conselheiros" presidenciais, e através dos tribunais, para atingir objectivos socialistas. Foi o LID que forneceu o pessoal que Perkins e Roosevelt precisavam para implementar o New Deal. É interessante notar que o New Deal era uma cópia a papel químico de um livro de Fabian socialista britânico. O quarto movimento de socialização da América veio com a presidência Clinton.

Um dos "grandes rapazes" da LID foi Walter Reuther. Mas, de forma tipicamente socialista, Reuther optou por negar que era socialista. Numa entrevista com "Face the Nation" em 1953, Reuther foi questionado sobre o seu passado socialista. Saiu com a desculpa padrão socialista:

> "...eu era quando era muito jovem e muito estúpido, e saí muito rapidamente, pelo que estou muito grato".

Mas isto estava longe de ser verdade. Reuther tinha de facto servido num comité LID do qual era membro desde o início da década de 1940. Em 1949, foi o convidado de honra de um jantar socialista Fabian em Londres.

Os membros da LID desempenharam um papel de liderança na promoção das agendas socialistas através do Senado, e o seu efeito sobre as escolas não conhecia limites. Theodore 'Ted' Sorenson, que passou a ser um actor-chave na administração Kennedy, foi um socialista para toda a vida que conseguiu a sua nomeação através do Senador Paul Douglas, da LID. Outros senadores americanos que se qualificaram como socialistas com a LID foram os senadores Lehman, Humphrey, Neuberger e Morse (do "Oregon conservador".) Os senadores Jacob Javitts, e Philip Hart podem ser acrescentados à lista. Embora o tenham negado vigorosamente a um homem, em 1950, o antigo Procurador-Geral Francis Biddle (um antigo presidente da American For Democratic Action (ADA) sucessor da LID) nomeou-os como membros conhecidos da LID e do seu sucessor, a ADA.

Uma análise dos resultados da votação no Senado de Javitt mostra que ele apoiou a LID e a ADA em 82 das 87 medidas socialistas em que votou. Dos pais da Europa de Leste que se estabeleceram no Lower East Side de Nova Iorque, no distrito do vestuário, Javitts juntou-se ao LID no início da vida adulta e tornou-se um dos oradores mais populares do LID, negando categoricamente qualquer ligação ao socialismo nas suas crenças pessoais e nos seus laços a grupos socialistas como o LID. Em qualquer caso, Javitts foi o orador principal no seminário patrocinado pela LID em 1952, intitulado "Needed, A Moral Awakening In America" (Necessidade, Um Despertar Moral na América). Walter Reuther, um "não-socialista", também participou neste evento, o qual evitou cuidadosamente discutir a corrupção no local de trabalho ao mesmo tempo que atacava vigorosamente as corporações patronais e os negócios em geral.

O Senado do Congresso de Outubro de 1962, continha uma longa lista de socialistas proeminentes no governo, cuidados de saúde, educação, o movimento dos direitos da mulher, religião e trabalho. A lista continha os nomes de mais de 100 professores e educadores de algumas das mais prestigiadas faculdades e universidades do país. A lista continha os nomes de mais de 300 membros actuais e antigos membros da LID que tinham espalhado e infiltrado todos os ramos do governo, direito, educação, conselheiros de política externa, igrejas e as chamadas organizações de direitos das mulheres. Quando a LID mudou o seu nome para American For Democratic Action (ADA), muitos dos antigos membros da LID viram-se inscritos na lista de membros da ADA.

A Sociedade Socialista Intercolegial (ISS), que precedeu a LID, abriu as portas das universidades e proporcionou uma oportunidade para divulgar programas socialistas entre estudantes impressionáveis. Esta era a agenda socialista oculta que iria mudar a face da educação nos EUA.

Nada disto foi evidente no nascimento desta empresa socialista Fabian. A primeira reunião do ISS teve lugar no Restaurante Peck's em Nova Iorque, a 12 de Setembro de 1905. Entre os presentes encontravam-se o Coronel Thomas Wentworth, Clarence Darrow, Morris Hillquit e dois jovens autores socialistas, Upton Sinclair e Jack London. Ambos os autores foram socialistas entusiastas que viajaram pelo país pregando o evangelho socialista Fabian em universidades e clubes socialistas.

Outro notável de temperamento um pouco mais rude que participou no jantar do Restaurante Peck's foi William Z. Foster, que mais tarde desempenhou um papel de liderança no Partido Comunista dos Estados Unidos da América. Foster, que passou a desempenhar um papel de liderança no Partido Comunista dos EUA. O amor de Foster por Karl Marx tinha sido amplamente demonstrado durante vários anos. O verdadeiro objectivo do jantar só foi revelado 25 anos mais tarde: foi de facto a primeira reunião da American Fabian Society.

Hillquit será melhor recordada como a força motriz por detrás do Partido Socialista da América formado em 1902. Dois anos mais tarde, o Partido Socialista obteve 400.000 votos nas eleições - na sua maioria trabalhadores do comércio do vestuário que se tinham deslocado da Rússia para os EUA no início da década de 1890, trazendo consigo uma série de revolucionários e anarquistas. No entanto, apesar do seu rosto revolucionário sem brilho, o Partido Socialista da América atraiu um número surpreendente de membros da elite social de Nova Iorque. Mas os socialistas britânicos de Fabian aconselharam cautela - a entrada tão rápida significaria um desastre, e por isso a "festa" foi calmamente dissolvida.

Como disse Edward R. Pease, Secretário da Fabian Society em Londres:

> "Os países europeus, com as suas grandes capitais, desenvolveram cérebros nacionais. A América, tal como os organismos inferiores, tem gânglios para vários fins em diferentes partes da sua gigantesca estrutura".

Pease estava entre a elite da Sociedade Fabian que não suportava a América, nunca tendo perdoado aos colonos por infligirem uma derrota tão severa aos exércitos do Rei Jorge III. Apesar deste insulto estudado, vários americanos proeminentes foram a Londres e inscreveram-se com os socialistas Fabian.

Os objectivos a longo prazo da British Fabian Society em relação aos Estados Unidos tinham ainda de ser definidos e desenvolvidos. Ainda não tinha sido encontrado e nomeado um presidente muito aberto às ideias socialistas, para que as técnicas socialistas bem ocultas de obtenção de poder por furto pudessem ser implementadas. Como Ramsey McDonald tinha dito, os EUA seriam muito difíceis de socializar - mas não impossível.

O principal obstáculo foi, evidentemente, a Constituição. A isto se juntou a vastidão do país e os seis grupos raciais diferentes com crenças religiosas muito diversas. A educação e os empregos bem remunerados, sentia-se, eram dois outros obstáculos que tinham de ser ultrapassados. Como disse Webb, "a maternidade e a tarte de maçã" foram obstáculos para os ambiciosos promotores do socialismo. Londres ordenou ao Partido Socialista que se dissolvesse e desaparecesse para se reagrupar sob outro nome, numa altura em que os seus métodos garantiriam o sucesso.

A formação de um partido político não fazia parte da agenda dos socialistas. Tiveram de seguir o modelo das "ligas" e "sociedades" do ISS. Por subterfúgio, esperavam cooptar partidos políticos existentes, mas nunca mais tentariam formar um partido próprio. Assim, em 1921, a Liga da Democracia Industrial (LID) e a ISS foram fundadas e tornaram-se a sede socialista da Sociedade Britânica Fabian nos Estados Unidos.

Uma das formas mais subtis em que os socialistas americanos esconderam as suas intenções e pistas foi a nomeação de professores socialistas como decisores políticos presidenciais. Esta técnica começou com Wilson e tem continuado desde então. Os decisores raramente anunciaram o seu programa, mas escreveram documentos de posição e assinaram-nos. Estes documentos tinham uma circulação estritamente limitada, o que manteve o público em geral à distância.

Fora do círculo de professores, outros notáveis desempenharam um papel importante na presidência de Wilson. Entre eles, Walter Lippmann ficou com a cabeça e os ombros acima dos restantes. Este socialista britânico formado Fabian foi considerado o seu apóstolo número um nos Estados Unidos, que, juntamente com Mandel

House, tinha moldado os '14 pontos', a primeira tentativa de um presidente americano de moldar uma 'nova ordem mundial'. É geralmente aceite que o discurso de guerra de Wilson ao Congresso dos EUA a 6 de Abril de 1917 derrubou a cortina da velha ordem, forçando os EUA a dar os primeiros passos no longo caminho socialista para a escravatura.

Wilson lançou as bases para as mentiras sobre as quais o socialismo americano seria construído. Os americanos são as pessoas mais mentirosas do planeta. Desde que Wilson entrou na arena política, e claro que mesmo antes disso, toda a estrutura socialista consistia em mentiras sobre mentiras com outras mentiras atiradas para dentro. Uma das maiores mentiras é que pertencemos às Nações Unidas. Outras mentiras são que o aborto é legal, que o autocarro escolar e o chamado "controlo de armas" são legais; GATT, NAFTA, a Guerra do Golfo, Waco, FEMA, a rusga do "Rei" George Bush ao Panamá e o rapto do seu chefe de Estado, e o domínio de Mandela sobre a África do Sul são apenas a ponta de um enorme iceberg de múltiplas camadas de mentiras socialistas.

Talvez uma das mais peculiares das suas grandes mentiras seja que o socialismo se esforça por melhorar a sorte das pessoas comuns e que, ao contrário do capitalismo, os socialistas não estão interessados na riqueza pessoal. Os socialistas estão sempre a pregar sobre os males do capitalismo. Mas um rápido olhar sobre alguns dos principais socialistas revela rapidamente que os seus líderes provêm dos elementos mais elitistas da nossa sociedade, pessoas que usam causas socialistas para encher os seus próprios bolsos.

Nada era demasiado baixo e nenhuma fossa demasiado profunda para sondar para Franklin D. Roosevelt e a sua família na sua busca de dinheiro. Os Delanos (Roosevelt casou com Sara Delano) fizeram fortuna com o comércio do ópio. Um dos "conselheiros" mais próximos de Roosevelt, Bernard Baruch, e o seu sócio detinham o monopólio da indústria do cobre, o que permitiu a Baruch ganhar milhões e milhões de dólares com a Primeira Guerra Mundial, enquanto o "homem comum" morria aos milhões na lama e no sangue das trincheiras em França.

Roosevelt fez parte da direcção da Associação Internacional de Banqueiros até se tornar Governador de Nova Iorque. Durante o seu mandato como banqueiro, garantiu milhares de milhões de dólares em empréstimos para nações europeias, numa altura em que o trabalhador americano lutava para pagar as suas hipotecas e, mais tarde, durante os anos de depressão, para encontrar emprego. Roosevelt era um mentiroso socialista consumado, tal como os melhores deles. Não disse ao povo americano que o dinheiro iria para banqueiros cujas fábricas iriam produzir bens para vender nos mercados americanos, graças à abolição das barreiras pautais pelo seu antecessor, Wilson. Estima-se que 12 milhões de homens perderam os seus empregos graças ao ataque de Wilson-Roosevelt às nossas barreiras comerciais destinadas a proteger os empregos americanos.

Um exemplo gritante dos milhares de grandes mentiras de Roosevelt pode ser encontrado nas páginas 9832-9840, Registo do Congresso, Senado, 25 de Maio de 1935:

> "...e uma vez que ele tinha anunciado na convenção que era para a plataforma 100% democrática, era dificilmente concebível que o povo compreendesse se ele e o seu Congresso submisso reduzissem imediatamente as tarifas (direitos sobre produtos agrícolas importados e bens manufacturados auxiliares) com 12 milhões de homens desempregados. Assim, ele, os seus amigos banqueiros e as grandes empresas (ou seja, o Comité de 300 empresas) conceberam imediatamente a ideia de lançar a R.N.A. - a chamada Lei de Recuperação Nacional, mais conhecida hoje como a "Lei da Ruína Nacional".
>
> "Foi noticiado que Bernard Baruch e os seus amigos estabeleceram 1800 fábricas em países estrangeiros e que as tarifas republicanas eram um pouco elevadas demais para que eles pudessem fazer o nosso mercado com mão-de-obra estrangeira barata para satisfazer as suas grandes ideias de dinheiro. Então porque não, sob o pretexto da guerra contra a depressão passar a National Racketeer Association para o povo e colocar o parceiro de Barney Baruch, Brigadeiro 'Crackup' Johnson encarregue de ver os preços serem aumentados para os níveis de 1928 enquanto fixava os preços da agricultura entre 1911 e 1914".
>
> "Os agricultores não notariam a disparidade e se o fizessem - uma vez que nestas circunstâncias ele poderia controlar os jornais, a rádio, os filmes e todos os canais de informação ao povo com o dinheiro dos contribuintes, encher-lhes os ouvidos

com a propaganda que ele desejava"...

Roosevelt, o líder socialista americano, e os seus amigos banqueiros internacionais, ajudados pela sedição cometida pela Reserva Federal, jogaram com as vidas do povo da nação e deliberadamente provocaram a recessão de 1922, a queda de Wall Street de 1929, a Segunda Guerra Mundial e mais além. Roosevelt queria mais poder como presidente do que o seu antecessor Wilson, que tinha tido o poder.

Embora o povo americano não o saiba - e milhões ainda não o saiba - Wilson arrastou os EUA para a Primeira Guerra Mundial e o seu conselheiro não eleito, Mandel House, preparou o palco para a Segunda Guerra Mundial. Roosevelt assegurou que o processo de empréstimos dos bancos internacionais a potências europeias para iniciar guerras continuasse. Segundo documentos de que disponho no Museu Britânico, Lord Beaverbrook, o grande socialista britânico Fabian, usou praticamente a Casa Branca como seu escritório em Washington, mostrando a Roosevelt como derramar biliões e biliões de dólares na Alemanha para financiar a ascensão de Hitler ao poder.

Wilson não mostrou qualquer hesitação em colocar socialistas sinceros em posições-chave na sua administração, a partir das quais eles poderiam fazer o seu melhor para fazer avançar a causa do socialismo nos Estados Unidos. Fred C. Howe, um dos nomeados socialistas de Wilson, foi nomeado Comissário da Imigração em Nova Iorque. O seu passatempo preferido era libertar sedicionistas e anarquistas detidos no porto de Nova Iorque enquanto aguardavam a deportação.

Outra nomeação 'ex officio' da Câmara foi Walter Lippmann como secretário de um grupo de 'brainstorming' criado para inventar objectivos de guerra plausíveis e razões pelas quais os Estados Unidos deveriam participar na Primeira Guerra Mundial. Foi Lippmann que cunhou o slogan "paz sem vitória", que se tornou a base para as guerras da Coreia e do Vietname. A nomeação do escandaloso Ray Stannard Baker como correspondente confidencial de Wilson durante as negociações do Tratado de Versalhes foi outra destas "nomeações cruciais".

Dizia-se que Baker era a principal razão da dependência de Wilson da British Fabian Society, na medida em que não podia tomar quaisquer decisões por si próprio na Conferência de Paz de Paris sem primeiro consultar Sydney Webb, fundador da Fabian Society, Graham Wallas, Bertrand Russell e George Lansbury. É este grupo que se refere constantemente à administração de Wilson como "democrática". Os despachos de Baker para Wilson em Washington referiam-se deliberadamente à "sua administração democrática".

A Conferência de Paz de Paris falhou em relação à Constituição. Cerca de 59 senadores esclarecidos, plenamente conscientes das intenções dos socialistas, recusaram-se a adoptar o tratado da Liga das Nações, reconhecendo-o como um único documento governamental mundial que procurava colocar a Liga acima da Constituição dos EUA. Na altura, o House terá dito a Sydney Webb que a única forma de contornar a Constituição dos EUA era imbuir todas as futuras administrações dos EUA de socialistas chave que adoptariam uma "abordagem bipartidária a assuntos de grande importância". Desde que estas palavras foram pronunciadas, "abordagem bipartidária" tornou-se um eufemismo para uma abordagem socialista de questões de importância vital para o povo americano.

A fim de dar vida à nova ideia 'bipartidária', House organizou um jantar no Hotel Majestic em Paris no dia 19 de Maio de 1919 para uma selecção de Fabianistas e Socialistas americanos. Entre os convidados estavam os Professores James Shotwell, Roger Lansing (Secretário de Estado de Wilson), John Foster e Allen Dulles, Tasker Bliss e Christian Herter, que mais tarde iria trazer Mao tse Tung ao poder na China. Do lado britânico, John Maynard Keynes, Arnold Toynbee e R.W. Tawney, todos grandes praticantes do socialismo Fabiano e os seus portadores padrão, também estiveram presentes.

O grupo declarou que, a fim de contornar a Constituição dos EUA, seria necessário criar uma organização nos EUA sob a liderança do Royal Institute of International Affairs (RIIA). A filial americana deveria chamar-se Instituto de Assuntos Internacionais. O seu mandato, dado pela sua mãe londrina, era o de "facilitar o estudo científico de assuntos internacionais". O Gabinete Internacional Fabian deveria actuar como conselheiro da RIIA e do seu primo americano, que em 1921 mudou o seu nome para Conselho das Relações Exteriores (CFR).

Estas três instituições foram criadas com quatro objectivos principais:

1. Criando confusão em torno da Constituição dos EUA.

2. Utilizar estas organizações para influenciar e enganar o Congresso dos EUA e o público.

3. Dividir a oposição a causas socialistas na Câmara e no Senado através do subterfúgio de "comités de estudo bipartidários".

4. Destruir a separação de poderes entre os ramos legislativo, executivo e judicial do governo, tal como recomendado pelo Professor Harold Laski.

Mandel House foi o criador do 'fireide chat', uma ferramenta de propaganda chave amplamente utilizada por Roosevelt, e ele 'sugeriu' a maior parte das nomeações do gabinete socialista. Em muitos casos, consultou o professor de Harvard Charles W. Elliot - aquele viveiro do socialismo que desempenhou um papel tão crucial, ainda que secreto, na nossa história. Isto não é surpreendente, dado que Harvard foi totalmente dominada pelo socialista Fabian Harold Laski, cujas frequentes palestras em Harvard deram o tom para métodos de ensino fortemente orientados para o socialismo.

A maioria das opiniões da Câmara foram publicadas na Nova República, uma revista popular entre os socialistas americanos, incluindo o próprio Wilson. A Câmara teve muitos intimidados socialistas entre os registos socialistas. Um deles, Joseph Fels, foi persuadido por House a emprestar 500 libras a Lenine e Trotsky numa ocasião em que ficaram retidos em Londres antes de se encontrarem com Lord Alfred Milner. Baruch disse uma vez: "A Casa tem uma mão em cada nomeação do gabinete e em cada outra nomeação importante". Este foi, de facto, um eufemismo.

Acredita-se que Wilson estava bem ciente das actividades da socialista Nina Nitze, que era a principal tesoureira dos espiões alemães que operavam nos Estados Unidos. Isto aparentemente não incomodou Wilson ou House, nem afectou mais tarde o julgamento dos Presidentes Kennedy e Johnson, que nomearam o irmão de Nina, Paul Nitze, Secretário da Marinha tanto nas administrações como porta-voz principal em várias conferências de desarmamento.

Sabe-se que o nitrogénio fez pender o equilíbrio de poder a favor da Rússia em cada conferência de desarmamento em que representou os Estados Unidos.

Segundo os documentos do Museu Britânico, o financiamento de Hitler foi feito através da família Warburg de ambos os lados do Atlântico; na Europa, nomeadamente através do socialista Mendelssohn Bank em Amesterdão, Holanda, o Schroeder Bank em Londres e Frankfurt, Alemanha, enquanto o mesmo banco tratou do plano de financiamento de Hitler através da sua sucursal em Nova Iorque. As transacções foram controladas pelo escritório de advogados do Comité de 300, Sullivan e Cromwell, cujo sócio principal era Allen Dulles, da fama da família Dulles. Os irmãos Dulles assumiram o controlo do Senado e do Departamento de Estado para assegurar que as vozes discordantes daqueles que pudessem ter tropeçado no acordo seriam silenciadas antes de poderem alertar a nação.

Tais acordos financeiros eram também comuns no período que antecedeu a Segunda Guerra Mundial. Durante os meus cinco anos de estudo, descobri documentos no Museu Britânico em Londres relacionados com a forma como os socialistas trabalhavam de ambos os lados da vedação. Os telegramas enviados pelo embaixador alemão em Washington aos seus superiores no Ministério dos Negócios Estrangeiros em Berlim mostraram que a partir de 1915 J. William Byrd Hale era um dos seus, empregado pelo Ministério dos Negócios Estrangeiros alemão com um salário de 15.000 dólares por ano.

Hale, um dos membros do círculo interno de Turtle Bay, uma colónia exclusiva de verão onde residia a elite da elite socialista americana. Entre eles estava o Professor Robert Lovett e uma série de outros professores da Faculdade de Direito de Harvard. A casa vivia não muito longe em Manchester. Todos foram descritos por uma imprensa adoradora da época como "produtos polidos de Harvard e Groton", mas a imprensa estava tão cega por estas pessoas glamorosas que não mencionou que eram também socialistas da gaveta superior da Sociedade Fabiano-Americana. Lovett adorou o trabalho de John Ruskin, um auto-proclamado "comunista da velha escola", e William Morris.

Hale, um socialista "cristão" devoto, deixou a sua marca com

Wilson no México ao orquestrar o roubo de petróleo mexicano para os seus principais colegas socialistas. (Ver "Diplomacia por Engano" para um relato completo deste ultrajante roubo do povo mexicano). Verificou-se que Hale representou efectivamente o Ministério dos Negócios Estrangeiros alemão até 23 de Junho de 1918, quando milhares de soldados das Milícias de Cidadãos Americanos estavam a morrer "na causa da liberdade". Posteriormente, este socialista "cristão" foi para a Alemanha como correspondente para o Serviço de Imprensa Americano. A sua reportagem pró-socialista e fortemente tendenciosa foi destacada nos jornais do dia, que podem ser encontrados nos arquivos do Museu Britânico.

Através destas transacções, a elite do mundo socialista tornou-se rica. Não que houvesse algo de novo nestes acordos nojentos. À medida que a Guerra Civil se aproximava, e ao longo da sua duração, o comunismo e o socialismo avançaram enormemente na América, um facto não mencionado nos nossos livros de história e bem escondido do público nas enormes extravagâncias de Hollywood sobre esta mais trágica de todas as guerras.

Um fio comum percorre o movimento socialista Fabian: um desejo apaixonado de derrubar e destruir tudo. Isto é confirmado nas páginas 45944595, Registo do Congresso, 23 de Fevereiro de 1927, sob o título "General Deficiency Bill". Esta página da nossa história descreve os socialistas e comunistas e os seus esforços para destruir a República Confederada dos Estados Unidos da América. Encontrará muitas informações sobre como os socialistas cooperaram com os seus irmãos comunistas na brochura "Homens Chave da América".

O socialismo é uma revolução mundial muito mais do que o comunismo foi, mas a um ritmo mais lento e a um nível mais sedentário. Mas a revolução desejada pelos socialistas é a mesma: a anarquia espiritual, a destruição de dezanove séculos de civilização ocidental, a dispersão das tradições e o fim do cristianismo. Se o leitor duvida disto, uma leitura do livro de Franklin D. Roosevelt, "On Our Way", convencerá os cépticos de que o socialismo só difere do comunismo pelo método.

O bolchevismo foi a experiência violenta e radical que tentou livrar a Rússia do cristianismo: Nos Estados Unidos, são utilizados outros meios mais subtis, tais como a proibição da oração nas escolas, a chamada "separação da igreja e do estado", e nas salas de aula, onde miríades de professores socialistas lavam o cérebro dos estudantes para promover a revolução silenciosa que os socialistas estão a liderar. Bolchevismo, Marxismo. Socialismo, todos têm o mesmo objectivo comum, e andam de mãos dadas com "liberalismo", "pacifismo", "tolerância", "progressivismo", "moderação", "paz", "democracia", "o povo" e os subterfúgios usados para esconder e disfarçar os verdadeiros objectivos do socialismo.

Estes termos destinam-se a enganar os incautos para que o socialismo não seja associado à revolução. Mas o objectivo do socialismo e do bolchevismo é o mesmo: a destruição da civilização construída sobre dezanove séculos de tradição e de cristianismo. Os objectivos do socialismo são:

1. A abolição do governo.

2. A abolição do patriotismo.

3. A abolição dos direitos de propriedade. (Enquanto os comunistas o proibiriam abertamente, os socialistas escolhem a forma furtiva e dissimulada de tributar os direitos de propriedade privada para os fazer desaparecer.

4. A abolição da herança. (Mais uma vez, os comunistas proibiriam-na completamente, os socialistas através das leis do imposto sucessório).

5. Abolição do casamento e da família.

6. Abolição da religião, especialmente do cristianismo.

7. Destruição da soberania nacional dos países e do patriotismo nacional.

Woodrow Wilson conhecia estes objectivos, mas não se afastou deles e não hesitou em tornar-se um instrumento dos socialistas internacionais, abraçando entusiasticamente os programas socialistas americanos, para os quais necessitava de poderes que a Constituição dos EUA não lhe concedia. Wilson não hesitou em utilizar os métodos desleais dos socialistas para alcançar os seus objectivos. Por exemplo, conseguiu levar os EUA à Primeira Guerra Mundial, chamando-lhe "dever patriótico" de defender a América, que nunca foi ameaçada pela Alemanha!

Wilson não foi o primeiro presidente sedento de poder, embora tenha sido o primeiro abertamente socialista. A distinção duvidosa do poder de arrebatamento vai para o Presidente Lincoln, que foi o primeiro a emitir proclamações, agora chamadas ordens executivas. O Presidente George Bush seguiu as pegadas de Roosevelt, usando os mesmos métodos inconstitucionais para encher o seu ninho, mergulhando em cada fossa onde havia dinheiro para ser feito à custa do povo americano.

Chamado "republicano", Bush fez tanto mal ao "povo comum" dos Estados Unidos como Roosevelt fez, e como Wilson fez antes dele. Cuidado com os rótulos das festas. George Washington chamou aos partidos políticos "perversos e inúteis" e a história moderna mostra que eles são divisivos. Os tiranos tiveram sucesso devido aos partidos políticos e à sua mentalidade de "dividir para reinar". A Constituição dos EUA prevê o impeachment de homens como Wilson, Roosevelt e Bush. De facto, o congressista patriótico Henry Gonzalez apresentou seis artigos de impeachment contra Bush durante a Guerra do Golfo, mas a política partidária impediu que o Artigo 2, Secção 4, Artigo 1, Secção 3, fosse utilizado para levar George Bush à justiça.

Havia muitas razões para impugnar Bush, a mais importante das quais era o seu fracasso em defender a Constituição e obter uma declaração de guerra devidamente redigida. Segundo, o seu perdão inconstitucional da dívida egípcia de 7 mil milhões de dólares, o seu suborno à Síria e a outras nações que se juntaram à sua "Tempestade no Deserto" contra a nação do Iraque: a sua contínua utilização indevida dos três ramos dos serviços em violação da Constituição, e a sua auto-nomeação como comandante-chefe dos serviços armados, o que não foi, são também passíveis de acção.

Vale a pena repetir que a Guerra do Golfo foi ilegal. Foi conduzido sem uma declaração de guerra, desafiando a Constituição. O Congresso, em grande parte condicionado pelo sentimento partidário, tentou redigir algum tipo de resolução - não uma declaração de guerra - que pretendia dar alguma aparência de legalidade à acção de Bush. Mas o Congresso acrescentou um insulto ao ferimento do povo americano ao cometer o erro de redigir a sua versão de uma declaração de guerra em conformidade com o mandato da ONU dado a Bush, não em conformidade com a Constituição dos EUA.

Isto era absolutamente falso: os Estados Unidos nunca aderiram constitucionalmente às Nações Unidas e uma declaração de guerra por esse órgão de um governo mundial NÃO PODE estar no mesmo instrumento ou mesmo ser associada a uma declaração de guerra do Congresso. O Artigo 1, Secção 9 da Constituição dos Estados Unidos nega e/ou limita o poder do Congresso de legislar. O Congresso não tem poder absoluto para legislar e só o pode fazer em conformidade com a Constituição.

A resolução "metade e metade" aprovada pelo Congresso, por detrás da qual Bush tentou obter uma aparência de legalidade para a sua guerra ilegal, estava fora do quadro e do espírito da Constituição dos EUA e não constituía uma declaração de guerra. Uma análise de como o Congresso votou mostra dramaticamente que, quase para um homem, as centenas de socialistas que infestam a Câmara e o Senado votaram em Bush para lhe permitir continuar a desrespeitar a Constituição. O Bush deveria ter sido impugnado e julgado. Se a Constituição tivesse sido seguida em tal procedimento, não há dúvida de que teria sido preso, como justamente merece.

Os poderes do Presidente estão contidos na Secção II da Constituição dos EUA. As acções não contidas na Secção II são exercícios de poder arbitrário. Os socialistas, começando por House, Frankfurter e Brandeis, seguidos por Katzenbach et al, afirmam que os três ramos do governo são iguais. Isto é uma mentira - outra das mentiras que compõem o enorme iceberg sobre o qual esta nação se afundará se não mudarmos de rumo. O Professor Harold Laski tem sido o principal instigador desta mentira, que é vista como o primeiro passo para enfraquecer a separação de poderes, tal como previsto na Constituição dos EUA.

Os três ramos do governo não são co-equivalentes e nunca foram. A Câmara e o Senado criaram o poder judicial, e a Câmara e o Senado nunca tiveram a intenção de lhes atribuir poderes iguais. Claro que, se isto se tornasse conhecido, o sequestro socialista da Constituição "por legislação" seria atirado pela janela. Talvez o povo americano acorde antes que seja demasiado tarde para a forma como os juízes estão a rabiscar a Constituição.

O Congresso tem poderes superiores - um deles é o poder de despesa. Outra forma simples de se verem livres dos juízes socialistas é fazer cumprir o Artigo III, Secção I, que estabelece que os juízes não podem "receber pelos seus serviços qualquer compensação que não seja diminuída durante o seu mandato".

Isto significa que os juízes do Supremo Tribunal dos EUA não podem, por lei, ser pagos em moeda desvalorizada, e não há melhor exemplo de "moeda" desvalorizada do que as notas da Reserva Federal, normalmente (e erroneamente) chamadas "dólares". Que golpe seria para os herdeiros da doutrina Kelley se nós, o povo, fechássemos o Supremo Tribunal por falta de dinheiro que não está a ser debitado.

Wilson também deveria ter sido destituído. A sua louca tomada do poder foi instigada por Mandel House, o arqui-inimigo socialista inimigo do povo dos Estados Unidos que trabalhava na sombra dos seus planos sinistros, escabrosos e maléficos para derrubar e destruir a República Confederada dos Estados Unidos da América. Para este fim, a Câmara mandou Wilson nomear todos os tipos de socialistas de elite para posições-chave.

Os objectivos do socialismo americano foram bem escondidos no passado, particularmente no período que antecedeu a Segunda Guerra Mundial. É evidente que o socialismo alcançou muitos dos seus objectivos. Fê-lo ao formar movimentos destinados a quebrar a moralidade da América, como evidenciado pelo espantoso crescimento do "amor livre" (amor sem responsabilidade), que até agora custou a vida de mais de 26 milhões de bebés assassinados, sancionado por decisões pró-aborto do Supremo Tribunal, todas elas 100% inconstitucionais, porque a Constituição é omissa quanto ao aborto. Quando a Constituição se cala sobre um poder, é uma proibição a esse poder.

O Presidente Clinton acredita firmemente no infanticídio e, bom socialista que ele é, apoia o aborto com cada grama da sua administração. É interessante notar que a primeira vez que se pensou em clínicas de aborto foi quando a Sra. Laski, esposa do Professor Laski da Sociedade Fabian, começou a estabelecer clínicas de controlo de natalidade em Inglaterra. As tácticas da Sra. Laski utilizaram os métodos da famosa comissária comunista, a camarada Alexandra Kollontay.

Quando os socialistas são confrontados e expostos ao fazer avançar a causa do comunismo através de diferentes tácticas, protestam alto e bom som. Mas o velho ditado, "ferir um comunista e um socialista sangra" nunca foi tão verdadeiro como hoje. O que temos nos Estados Unidos é um governo socialista paralelo e secreto de alto nível, conhecido como Council on Foreign Relations, criado em 1919 pelos arqui-socialistas Mandel House e Walter Lippmann, sob a direcção e controlo da RIIA em Londres.

Vemos frequentemente na imprensa histórias de discordância aberta entre comunistas e socialistas. Isto é feito para enganar os incautos e manter aqueles que foram enganados a acreditar que "progressista", "liberal", "moderado" significa realmente algo que não seja o que os socialistas significam. Desta forma, são capazes de manter um grande número de pessoas na linha que, de outra forma, recuariam em choque se soubessem que estavam a promover os objectivos de um governo mundial revolucionário. O facto do nosso novo presidente, acusado de ser um libertino feminista, moralmente falido, ser aceitável para milhões de americanos que não são socialistas, é um triunfo para os métodos do socialismo Fabiano.

Os seus métodos são tão subtis que os seus objectivos nem sempre são reconhecidos à primeira vista. Ultimamente tem havido muita discussão (muito dela de baixo nível mostrando a falta de compreensão da Constituição dos EUA entre a maioria dos senadores) sobre o direito de veto do Presidente. Isto é propaganda socialista puramente inconstitucional, e uma continuação do processo iniciado pelos socialistas sob o Presidente Wilson de ceder ao presidente os direitos que normalmente pertencem ao ramo legislativo. O objectivo dos socialistas é dar ao presidente poderes que ele não tem e a que não tem direito, para que possam tirar a Constituição do caminho dos seus planos para a Nova Ordem Mundial.

Os socialistas querem que o Presidente tenha poderes de veto não concedidos pela Constituição no contexto de "cessação reforçada". Na tradição socialista, eles não dizem directamente "queremos que o Presidente possa vetar qualquer parte de um projecto de lei aprovado pela Câmara e pelo Senado". Isto é o que se entende por "cláusula de veto".

Este subterfúgio segue a directiva de Florence Kelley de que as alterações devem ser feitas antecipadamente, "por meios legislativos", se não puderem ser alcançadas por meios constitucionais. Como vemos noutro ponto deste livro, o Professor Harold Laski passou grande parte do seu tempo a discutir com Felix Frankfurter e o Presidente Roosevelt como subverter a disposição constitucional de que os poderes constitucionalmente concedidos de cada ramo do governo não podem ser transferidos. Laski atacou frequentemente este obstáculo à promoção do socialismo através da "via legislativa". A chocante hipocrisia dos socialistas é revelada na sua insistência em impor estritamente a ideia da chamada "separação da igreja e do estado". Aparentemente, o que é molho para o ganso não é molho para o ganso.

Entregar este tipo de poder ao presidente é um acto de suicídio - e muito provavelmente, de traição. A verdadeira questão aqui é o poder, e como os socialistas podem aproveitar cada vez mais através de um dos seus lacaios que colocam na Casa Branca. Nada é mais perigoso do que o desejo dos socialistas de dar ao presidente poderes reservados à Câmara e ao Senado, o que produziria super-Wilsons, Roosevelts, Bushes e Clintons, e mergulharia os Estados Unidos numa ditadura socialista - o que já é praticamente o caso.

O veto tornar-se-ia uma disputa partidária, intimidando os legisladores que o povo dos estados enviou de volta a Washington para fazer o que o povo dos estados - não o governo federal - quer que eles façam. A cedência do poder de veto ao Congresso garantirá a ascensão de futuros tiranos ainda pior do que George Bush, cuja guerra privada pela e em nome da coroa britânica custou centenas de vidas americanas e 200 mil milhões de dólares. Um veto presidencial seria um grande triunfo para Florence Kelley.

Dar ao Presidente um veto sobre uma cláusula específica confundiria a Câmara e o Senado, paralisaria os seus esforços e geralmente aceleraria o colapso do governo neste país - todos os quais são os objectivos declarados dos Socialistas. As tensões e paixões entre os ramos legislativos seriam elevadas, tornando o Congresso totalmente subserviente a um presidente beligerante que se inclinava a seguir a agenda socialista. A Constituição dos EUA tornar-se-ia uma folha de papel em branco, com cheques e balanços reduzidos a uma ruína ardente.

Esta nação já sofreu demasiado com os excessos dos presidentes socialistas que puseram em prática (Wilson, Roosevelt, Kennedy, Johnson, Carter, Eisenhower, Bush e Clinton). Estes presidentes mergulharam a nação em guerras assassinas em que nunca nos deveríamos ter metido, à custa de milhões e milhões de vidas, para não falar dos milhares de milhões de dólares que estas guerras geraram, milhares de milhões que foram para os banqueiros de Wall Street e da City de Londres, o Banco de Assentamentos Internacionais, o Banco Mundial, etc.

Os poderes de veto e as chamadas ordens executivas ilegais farão de um futuro presidente tirano do calibre de Roosevelt e Bush um rei, como se o título lhes tivesse sido conferido. Dar ao Presidente o poder constitucional de vetar projectos de lei do Congresso exigiria uma emenda à Constituição dos EUA. Os três departamentos não podem legislar ou transferir funções ou poderes para outro ramo do governo. Os Pais Fundadores escreveram esta disposição para evitar que potenciais tiranos tomassem o poder por este método.

Se queremos um exemplo de tirania, não precisamos de olhar para além do ataque a uma igreja cristã em Waco pelo governo federal, em total violação da Constituição dos EUA. Foram assassinadas 87 pessoas em Waco. O "massacre" da Praça Tiananmen (a descrição do evento pelos media socialistas) matou 74 chineses. Contudo, Clinton estava pronto a cruzar espadas com a China pelas suas violações dos "direitos humanos" causadas pela revolta da Praça Tiananmen contra o governo de Pequim, mas até agora nada fez para levar os perpetradores do Waco perante a justiça. Isto é típico da hipocrisia gritante de um verdadeiro socialista.

Onde é que na Constituição dos EUA se diz que o governo federal tem o direito de intervir nos estados e perseguir um grupo religioso? Em lado nenhum! O governo federal não tem nada que interferir nos assuntos estatais, especialmente quando se trata de poderes policiais. A 10ª Emenda é perfeitamente clara sobre este ponto: os poderes policiais sobre saúde, educação e protecção policial pertencem exclusivamente aos Estados. Se os davidianos do ramo tivessem por acaso cometido um crime que justificasse uma acção policial contra eles, essa acção deveria ter sido tomada pela polícia local e por mais ninguém. O Departamento do Xerife de Waco falhou miseravelmente no seu dever de proteger devidamente os

Davidianos dentro da sua igreja.

O governo federal demonstrou mais uma vez a sua atitude arrogante em relação à Constituição dos EUA, violando o Artigo 1 da Carta dos Direitos da Constituição dos EUA, que estabelece que :

> "O Congresso não fará qualquer lei que respeite um estabelecimento religioso, ou que proíba o seu livre exercício; ou que abranja a liberdade de expressão, ou de imprensa; ou o direito do povo a reunir-se pacificamente, e a solicitar ao Governo uma reparação das queixas".

O que aconteceu em Waco é que o governo federal tomou poderes que não tem e foi para Waco com a intenção expressa de proibir o livre exercício das crenças religiosas e da liberdade de expressão. Isto é humanismo secular em acção e não tem lugar na nossa Constituição. Os socialistas estão muito interessados na "separação da igreja e do estado" - quando lhes convém. O que aconteceu à "separação da igreja e do estado" em Waco? Não estava lá!

O governo federal decidiu que poderia simplificar a religião, que é um assunto complexo que desafia a simplificação. Na página E7151, Registo do Congresso, Casa, 31 de Julho de 1968, o Juiz Douglas colocou o assunto desta forma;

> "... É impossível para o governo traçar uma linha entre o certo e o errado (o nostrum do humanismo secular) e para ser fiel à Constituição, é melhor deixar tais ideias em paz".

Em vez de ouvir os seus próprios juízes socialistas, o governo federal decidiu que tinha o direito de decidir entre uma religião "boa" e uma religião "má". Os agentes governamentais no terreno em Waco encarregaram-se de simplificar excessivamente a complexidade da religião. A experiência ao longo dos séculos tem demonstrado que a religião não pode ser simplificada. Além disso, está fora do domínio das questões políticas e nunca se pretendeu simplificá-lo.

As primeiras 10 emendas à Constituição dos EUA constituem uma restrição ao governo federal. Além disso, o Artigo 1, Secção 9 da Constituição dos EUA nega ao governo federal qualquer direito de legislar sobre questões religiosas. Os principais poderes da Câmara e do Senado encontram-se no Artigo 1, Secção 8, Cláusulas 1-18.

Lembre-se de que o governo federal não tem poder absoluto. O governo federal não tem o direito de decidir o que é uma igreja e o que é um culto. Aparentemente, os agentes governamentais no terreno em Waco, fizeram esta determinação com a ajuda de um "desprogramador de culto" de algum tipo. A própria ideia de uma tal acção é repugnante, se não mesmo totalmente ilegal.

Se o governo federal tivesse este poder - que não tem - teria o poder de destruir todas as religiões - um elemento do programa socialista e um dos objectivos da revolução mundial. Este poder não está contido na Primeira Emenda da Constituição dos EUA, nem nos poderes delegados do Congresso ou nos poderes primários do Congresso no Artigo 1, Secção 8, Cláusulas 1-18. Quando a Constituição dos EUA é omissa sobre um poder, é uma proibição a esse poder.

Então, onde é que o FBI e a ATF conseguiram o poder para atacar uma igreja cristã? Aparentemente do Presidente e do Procurador-Geral da República, nenhum dos quais tem tal poder, e uma vez que ambos admitem a responsabilidade pelo acto terrível em Waco, deveriam ser impedidos de o fazer. Morreram mais americanos em Waco do que estudantes chineses na Praça Tiananmen. A imprensa tablóide americana chamou "culto" aos estudantes chineses? Claro que não. Nem o governo federal tem o direito de chamar "culto" a um movimento cristão.

A Constituição dos EUA foi comprometida pelas acções do governo federal em Waco. A Constituição dos Estados Unidos não pode ser comprometida. Nenhuma agência governamental está acima da Constituição, e as agências governamentais federais que participaram no ataque de Waco infringiram a lei. Não tinham o direito constitucional de intervir numa questão que se inseria na jurisdição do Estado do Texas, mas não do governo federal. O governo federal chamou "terroristas" aos davidianos do ramo, mas não deveria ter tido uma palavra a dizer na delimitação. Coube ao Estado do Texas fazê-lo.

Em nenhuma parte da Declaração de Direitos o governo federal tem autoridade para rotular uma igreja cristã como uma organização "terrorista". A autoridade para o ataque de Waco não se encontra no Artigo 1, Secção 8, Cláusulas 1-18. Teria sido necessária uma ALTERAÇÃO CONSTITUCIONAL para autorizar o governo federal a lançar um ataque armado contra a Igreja Davidiana Branch em Waco. Para compreender plenamente o horror de Waco, é preciso ler a Declaração de Independência, onde há uma recapitulação dos actos de brutalidade perpetrados contra os colonos pelo Rei Jorge III. Waco é o Rei Jorge III revivido - só que pior.

O Congresso (a Câmara e o Senado) tem o poder de corrigir este erro. Pode encomendar uma audiência completa no Congresso. O Congresso também pode cortar o financiamento às agências federais que participaram neste moderno ataque do Rei Jorge III aos cidadãos dos Estados Unidos. Artigos de impeachment são urgentemente necessários. O Congresso deve assumir a maior parte da responsabilidade. Os agentes federais que participaram no assalto ao ramo da Igreja Davidiana provavelmente pensaram que estavam a agir sob a autoridade da lei, quando não estavam. O Congresso deve saber disto, e o Congresso deve corrigir a situação, para que não continue noutro lugar. Birch Bayh, um antigo senador socialista de Indiana, foi usado pela Sociedade Fabian para minar a Constituição dos EUA, e fê-lo em todas as oportunidades, como uma leitura das páginas S16610-S16614, Registo do Congresso, o Senado deixa claro.

Onde diz no Artigo 1, Secção 8 ou nos poderes delegados ao Congresso que o governo federal tem o poder de utilizar veículos militares para atacar uma igreja? Onde diz que os agentes federais têm autoridade para rotular uma igreja como um "culto"? Este ataque à Igreja Cristã Branch Davidian é uma violação da 1ª, 4ª, e 5ª Emendas e constitui uma acusação dos cidadãos dos Estados Unidos em Waco. Nem o poder legislativo, nem o poder executivo, nem o poder judicial do governo federal têm o direito de rotular uma igreja cristã - ou qualquer outra igreja por esse motivo - como um "culto". Desde quando é que o governo federal tem o poder de decidir estas complexas questões religiosas? Desde quando é que o governo federal pode exercer um Projecto de Lei de Ataque?

O que o governo federal fez em Waco foi pegar numa questão religiosa complexa e transformá-la numa simples questão de "culto" que não lhe agradava. Nos termos do Artigo II da Constituição dos EUA, o poder executivo não tem poderes para atacar aquilo a que o presidente e o seu procurador-geral chamaram "um culto". Esta não é a primeira vez que o governo federal lança um ataque a um grupo religioso de que não gosta. Não é uma desculpa para dizer simplesmente que o presidente e o seu procurador geral assumem a responsabilidade de infringir a lei.

Nas páginas 1195-1209, Registo do Congresso, Senado 16 de Fevereiro de 1882, vemos que o Senado tentou agir como Deus ao nomear uma comissão de cinco homens para impedir os mórmons de votarem simplesmente porque eram mórmons. Isto foi uma violação flagrante de uma carta de alcance. A única coisa boa sobre este episódio horrível da história é que houve um debate no Senado. As vítimas do governo federal em Waco não tinham esse direito. Sobre os esforços para impedir os mórmons de votarem, e encontramos isto na página 1197 - e isto é muito relevante para o ataque de Waco, lemos, "Este direito pertenceu à civilização e ao direito americanos muito antes da adopção da Constituição".

Este direito já existia na época colonial, tal como o direito de portar armas, e estes direitos foram incorporados na Constituição através de uma série de emendas, para além das que constavam do instrumento original. Estas alterações destinavam-se a proteger os direitos. Apenas garantiam direitos que já existiam antes da Constituição, que não era o criador dos direitos em si. O que o governo federal fez em Waco não foi muito diferente do tipo de acção defendida pelo socialista internacional Karl Marx - que o governo chinês observou na Praça Tiananmen. Aos cidadãos que morreram no incêndio de Waco foram negados os seus direitos constitucionais a um julgamento justo e ao devido processo de direito, tal como estabelecido na 5ª Emenda.

Continuo a ler a partir dos registos do Congresso, Senado, 16 de Fevereiro de 1882, na página 1200:

> "Por exemplo, ninguém, presumimos, sustentaria que o Congresso pode fazer qualquer lei em qualquer território respeitando o estabelecimento da religião ou o livre exercício da religião, ou abrindo a liberdade de expressão ou de imprensa, ou o direito do povo do território de se reunir pacificamente e de peticionar ao governo a reparação de queixas. O Congresso também não pode negar ao povo o direito de manter e portar armas, ou o direito a julgamento pelo júri, ou obrigar qualquer pessoa a testemunhar contra si própria em processos criminais. Estes poderes, em relação aos direitos da pessoa, que não é

> necessário enumerar aqui, são em termos expressos e positivos negados ao Governo Geral; e o direito à propriedade privada deve ser preservado com igual cuidado".

O que aconteceu em Waco foi um socialismo sem restrições em acção, desrespeitando grosseiramente a Constituição dos EUA. Uma vez que é evidente que nem o Congresso (Câmara e Senado), nem o poder judicial, nem o poder executivo (o Presidente) tinham qualquer direito constitucional de ordenar um ataque armado contra a Igreja Davidiana Branch em Waco, a questão é: o que está o Congresso a fazer para corrigir esta violação grosseira da Constituição e o que está a fazer para levar os perpetradores do governo federal à justiça?

Num estado socialista/marxista, Waco teria sido um mero exercício do poder governamental. Mas os Estados Unidos, graças à sua Constituição, não é um Estado socialista/marxista; continua a ser uma República Confederada, apesar das horríveis agressões de Fabianos socialistas como Harold Laski, Felix Frankfurter, Hugo Black, Franklin Roosevelt, Dwight Eisenhower, George Bush, e agora o Presidente William Jefferson Clinton. Waco era um exercício cínico de poderes não concedidos aos poderes judiciais ou executivos do governo e aparece a par dos excessos passados de intolerância religiosa.

Voltar às tentativas dos socialistas de transferir poderes de um ramo do governo para outro. Mesmo sem o poder de veto, já tínhamos um rei em vez de um presidente. Estou a falar do "Rei" George Bush, cujo desejo de poder gerou mais poder e mais poder até que a nação foi varrida pela maré da sua tomada de poder louca e aterrou numa guerra tão inconstitucional como qualquer outra na história dos EUA.

O que se perdeu completamente no debate na Câmara e no Senado sobre se "dar" tal poder ao Presidente é que, sendo 100% inconstitucional, exigiria uma emenda à Constituição dos EUA. O Congresso (Câmara e Senado) não tem o poder de dar ao Presidente um veto sobre um artigo específico: isto não pode ser feito pelo Congresso, mas apenas através de uma emenda constitucional.

Os Pais Fundadores quiseram impedir que a Constituição fosse contornada pelos três departamentos que passavam poderes para trás e para a frente. O Artigo 1, Secção 9 da Constituição dos EUA nega ou limita severamente o poder do Congresso de legislar. O Congresso não pode transferir as suas funções para o Supremo Tribunal ou para o Presidente sem uma emenda constitucional. Esta disposição destinava-se a evitar que socialistas loucos pelo poder como Wilson, Roosevelt e Bush mergulhassem o país numa guerra atrás de outra, mas não impediu que Wilson, Roosevelt e Bush fizessem exactamente isso.

Clinton está à espera da sua oportunidade de iniciar uma nova guerra. Acabou de o perder contra a Coreia do Norte, mas a sua vez pode chegar antes do fim do seu único mandato. O poder de veto seccional é mais um passo em direcção ao objectivo socialista de "tornar a Constituição dos EUA ineficaz". O poder constitucional do presidente encontra-se na Secção II da Constituição dos Estados Unidos. Ele não tem outro poder.

A Sociedade Fabian continuou a guerra perdida pelos exércitos do Rei Jorge III. Provocaram a Guerra Civil e todas as guerras desde então, na esperança de derrubar a República Confederada dos Estados Unidos. Os Anais do Congresso, os Globos do Congresso, e o Registo do Congresso fornecem uma riqueza de informações e detalhes que apoiam esta visão. Na página 326, Congressional Globe, House, 12 de Julho de 1862, encontramos um discurso de F.W. Kellogg, intitulado "Origem da Rebelião":

> "O orgulho nacional foi gratificado, também o aumento do poder, e a certeza de que em mais meio século os Estados Unidos devem ser de longe a nação mais poderosa do mundo. Mas as grandes potências da Europa assistiram a este rápido crescimento com alarme; e defendem a América, que nunca foi em momento algum ameaçada pelos alemães!"

Os erros dos socialistas americanos de hoje em dia são enormes. Jacob Javitts viu aquilo a que chamou "questões de direitos civis" como uma oportunidade de ouro para agitar as águas raciais infiltrando os socialistas em agências governamentais chave, tais como a Comissão de Igualdade de Oportunidades. Na cena internacional, Javitts, utilizando as tácticas de intimidação em que os socialistas são tão bons, foi responsável pela criação dos chamados "bancos internacionais" e depois conseguiu que o Congresso os financiasse de uma forma completamente inconstitucional.

Outro grande promotor do socialismo neste país foi o Juiz Abe 'Fixer' Fortas, que, mais do que qualquer outro socialista, foi responsável pela 'legalização' de uma inundação de literatura obscena e pornografia. Esta medida destinava-se a enfraquecer ainda mais a moralidade da nação. Fortas votou a decisão totalmente errada do Supremo Tribunal dos EUA de permitir a pornografia sob o pretexto da "liberdade de expressão". Psicólogos e psiquiatras dizem-nos que isto levou directamente a um enorme aumento da criminalidade, uma vez que este tipo de "entretenimento" titila os centros inferiores do cérebro.

Os membros da Câmara e do Senado devem assumir a sua quota-parte de responsabilidade por esta situação e pelo chocante aumento do desemprego e da criminalidade em conjunto. A Câmara e o Senado podem, por dois terços dos votos, anular qualquer decisão do Supremo Tribunal, e deveriam tê-lo feito há dez anos, sem esperar que a situação se descontrolasse, e depois deixar os socialistas no seu meio culparem o problema com "armas". Há alguns socialistas realmente quentes na Câmara e no Senado. O representante Bill Richardson é um exemplo notável: Nas páginas E2788 E2790, Recorde do Congresso, quarta-feira, 31 de Julho de 1991, Richardson lançou um louvor a um dos piores socialistas do mundo: o então representante Stephen Solarz, que se intrometeu nos assuntos da Rodésia, África do Sul, Filipinas, Coreia do Sul, e de todos os países não esquerdistas sob o sol. Como se isso não fosse suficiente, os investigadores que investigaram o escândalo bancário na Câmara dos Representantes descobriram que a Solarz tinha passado os cheques mais maus.

Outros "santos" socialistas que causaram danos ilimitados a este país e causaram o colapso não só dos nossos sistemas económicos, políticos e judiciais, mas que procuraram activamente fazer avançar a agenda socialista à custa do povo americano são: Harry Dexter White, John Kenneth Galbraith, Arthur Schlesinger, Telford Taylor, Robert Strange Mc Namara, David C. Williams, George Ball, Felix Frankfurter, Bernard Baruch, Arthur Goldberg, Alger Hiss, Juiz Gesell, Ralph Bunche, Nicholas Katzenbach, Cora Weiss, Louis Brandeis, McGeorge Bundy, Henry Kissinger, Allen e John Foster Dulles, Sam Newhouse e Walt Whitman Rostow. Alguns destes e outros "guerreiros" socialistas são apresentados nos capítulos "Estrelas do Firmamento Socialista", com um relato das suas acções.

Os seus planos e objectivos eram de mover lentamente, insidiosamente, os Estados Unidos em direcção ao socialismo, em passos fáceis que não seriam notados pelo povo. O programa foi elaborado pela Fabian Society em Londres, conforme detalhado pelos seus principais actores, Professor Laski, Graham Wallas e Kenneth Galbraith. Estes planos foram elaborados para coincidir ou estar de acordo com o que os "liberais" estavam a fazer na América, particularmente nas áreas da educação, o enfraquecimento da Constituição dos EUA, o sistema americano de economia política baseado em dinheiro sólido e tarifas comerciais protectoras.

Estes coincidiram em grande parte com os planos dos socialistas internacionais para a formação de um eventual governo mundial único - a Nova Ordem Mundial. Para os Fabianos em Inglaterra, adaptar os seus planos a um calendário americano foi um grande empreendimento. O seu sucesso pode ser medido pelo facto de entre os anos 20 e 30 terem quase conseguido socializar completamente os Estados Unidos.

Capítulo 3

EDUCAÇÃO CONTROLADA PELO SOCIALISMO: O CAMINHO PARA A ESCRAVATURA

A única área da vida nos Estados Unidos que tem sido completamente cooptada pelo socialismo Fabian é a educação. Em nenhuma outra área dos seus esforços para socializar a América tem a sua metodologia indirecta, furtiva e encoberta tido mais sucesso do que na longa marcha do socialismo Fabiano para assumir o sistema educacional desta nação. Os socialistas assumiram Yale, Harvard, Columbia e muitas outras universidades, que deveriam estar ao serviço directo do socialismo. Deveriam ser os futuros centros educacionais e "escolas de acabamento" dos socialistas na América, como Oxford e Cambridge são para a Fabian Society em Inglaterra.

Nestas universidades, desenvolveu-se uma camada de educadores de elite de alto nível cuja ligação ao Fabianismo britânico era forte. Entre os membros mais proeminentes deste grupo de elite estavam Walter Lippmann e John Reed, que está enterrado no Kremlin, em Moscovo. A pressão socialista sobre a educação espalhou-se com professores esquerdistas/socialistas ameaçando dar más notas aos estudantes conservadores por darem respostas erradas - erradas sempre que contradiziam as ideias socialistas de Fabian. Assim, os pontos de vista conservadores cristãos tradicionais americanos sofreram uma terrível erosão. Um inquérito de dois anos (1962-1964) num distrito escolar da Califórnia mostrou que estavam a ser exercidas as mesmas pressões nas salas de aula com professores socialistas que estavam a ser exercidas nas universidades de todo o país. Os pais mostraram-se relutantes em reclamar, porque nos casos em que foram apresentadas queixas à direcção da escola, os seus filhos receberam notas baixas e perderam créditos.

Desde o tempo da visita de Ramsay McDonald aos Estados Unidos, os socialistas Fabian de Londres sabiam que um ataque frontal à educação nos Estados Unidos estava fora de questão. Numa das mais memoráveis das muitas reuniões socialistas realizadas em Nova Iorque em 1905 no Restaurante Peck's, foi formada a Sociedade Socialista Intercolegial (ISS). Era a cabeça-de-ponte que daria aos socialistas Fabian na América uma auto-estrada para a sua aquisição do sistema educativo.

O homem que a Sociedade Fabian escolheu para socializar a educação na América foi John Dewey, professor de filosofia na Universidade de Columbia, em Nova Iorque. Dewey é conhecido como o pai da educação progressista (socialista), identificado com organizações marxistas como a Liga da Democracia Industrial (LID), da qual foi presidente. Dewey chamou primeiro a atenção da hierarquia socialista enquanto ensinava na Lincoln School of Teachers College, um viveiro de educação marxista-liberalista apoiado pelo Conselho Geral de Educação.

Foi aqui que Dewey conheceu Nelson Aldrich e David Rockefeller. Dos dois, Dewey terá dito que David foi profundamente socializado, abraçando de todo o coração as suas filosofias. O Comité Un-Americano enumera Dewey como pertencente a 15 organizações de frente marxistas. Alguns anos mais tarde, Rockefeller recompensou Dewey nomeando-o governador de Nova Iorque e membro do Council on Foreign Relations (CFR). Embora Dewey tenha continuado a ocupar a maioria dos cargos políticos, foi a doutrinação de Nelson e David Rockefeller para o socialismo e marxismo que causou mais danos, uma vez que milhões e milhões de dólares foram subsequentemente doados para combater a "Cláusula Religiosa" nos casos escolares perante o Supremo Tribunal, minar a educação e infectar o sistema escolar americano com o vírus socialista.

A 10ª Emenda à Constituição dos EUA reserva aos Estados os poderes policiais de educação, saúde e protecção policial. Os poderes do governo federal são poderes delegados pelos estados. As primeiras 10 emendas da Constituição dos EUA são uma proibição de poderes, sendo uma das mais estritas que a educação é uma responsabilidade do Estado.

Até conseguirem fazer progressos legislativos, como Florence Kelley (nome real Weschnewetsky) tinha declarado, os socialistas Fabianos americanos deveriam trabalhar para minar a educação nos Estados Unidos de uma forma tipicamente Fabiana. A reunião da Sociedade Socialista Intercalar (ISS) no Restaurante Peck foi o primeiro passo lento para penetrar e permear a educação sem revelar a direcção a tomar. Quando pensamos na formação aparentemente lenta e quase hesitante do ISS, é difícil acreditar que o mesmo movimento socialista Fabiano americano que o criou esteja hoje a galopar, arrastando o nosso sistema educativo pelos cabelos.

Outros pensaram como o Juiz Douglas, Felix Frankfurter, Frank Murphy, William J. Brennan, Arthur Goldberg, o Juiz Hugo Black e Abe Fortas. Além de serem socialistas ardentes, Douglas, Murphy e Brennan eram Maçons de alta patente. Foi durante o período 1910-1930 que o Supremo Tribunal começou a interessar-se de perto pelos casos da chamada "cláusula religiosa" na educação escolar, dos quais esteve ausente durante pelo menos duas décadas. Foi durante este período que o sistema educativo americano sofreu mais danos, permitindo ao socialismo fazer enormes incursões que anteriormente pareciam estar fora de questão.

Embora o Supremo Tribunal tivesse proibido a educação religiosa - especialmente as orações nas escolas - os seus irmãos maçónicos tinham tido muito sucesso em penetrar e imbuir as escolas de literatura maçónica socialista. Em 1959, Franklin W. Patterson persuadiu o director de uma escola secundária em Baker, Oregon, a utilizar na escola livros escolares orientados para os socialistas. O mesmo aconteceu na Carolina do Norte, onde a literatura socialista maçónica foi distribuída a todas as salas de aula em todas as escolas de Charlotte.

Como disse o Presidente do Comité Bancário da Câmara, Louis T. McFadden:

> "Em matéria de educação, os Fabian Illuminati seguiram uma teoria que não era outra senão a sugerida pelo promotor do Iluminismo Bávaro, Nicolai, no século XVIII. Tendo obtido posições nos conselhos escolares do país, tornou-se muito fácil para os socialistas Fabianos instilar os seus princípios educativos e descristianizados no currículo escolar. O seu ataque à educação religiosa foi subtil mas mortal, como evidenciado pela Lei da

Educação de 1902".

Gabam-se abertamente de ter vários bispos e teólogos nas suas fileiras, sendo a lista encabeçada pelo Bispo Headlam, um dos Fabianos originais... Entre os projectos educacionais dos Fabians está a formação de grupos educacionais "infantis", estes últimos concebidos como uma espécie de escola de formação para potenciais socialistas muito jovens. (O Governador Clinton do Arkansas modelou a sua "Escola do Governador" socialista neste modelo)... Mas de longe a medida mais importante tomada pelos Fabianos no domínio da educação foi a inauguração, nas universidades existentes, de "sociedades universitárias socialistas". O culminar do triunfo Fabian na educação foi a criação da London School of Economics and Political Science na Universidade de Londres, onde um dos principais professores é agora o socialista Harold Laski...".

Pode dizer-se que os planos socialistas infectaram o campo da educação com um vírus que eles esperavam que se espalhasse e mudasse radicalmente a nossa ordem social. Este "vírus" devia penetrar na medula espinal dos "estudos sociais" e "ciências sociais" e virar todos os estudos para a esquerda. Esta foi a premissa básica da Associação Nacional de Educação, declarada no seu 14° anuário em 1936, uma posição da qual os educadores socialistas nunca se desviaram: "Somos a favor da socialização do indivíduo".

Nesta perspectiva, na década de 1920, os socialistas que varreram os Estados Unidos como uma nuvem de gafanhotos, pretendiam implementar o maior número possível de ideias do Manifesto Comunista de 1848 na legislação educativa. Esperavam contornar a constituição através daquilo a que Florence Kelley chama "acção legislativa". Nas páginas 4583-4604, Registo do Congresso, 23 de Fevereiro de 1927, sob o título "General Deficiency Appropriation Bill", encontramos os seus métodos delineados.

> "... Os grupos comunistas devem mostrar às crianças como converter o ódio secreto e a raiva reprimida em luta consciente... O mais importante é a luta contra a tirania da disciplina escolar".

John Dewey e os seus seguidores tentaram limitar a aprendizagem do vocabulário na escola, sabendo que a profundidade da educação é proporcional ao vocabulário de cada um. O vocabulário deve ser ensinado às crianças, mesmo que só seja ensinado a partir de um dicionário. Todos os candidatos a empregos na função pública deveriam ser obrigados a fazer um teste de vocabulário inglês, e este teste poderia ser alargado aos candidatos a empregos estatais. Mesmo os candidatos à assistência social devem ser obrigados a fazer um teste de vocabulário inglês. Isto negaria o efeito do socialismo na educação e contrariaria o objectivo do socialismo de produzir uma maioria de crianças medíocres que crescerão até se tornarem adultos medíocres, "beneficiários da assistência social" para apoiar um regime de socialismo.

Outra táctica especializada é desperdiçar a substância das nações através de gastos irresponsáveis, de modo a que 'destrutivos' se tornem a ordem do dia. Isto tem o efeito de aumentar constantemente os custos do ensino superior. Vemos o efeito cumulativo das políticas de John Maynard Keynes no número de estudantes que não vão para a universidade, e daqueles que desistem porque as propinas se tornam demasiado altas para eles. Desta forma, o número de estudantes com futuras qualidades de liderança é reduzido, intencionalmente e por concepção.

Toda a ideia de "educação" socialista é reduzir ao mínimo possível a inteligência, promovendo ao mesmo tempo a mediocridade. É claro que isto não se aplica aos futuros líderes que eles próprios escolheram entre os melhores e mais brilhantes socialistas e que são enviados para a "escola final" de Oxford como estudiosos de Rodes. Uma excelente referência à educação como meio de confundir o comunismo e o socialismo encontra-se no Registo do Congresso, Casa, 26 de Junho de 1884, página 336, apêndice:

> "Acredito que a inteligência é a âncora da nossa forma de governo, razão pela qual sou um forte defensor da educação popular. Daniel Webster expressou este sentimento, cuja verdade foi demonstrada pela história, quando disse: "Foi a inteligência que levantou as colunas imponentes da nossa glória nacional, e é a inteligência que os pode impedir de cair em cinzas. A disseminação da inteligência deve ser o governo - não será apenas uma protecção contra a centralização do poder político e financeiro, por um lado, mas a nossa defesa segura e segura contra o comunismo, niilismo e tendências revolucionárias, por outro".

> "Mas com uma população densa, riqueza acumulada e um certo feminismo, surgem novos perigos, e devemos contar com a educação e a inteligência para os contrariar tanto quanto possível, pois 'o que semeia, colherá' aplica-se tanto aos Estados como aos homens. Depois da religião cristã, o maior civilizador do homem é a escola. As escolas públicas, como tudo o resto, são criticadas, mas até que algo melhor seja concebido, sou a favor da sua manutenção e extensão...".

Este grande discurso foi proferido pelo honorável James K. Jones do Arkansas. Jones, do Arkansas, e mostra como os nossos representantes estavam muito mais avançados nos anos 1800 do que aqueles que agora têm assento no Congresso. Mostra também da forma mais clara possível porque é que os socialistas se sentem compelidos a assumir a educação para os seus próprios objectivos sinistros, e porque é que também sentem a necessidade de negar o cristianismo. É evidente que a moralidade, educação e religião andam de mãos dadas, e os socialistas sabem-no.

Os socialistas conseguiram que um dos seus mais importantes protagonistas, Hugo Lafayette Black, fosse nomeado para a bancada do Supremo Tribunal. Black, um membro da Igreja Unitária (sem Deus) e um Maçon, nunca deveria ter sido confirmado, pois estava a violar todas as regras do Senado. A grave situação colocada pela nomeação de Black foi levantada pelos senadores William Borah (R.ID) e Warren Austin (R.NH). Salientaram que Black era constitucionalmente inelegível porque era membro do Congresso quando este promulgou uma lei que aumentava o salário dos juízes do Supremo Tribunal e, portanto, não podia ser promovido a uma posição que pagava mais do que recebia como membro do Congresso.

A Constituição é perfeitamente clara sobre este ponto:

> "Nenhum Senador ou Representante deverá, durante o período para o qual for eleito, ser nomeado para qualquer cargo civil sob a autoridade dos Estados Unidos, que tenha sido criado, ou cujos emolumentos tenham sido aumentados durante esse período".

Na altura da nomeação de Black, estava a receber 109.000 dólares como membro do Congresso, enquanto os salários dos juízes eram aumentados para 20.000 dólares por ano. No entanto, apesar desta clara violação da lei, o Procurador-Geral de Roosevelt, Homer

Cummings, decidiu que a nomeação de Black para o Supremo Tribunal era legal!

A aliança entre os socialistas e os Maçons precisava de Negros no Supremo Tribunal porque sabiam que ele era solidário com a sua causa e que governaria sempre a seu favor nos casos de educação ao abrigo da "cláusula religiosa", e a sua confiança nos Negros era amplamente recompensada. Black estava em liga com Samuel Untermeyer, Schofield, Gunnar Myrdal, Justices Earl Warren e Louis D. Brandeis, Roosevelt e Florence Kelley, todos eles trabalhando para colocar a educação sob o controlo do socialismo.

A lei suprema e orgânica da terra é a lei baseada nos ensinamentos da Bíblia cristã. Ao não o obedecer, o Supremo Tribunal dos EUA está em transgressão. A educação moderna, baseada nas decisões do Supremo Tribunal, tem violado a lei bíblica. As escolas e colégios tornaram-se os locais mais perigosos para deixar os nossos jovens sem supervisão e sem supervisão. Uma das formas pelas quais os socialistas ganharam vantagem tem sido o não reconhecimento das escolas religiosas e especialmente das escolas católicas.

Neste caso, os serviços do juiz ilegalmente nomeado Hugo Black foram inestimáveis na decisão de casos trazidos sob a chamada "Cláusula Religiosa" por inimigos da Constituição dos EUA. Negro, conhecido pelo seu anti-catolicismo militante e oposição à educação escolar em geral, seguiu servilmente os "princípios" maçónicos nas suas decisões judiciais; de facto, a maioria deles foi retirada directamente da literatura maçónica. Os "princípios" mais notáveis sobre os quais Black baseou as suas decisões foram os seguintes:

> Princípio 1: "Educação pública para todas as crianças de todo o povo.
>
> Princípio 5: "A separação total da Igreja e do Estado, e a oposição a qualquer tentativa de apropriação de fundos públicos, directa ou indirectamente, para o apoio de instituições sectárias ou privadas".

Como veremos nos capítulos que tratam da corrupção da Constituição, no prazo de dois anos após a nomeação de Black, o Supremo Tribunal fez uma enorme viragem à esquerda e declarou inconstitucional o financiamento estatal das escolas religiosas, com base na premissa totalmente falsa da Lei da Liberdade Religiosa de

Jefferson, que não estava na Constituição, mas estava reservada à Virgínia. Assim nasceu o "muro de separação da igreja e do estado" totalmente inconstitucional, baseado no engano e na fraude pura e simples.

A questão da ajuda "federal" às escolas religiosas foi novamente levantada pelo Deputado Graham Barden em 1940. Barden era um maçon socialista e, à medida que formos avançando, veremos como a maçonaria e o socialismo se combinaram para destruir a educação na América. A intenção do Barden Bill era controlar as escolas para que o socialismo pudesse ser ensinado livremente. Isto foi confirmado pelo Dr. Cloyd H. Marvin, Presidente da Universidade George Washington, numa carta datada de 11 de Maio de 1944, ao Comité da Câmara dos Veteranos da Guerra Mundial. O que o Burden estava a tentar fazer era eliminar o direito dos veteranos a assistir a seminários teológicos, especialmente a seminários católicos, se assim o desejassem. Barden tinha participado na Conferência Fabian dos Representantes das Associações de Educação em 1941, que foi um instrumento da Maçonaria e do socialismo.

Segundo o Dr. Marvin, não deveria haver escolas públicas, pois, nas suas palavras, "não podemos manter dois sistemas para interferir com as políticas educativas regulares". Este foi um dos casos mais claros nos registos da maçonaria como a força motriz por detrás da Conferência de Representantes da Associação Educativa. Embora ostensivamente o projecto de lei em discussão fosse principalmente sobre a lei da G.I., as suas ramificações foram, no entanto, muito amplas, para o Deputado Rep. Barden tentou manter as escolas religiosas privadas fora das mãos dos veteranos que frequentavam a faculdade através da lei G.I.

O Dr Marvin não era um educador comum. Foi um socialista vitalício e um maçon de 33° grau. Na Universidade George Washington, conseguiu exercer uma poderosa influência devido a uma bolsa de 100.000 dólares que recebeu do Rito Escocês da Maçonaria. Marvin encontrou um amigo no Juiz Hugo Black, que devia a sua posição no Supremo Tribunal aos maçons. Após a sua saída do Senado, os Socialistas obtiveram o lugar de Negro no Senado ocupado por Lister Hill do Alabama, um cruzado socialista regular e um Maçon comprometido. Durante anos, Hill foi capaz de bloquear o financiamento federal para escolas públicas, especialmente escolas religiosas. Hill está listado no Directório do Congresso, 79° Congresso, 1ª sessão, Agosto de 1985, página 18, como maçon do 32° grau.

Em nenhum lugar a pressão socialista sobre a educação se manifestou mais fortemente do que através da Associação Nacional de Educação (NEA). Com a aprovação da Lei da IG, houve outra tentativa de retirar o financiamento federal às escolas públicas sem condições, com as condições ainda nas mãos da NEA. A 10 de Janeiro de 1945, a NEA patrocinou nova legislação que não permitiria o financiamento federal das escolas públicas. A legislação foi redigida pelo Juiz Hugo Black. O objectivo da medida era alcançar, por omissão e não por exclusão directa, os objectivos desejados da AEN. Trata-se de uma peça de legislação inteligentemente elaborada. A mesma habilidade foi demonstrada em 1940, quando a chamada legislação de "separação da igreja e do estado" foi redigida.

As decisões dos juízes socialistas-unitários que dominaram o Supremo Tribunal entre 1935 e 1965 proibiram efectivamente os programas de educação cristã nas escolas públicas. Na atmosfera de histeria em tempo de guerra dos anos 40, ninguém achou por bem assinalar que qualquer interferência do governo federal na educação era uma clara violação da 10ª Emenda. A decisão de longo alcance do Tribunal sobre a chamada "separação da igreja e do estado" foi totalmente ilegal e não foi encontrada na Constituição. Não existe base constitucional para a "separação da igreja e do estado" que foi utilizada para destruir a base para o ensino religioso nas escolas.

A aceitação desta legislação tendenciosa, um forte ataque aos direitos constitucionais do Nós o Povo, teve um impacto directo na qualidade da educação americana, que caiu imediatamente após esta decisão fraudulenta e inconstitucional. A educação americana foi então invadida pelo ensino de todo o tipo de 'direitos' que não existiam, 'direitos das mulheres', 'direitos civis' e 'direitos dos homossexuais'. A proibição da educação religiosa nas escolas e a introdução do "humanismo" por John Dewey foram seguidos quase imediatamente por um enorme aumento da criminalidade violenta.

A América, fundada no cristianismo, foi raptada, resgatada, violada, vitimada pela barbárie socialista, espancada e ferida, e mal conseguiu rastejar de joelhos na década de 1990, tão longe do país como os Pais Fundadores se propuseram a fazer. Neste ataque selvagem contra a justa República dos Estados Unidos, o controlo socialista maçónico da educação, desde o primeiro ano, desempenhou o papel principal.

Tem sido provado repetidamente que as crianças começam a aprender nas séries primárias, 1ª, 2ª, 3ª. Nos lares de classe média, onde a aprendizagem é dada maior importância, os pais ajudam os seus filhos a ler, mas nas famílias de classe baixa, os pais invariavelmente não ajudam os seus filhos, com o resultado de que as crianças que lêem mal gravitam para actividades criminosas. Há sempre excepções, mas os educadores que não são cegos por cegos "minoritários" reconhecem que o acima exposto é geralmente verdade.

Numa conspiração apodrecida entre o socialista e o Presidente Harry Truman, Plessy v. Ferguson, a doutrina da educação "separada mas igualitária", foi minada pelo Presidente Truman, ao mesmo tempo que fingiu, dissimuladamente, apoiá-la. A verdadeira questão era que nem Truman nem ninguém no governo federal tinha o direito de interferir em assuntos educacionais, uma vez que, como já dissemos noutros locais, a 10ª Emenda à Constituição dos EUA reserva poderes educacionais aos estados. O governo federal está proibido de interferir na educação, que pertence exclusivamente aos estados.

Uma das principais causas do terrível declínio da educação no nosso país é encontrada no caso histórico de Everson v. Conselho de Educação, apresentado ao Supremo Tribunal de Nova Jersey a 5 de Outubro de 1943. O caso teve origem em questões levantadas pelo Representante Graham Barden em 1940 relativamente a escolas religiosas que recebiam subsídios governamentais. O caso Everson foi um renascimento da lei falhada de Barden. Como observei anteriormente, os socialistas são persistentes nos seus esforços para derrubar a Constituição dos EUA, que eles vêem como o principal obstáculo ao seu desejo ardente de socializar o povo desta nação.

O caso Everson envolveu o Estado de Nova Jersey permitindo à cidade de Ewing pagar os custos de transporte (voluntário, não obrigatório) de crianças em idade escolar para todas as escolas, incluindo as escolas religiosas. O queixoso, Arch Everson, opôs-se ao financiamento do transporte para crianças que frequentam escolas religiosas. Foi apoiado nisto pelos Maçons e pela União Americana das Liberdades Civis (ACLU), embora a ACLU tenha ficado fora dos procedimentos do tribunal estatal. Ostensivelmente, a objecção era apenas ao Sr. Everson neste processo. Os socialistas precisavam de ganhar o caso a fim de o utilizar como pedra angular para estabelecer um precedente para futuros ataques planeados aos casos de "cláusula religiosa" na educação que planeavam trazer se Everson ganhasse.

O caso foi apreciado pelo Supremo Tribunal de Nova Jersey, o que permitiu à cidade de Ewing continuar a financiar o transporte de crianças para todas as escolas. Apoiado pela ACLU e os Maçons, Everson levou o seu caso ao Supremo Tribunal. Era a oportunidade de uma vida inteira para Negros demonstrar a sua ignorância da Constituição e o seu preconceito contra o cristianismo, ao mesmo tempo que golpeiava um golpe no socialismo. O Supremo Tribunal decidiu contra o Estado de Nova Jersey, com a ACLU a sair abertamente como um "amigo do tribunal". O resumo da ACLU era praticamente uma cópia a papel químico de uma citação de Mason de Elmer Rogers vários anos antes. Sobreposto à citação de Mason, o resumo da ACLU foi quase um ajuste perfeito.

A decisão maioritária do Tribunal foi escrita pelo Juiz Hugo Black. Repleto de socialistas e maçons, o Tribunal dificilmente poderia ter decidido contra os preconceitos dos seus membros, odeiam violentamente o ensino das crenças cristãs nas escolas que recebem a chamada ajuda "federal".

Antes de 1946, o "muro entre a igreja e o estado" quase nunca tinha sido utilizado numa argumentação jurídica. Afinal, foram apenas as palavras de Thomas Jefferson, uma frase simples, não encontrada na Constituição. Mas após o caso Everson, em que o Juiz Hugo Black foi elevado ao Supremo Tribunal especificamente para decidir a favor do queixoso Everson, os tribunais desencadearam uma torrente de insultos contra o cristianismo em particular, e contra o ensino religioso nas escolas em geral.

Os tribunais proibiram orações nas escolas, proibiram leituras orais da Bíblia, declararam o ateísmo e o humanismo secular como religiões protegidas ao abrigo da Primeira Emenda, e derrubaram o costume de permitir que as crianças frequentem os serviços de oração nas escolas, tudo isto contra tradições e costumes de longa data, tais como cantar canções de Natal, proibiram a instrução religiosa por parte dos professores, e, como veremos nos capítulos sobre direito, foram além da Constituição. O Supremo Tribunal tomou uma frase proferida por Jefferson, "o muro de separação entre igreja e estado", que não tem valor constitucional, e inseriu-a na Constituição, transformando assim os Estados Unidos da América numa sociedade em que a religião cristã não está autorizada a desempenhar qualquer papel nos assuntos de estado, o que certamente não era a intenção dos Pais Fundadores.

O preto era tão descaradamente preconceituoso que os seus colegas juízes tiveram ocasião de escrever sobre ele em termos pouco lisonjeiros. Num diário de 9 de Março de 1948, Frankfurter escreveu que o Juiz Harold O. Burton "não faz ideia da malignidade de homens como Black e Douglas, que não só podem ser, como são, pervertidos. Isto foi evidente no caso Everson, onde Black demonstrou a sua determinação preconceituosa, odiando Cristo, de que a religião não deveria desempenhar qualquer papel na vida da nossa nação. A podridão começou com Everson, continuou com Brown vs. Board of Education e, inevitavelmente, Roe vs. Wade, que continua a ser até hoje a maior vitória e triunfo sobre a Constituição dos EUA e o povo americano alguma vez alcançado pelos socialistas Fabian. O Supremo Tribunal tornou-se corrupto com o advento do Negro e tem permanecido assim desde então.

Nunca houve um caso mais claro de violação da 9ª Emenda do que a decisão Everson. A Nona Emenda proíbe os juízes de incorporarem as suas próprias ideias em questões de direito que não estejam previstas na Constituição. A isto chama-se uma predilecção, e foi precisamente isso que Black e os seus companheiros de justiça fizeram em Everson. Torceram e comprimiram a Constituição para se adaptarem aos seus próprios preconceitos fedorentos e tomaram o partido da alvenaria socialista, desvirtuando totalmente a Constituição.

Os socialistas estão prestes a levar Brown v. School Board, Topeka, Kansas, ao Supremo Tribunal. O Juiz Vinson tinha dito a Truman que o Conselho Escolar Brown v. seria estabelecido e que a educação "separada mas igual" permaneceria no lugar. Vinson fez isto sabendo muito bem que isto não era verdade. Assim, quando o Presidente do Supremo Tribunal Earl Warren, socialista e maçon do

33° grau, leu a decisão sobre Brown v. School Board, a audiência gritou de surpresa, alguns deles bem informados, tendo vindo a ouvir o Tribunal defender Plessey v. Ferguson.

Poucos na sala de audiências, naquele dia fatídico, se teriam apercebido do enorme golpe que tinha sido dado à educação 'normalizada', 'socializada', na mais flagrante violação da Constituição até à data. É verdade que várias tentativas tinham sido feitas no passado para contornar a Constituição através de "acção legislativa", como proposto pela socialista Florence Kelley (Weschnewetsky). Em 1924, foi apresentado um projecto de lei com a intenção e propósito de violar a 10ª Emenda da Constituição dos EUA, uma vez que o projecto de lei visava a criação de um Departamento de Educação, que tirou o seu título ao Departamento Comunista de Educação da Rússia bolchevique. A ideia era 'nacionalizar', 'normalizar' e 'federalizar' a educação nos EUA como na URSS.

O projecto de lei visava forçar todas as crianças americanas a ler os mesmos manuais "normalizados", que incluiriam uma dose saudável de manuais marxistas, socialistas e leninistas, para que as crianças saíssem do sistema escolar como bons socialistas pequenos e prontos a marchar em direcção ao governo de um mundo - a nova ordem mundial. Os principais socialistas da Sociedade Fabian sempre disseram que a normalização da educação é a forma mais rápida de derrubar as barreiras naturais ao socialismo na América, devido à dimensão, geografia, clima, costumes locais, conselhos escolares locais. Webb tinha notado que a diversidade era um problema para o socialismo, e a diversidade existia na América em abundância, tornando o país difícil de penetrar com o marxismo, o comunismo, o socialismo.

É por isso que os nossos Pais Fundadores, na sua previsão e sabedoria, asseguraram que os poderes da educação permanecessem nas mãos dos estados e fossem proibidos ao governo federal. Este sistema de educação estatal era uma salvaguarda contra a anarquia e o niilismo na nação. Embora tenham falhado neste caso, os socialistas nunca desistiram da sua tentativa de assumir o controlo da educação, e a sua oportunidade veio com a conduta traiçoeira do Presidente Jimmy Carter e dos sedicionistas da Câmara e do Senado, que fizeram aprovar um projecto de lei federalizando a educação, em violação da 10ª Emenda. Como resultado, foi criado o Departamento de Educação ilegal dos EUA.

Carter ficará na história como um presidente que cometeu traição e sedição a uma escala maciça. "Não vos mentirei", disse Carter, e depois começou a implementar legislação socialista que impedia os Estados de tomarem as suas próprias decisões educativas e negava ao povo da nação o Canal do Panamá. A 13ª, 14ª e 15ª Emendas à Constituição dos EUA nunca foram ratificadas, pelo que qualquer legislação aprovada pelo Congresso ao abrigo destas emendas está fora do controlo e do âmbito da Constituição. O Dr. William H. Owen teria adorado Carter. Owen foi o presidente do Chicago Normal College, Chicago, Illinois e presidente da NEA, que foi escolhido para representar a NEA na Conferência Mundial sobre Educação a 23 de Junho de 1923 em São Francisco. No seu discurso ele disse, entre outras coisas:

> " ... Apesar do que escrevemos e dizemos, o mundo não acredita que a educação, como forma de controlo social, seja comparável a exércitos, marinhas e estadistas... Devemos dedicar o nosso tempo e esforço a partilhar um programa educativo construtivo que demonstre o que a educação pode fazer como uma forma de controlo social comparável aos exércitos...".

O acima exposto demonstra porque é tão perigoso deixar a educação à mercê do governo federal, especialmente com o advento do socialista Woodrow Wilson, cuja administração reuniu socialistas por saltos quânticos, até hoje a administração Clinton está repleta de socialistas, de facto, pouco difere dos governos socialistas do Partido Trabalhista em Inglaterra. Os nossos Pais Fundadores foram suficientemente sábios para prever o tempo em que agentes socialistas como Wilson, Kennedy, Johnson, Carter, Bush e Clinton, e socialistas como Owen, disfarçados de "educadores", tentariam conduzir a nossa nação para a esquerda através dos seus sediciosos programas de "educação", e por isso asseguraram que os poderes da educação estivessem fora dos limites do governo federal.

Contudo, a utilização do Supremo Tribunal para contornar a Constituição foi um desenvolvimento perigoso que os Pais Fundadores não poderiam ter previsto. Sabiam que os traidores existiam no seu tempo, mas não podiam saber que um homem como o Presidente do Supremo Tribunal Earl Warren apareceria e faria troça da Constituição. Diz-se que Warren fez com que a 14ª Emenda à Constituição dos EUA significasse "tudo e mais alguma coisa". Foi através deste horrível subterfúgio, de emendas não ratificadas e de um Supremo Tribunal sufocado por juízes com sedição na mente, que a odiosa decisão Brown v. Conselho de Educação se tornou uma "lei", o que não é, mas que os Estados são no entanto obrigados a obedecer.

Outro subterfúgio feio e um logro foi a utilização por Warren de dados sociológicos totalmente prejudiciais desenterrados pelo Dr. Gunnar Myrdal, um reprovador socialista cujas teorias económicas custaram à Suécia milhares de milhões de dólares, e voltaremos a este mentiroso a seu tempo.

O Departamento de Educação foi criado para tirar o controlo da educação aos Estados e substituir a educação americana por um sistema que garantisse que as crianças crescessem no formato socialista e se tornassem líderes políticos, na forma socialista de promover uma nova ordem política baseada no sistema soviético, que conduzirá a um governo mundial - a Nova Ordem Mundial.

O que o Tribunal Warren tentou fazer em Brown v. Conselho de Educação, e o que outros juízes do Supremo Tribunal também tentaram fazer, foi separar a 1ª secção da 14ª Emenda de toda a Constituição, para que pudesse significar tudo o que quisessem ler nela - uma predilecção clássica proibida pela 9ª Emenda. Qualquer parte da Constituição DEVE ser interpretada à luz de toda a Constituição, que não pode ser fragmentada. As decisões do matadouro fizeram troça de Warren's Brown v. Conselho de Educação, que, se ele o tivesse observado, teria mostrado a Warren o erro dos seus caminhos.

O Juiz Warren decidiu não ler a decisão do matadouro, por isso decidiu Brown v. Conselho de Educação com base na Lei dos Direitos Civis de 1964. Discutimos isto em mais pormenor nos capítulos sobre a Constituição. Em Brown v. Board of Education, temos a comunitarização da educação nos Estados Unidos. Qual é a diferença entre o transporte forçado de crianças para fora da sua localidade e o transporte de prisioneiros políticos para os gulags da Sibéria, ou o transporte de colonos para Inglaterra para julgamento, contra o qual Thomas lançou a sua fúria?

Não há diferença! Crianças, preto e branco, estão a ser transportadas contra a sua vontade para outros lugares. Trata-se de uma violação da vida, da liberdade e da propriedade, bem como de um processo justo, que Brown vs. Conselho de Educação negou às crianças e aos pais. Só nisto, Brown vs. Board of Education é 100% inconstitucional. Porque deveriam os pais e as crianças sofrer uma violação dos seus direitos da 5ª Emenda, a fim de realizar os desígnios socialistas dos educadores socialistas e dos seus amigos em tribunal? As nossas crianças sofrem "castigos cruéis e invulgares" ao serem transportadas para fora da sua área para escolas de ímanes, escolas de paring e afins por causa da sua raça. Não recebem nenhum julgamento do júri, nenhum processo justo, mas são simplesmente mantidos em autocarros sob "leis" totalitárias e de estilo comunista.

As crianças e os seus pais são cidadãos dos Estados, PRIMEIRO: Artigo IV secção 2, parte 1. Os cidadãos de cada Estado têm direito a todos os privilégios e imunidades dos cidadãos dos vários Estados e dos cidadãos americanos, em segundo lugar. A 14ª Emenda continua a ser uma restrição ao governo federal, embora não tenha sido ratificada, pelo que os estados mantiveram a sua soberania e não puderam ser tributados pelo governo federal em matéria de educação.

Há uma enorme pressão sobre os juízes para que decidam a favor da União Americana das Liberdades Civis (ACLU) em casos que envolvam religião nas escolas. A ACLU arquiva 23 desses dossiers, e nos casos ouvidos pelo Juiz Felix Frankfurter, ele decide sempre a favor da ACLU. Um dos aliados da ACLU é o Pastor Davies da Igreja Unitária da qual o Juiz Hugo Black é membro. Eis o que Davies tinha a dizer sobre os casos escolares da "cláusula religiosa":

> "Tal como a liberdade de S. Paulo, a liberdade religiosa deve ser comprada a um preço elevado. E para aqueles que a exercem mais plenamente, insistindo na educação religiosa dos seus filhos, misturada com o secularismo nos termos da nossa Constituição, o preço é maior do que outros... As religiões credíveis são obsoletas, a base das suas reivindicações expirou com ontem".

O juiz Hugo Black foi 100% a favor de encher o Supremo Tribunal dos EUA com juízes socialistas, o que Roosevelt e Truman certamente fizeram.

O Juiz Hugo Black era um maçon comprometido, e há que assumir que ele estava interessado nas tendas maçónicas na educação:

> "Além disso, a forma de uma sociedade literária erudita é mais adequada aos nossos propósitos, e se a maçonaria não tivesse existido, esta cobertura teria sido utilizada, e pode ser muito mais do que uma cobertura, pode ser um poderoso motor nas nossas mãos. Ao estabelecer sociedades de leitura e bibliotecas de assinaturas, tomando-as sob a nossa direcção e alimentando-as com o nosso trabalho, podemos mover a mente do público na direcção que queremos... Temos de conquistar as pessoas comuns em cada canto. Consegui-lo-emos principalmente através das escolas, de um comportamento aberto e caloroso, da popularidade e da tolerância dos seus preconceitos, que os extirpam e os dissipam... Temos de adquirir a direcção da educação e gestão da igreja - do púlpito profissional e do altar".

O que é verdadeiramente espantoso é que se pegarmos nos escritos de Beatrice e Sydney Webb e os sobrepormos às visões maçónicas da educação, descobrimos que eles são quase sempre idênticos! O ataque à educação americana foi liderado pelo Tavistock Institute of Human Relations, o principal estabelecimento de lavagem ao cérebro do mundo, e os seus "educadores", Kurt Lewin, Margaret Meade, H.V. Dicks, Richard Crossman e W.R. Bion. Estes inimigos da República Americana foram libertados sobre um público inocente e insuspeito, com consequências desastrosas para a educação.

Os seus projectos de "nova ciência" para escolas americanas incluíam o estudo da masturbação, homossexualidade, travestismo, lesbianismo, prostituição, religiões exóticas, cultos e fundamentalismo religioso.

A chamada "Lei dos Direitos Civis" de 1870, que deveria fazer cumprir a 15ª Emenda, que nunca foi devidamente ratificada, aplicada especificamente aos chineses trazidos por contrabandistas de ópio e magnatas ferroviários como os Harimans, e não deveria ter qualquer impacto hoje em dia, uma vez que a 15ª Emenda nunca foi devidamente ratificada. Implicar que a "igual protecção das leis" na Secção 1 da 14ª Emenda significa que todas as pessoas têm o mesmo nível de inteligência - o que é mais do que até mesmo o pior liberal de olhos estrelados poderia manter! Mas foi exactamente isso que Brown vs. Conselho de Educação tentou fazer - nivelar todas as mentes a um nível médio ou médio. Este é o coração de Brown vs. Conselho de Educação e é o igualitarismo em acção.

A sedição na educação é tanto uma realidade como o "controlo de armas", como a sedição praticada pelo Senador Meztenbaum e pelo Representante Schumer. Ao perverter a educação, primeiro através do estabelecimento de um departamento de educação do governo federal e depois através de uma acção do Supremo Tribunal por ordem de Brown vs. Conselho de Educação, estão a ocorrer traição e sedição. A destruição do sistema educativo americano e a sua substituição por um sistema marxista/leninista/socialista resultará no apodrecimento da nação a partir do interior. O juiz Warren, um humanista secular, foi culpado de traição quando permitiu que Brown v. Conselho de Educação se tornasse "lei".

A Associação Nacional de Educação (NEA) é uma organização 100% socialista-marxista. A sua primeira tarefa era retirar das escolas o ensino adequado da história, geografia e cidadania e colocar no seu lugar estudos sociais pró-comunistas. A NEA é uma organização socialista que tem estado activamente empenhada em minar a educação nos EUA desde os anos 20. Estavam, sem dúvida, na vanguarda daqueles que apresentaram o caso Brown v. Board Education em 1954, "arranjado" pelo Juiz Earl Warren, à maneira de Abe Fortas.

Com a aquisição socialista das escolas americanas, foram introduzidos novos currículos, sendo as crianças creditadas com cursos tais como novelas e "questões ambientais" absurdas. "No total, o Instituto Tavistock recrutou 4.000 novos cientistas sociais para trabalhar no sentido de afastar a educação americana dos valores tradicionais. O resultado dos seus esforços pode ser visto no enorme aumento de crimes violentos na adolescência, criminalidade escolar, violação. Estas estatísticas reflectem o sucesso dos métodos do Instituto Tavistock.

Entre os "educadores" recrutados pelos socialistas encontrava-se o socialista Gunnar Myrdal e a sua esposa da Suécia. Os Myrdals têm uma longa história de lealdade às ideias socialistas/marxistas. O Dr. Myrdal tinha trabalhado como assistente do reconhecido socialista Walt Whitman Rostow na Comissão Económica para a Europa das

Nações Unidas em Genebra. As actividades de traição de Rostow são relatadas em outros capítulos deste livro. Antes de se juntar a Rostow, Myrdal tinha trabalhado na Suécia como Ministro do Comércio, uma posição em que causou danos quase irreparáveis à economia sueca num verdadeiro estilo de despesa socialista.

Myrdal foi escolhida pela Fundação Socialista Carnegie para realizar um estudo das relações raciais nos Estados Unidos com uma subvenção de 250.000 dólares. Pensava-se que, como Myrdal não tinha experiência com negros, uma vez que não havia nenhuma na Suécia, o seu estudo seria imparcial. O que não se apercebeu na altura foi que tudo era uma armadilha: Myrdal deveria produzir um conjunto de conclusões que seriam utilizadas no famoso caso Brown v. Conselho de Educação. Myrdal produziu um relatório cheio de descobertas sócio-políticas totalmente fraudulentas que afirmavam, na sua essência, que os negros estavam a ser trocados por falta de educação. As descobertas de Myrdal estavam repletas de buracos.

Além disso, longe de ser um cientista desinteressado, Myrdal era um inimigo declarado da Constituição dos EUA, que ele descreveu como um

> "um culto quase fetichista... uma Constituição com 150 anos (isto é) em muitos aspectos impraticável e pouco adequada às condições modernas... Estudos históricos modernos revelam que a Convenção Constitucional não passou de uma conspiração contra o povo. Até há pouco tempo, a Constituição tem sido utilizada para bloquear a vontade popular".

Myrdal e a sua esposa visitaram os Estados Unidos sob os auspícios do socialista Benjamin Malzberger. Entre as muitas observações depreciativas feitas por Myrdal foi uma em que descreveu o povo americano como "brancos de mente estreita, dominados pela religião evangélica", e os brancos do Sul como "pobres, incultos, rudes e sujos". Foi este homem que escreveu o relatório sociológico 'imparcial' que terá permitido ao Presidente do Supremo Tribunal Earl Warren decidir o caso Brown v. Conselho de Educação.

O que estava por detrás da grande campanha socialista dos anos 20 e 50 para destruir o sistema educativo americano? Pode resumir-se em poucas palavras: A ideia central era "fabricar novas mentes", porque só através de novas mentes a humanidade poderia refazer-se

- isto de acordo com um dos sumos sacerdotes da educação socialista, Eric Trist, que acrescentou que a nova mente excluiria a crença na religião cristã. E como disse Myrdal: "Que melhor sítio para começar do que nas escolas? ".

Para levar Brown v. School Board ao Supremo Tribunal, a NAACP recebeu 10 milhões de dólares de várias fontes, incluindo o Grupo de Acção Política, uma organização de fachada socialista, e a Maçonaria. Os advogados da NAACP receberam instruções detalhadas de Florence Kelley e Mary White Ovington. Kelley foi o criador dos "Brandeis Briefs", que consistiam em centenas de opiniões sociológicas e eram frequentemente cobertos por não mais do que duas páginas de referências legais. O método Brandeis Briefs foi a forma como o Supremo Tribunal decidiu todos os casos futuros envolvendo questões constitucionais.

Os currículos escolares da América socialmente corruptos não ensinam a Constituição, pois se as crianças fossem ensinadas sobre ela, teriam de aprender que a Constituição existe como a primeira defesa contra o governo federal e presidentes como George Bush e Bill Clinton, que aspirariam a tornar-se tiranos, se não sujeitos às suas restrições. O objectivo dos educadores socialistas é o de corroer gradualmente as salvaguardas constitucionais que garantem a vida, a liberdade e a propriedade de todos os cidadãos e substituí-los pelo socialismo totalitário.

Apenas um sistema de educação de base bíblica é bom. Todos os outros sistemas foram concebidos por homens e devem, portanto, ser necessariamente imperfeitos. As nossas escolas caíram nas mãos de pessoas profundamente influentes cujo principal objectivo na vida é transformá-las num baluarte socialista. São apoiados neste aspecto pelo poder judicial. O objectivo é avançar, lentamente, num estilo verdadeiramente socialista, para um governo socialista/marxista, mudando o foco e a direcção do que é ensinado nas escolas. Se os socialistas continuarem a progredir como nas últimas três décadas, até 2010 teremos uma nação de jovens adultos e cidadãos de meia-idade que não terão problemas com a agenda secreta do poder centralizado numa ditadura socialista, apoiada por uma força policial nacional.

Claramente, um dos objectivos já alcançados pelos socialistas é a falta de interesse pela leitura. As crianças americanas estariam totalmente perdidas se fossem colocadas, digamos, na biblioteca do Museu Britânico em Londres, ou no Louvre em Paris. Os grandes escritores e artistas teriam pouco a dizer-lhes. Os livros não são os amigos das crianças como eram no início da nossa história. O nosso sistema de ensino tem tratado disso. Até Dickens é um estranho para a maioria dos estudantes americanos.

A falta de verdadeira educação leva as crianças e os jovens adultos a procurarem inspiração nos filmes, na música rock, que se pretendia. A única forma de combater esta paralisia insidiosa e rasteira é intervir de forma regular e vigorosa. A chamada "luta contra o preconceito racial" nos anos 60 afectou grandemente as mentes e atitudes dos nossos jovens. A chamada democratização das nossas escolas e universidades durante as últimas três décadas tem sido um ataque directo às suas estruturas internas, com uma perda de direcção e foco na sua esteira.

O chamado movimento "feminista" é um produto directo do manifesto comunista de 1848 e do pensamento retorcido de Gunnar Myrdal e dos cientistas da Nova Ciência do Instituto Tavistock. O resultado é que os estudantes questionam o sexo biológico dado por Deus. Do mesmo modo, a distorção da "história" está muito viva nos anos 90. Perguntou-se a um grupo de crianças em idade escolar quem era o homem mais malvado do mundo; sem hesitação, responderam, "Hitler". O mesmo grupo nada sabia sobre Estaline, certamente não que ele fosse o maior talhante da humanidade de todos os tempos, que matou dez vezes mais pessoas do que Hitler teria assassinado. Tal afirmação trouxe um olhar confuso à sua cara.

Os heróis das crianças em idade escolar e dos estudantes não são as grandes figuras da história; os seus "ídolos" são antes as "estrelas pop" decadentes, más, sujas e drogadas. Beethoven e Brahms não significam nada para eles, mas mostram imediatamente um interesse real quando os sons hediondos da música "rock" enchem o ar. Por outro lado, Marx é conhecido da maioria dos estudantes, mas eles não sabem realmente o que ele representa. Chegámos a um ponto na educação nas nossas escolas onde a 'reforma' é colocada acima da aprendizagem. Nos anos 90, quase todas as questões educacionais estão ligadas à palavra "reforma".

Em parte alguma houve uma transformação maior devido a "reformas" do que na educação sexual. Os comunistas estavam determinados a que mesmo os alunos mais novos fossem forçados a aprender sobre sexo. Madame Zinoviev foi responsável pelo projecto na Rússia bolchevique, que tentou transferir para os Estados Unidos, mas que foi bloqueado na década de 1920 por um Supremo Tribunal ainda não cheio de juízes socialistas, e pela vigilância das Filhas da Revolução Americanas. Os produtos dos 'tribunais feministas' vêem agora o casamento como um mero contrato. O sexo já não é místico, por isso o estudante de hoje não quer ter tempo para formar uma relação emocional antes de se entregar ao "amor livre". Sabemos que estas ideias foram preparadas na Rússia bolchevique por Madame Kollontay e depois transplantadas para os Estados Unidos.

O nosso sistema de educação deficiente produz raparigas que não são adequadas à sociedade, e as estatísticas criminais que envolvem raparigas adolescentes confirmam a verdade desta afirmação. A cultura da droga está profundamente enraizada na juventude dos anos 90. As questões espirituais têm sido expulsas das nossas escolas. Hoje, os nossos jovens estudantes estão à beira do "esclarecimento socialista", onde tudo vale se se sentir bem.

De todas as ciências, a ciência política é a mais antiga, remontando à Grécia antiga. A ciência política engloba o amor à justiça, e explica porque é que os homens querem governar. Mas a ciência política não é ensinada adequadamente nas nossas instituições educacionais, que agora ensinam uma forma pervertida conhecida como socialismo. Se a ciência política tivesse sido devidamente ensinada nas nossas escolas e universidades, o Juiz Warren não teria tido tanta facilidade em enfiar Brown vs. Conselho de Educação pelas nossas gargantas abaixo. Assim, através de astúcia, furto e engano, os socialistas trabalharam na fatídica decisão Brown vs. Board Education, que redireccionou a educação nos EUA para canais socialistas/marxistas/comunistas.

As Fundações Rockefeller e Carnegie financiaram um grupo de estudo constituído por Margaret Meade, uma nova antropóloga científica, e Rensis Likert, para propor uma revisão de todas as políticas educativas regidas pelo direito bíblico. A Sra. Meade utilizou a técnica de psicologia inversa do Instituto Tavistock para ultrapassar o que o relatório descreve como um "problema de ensino". O relatório, que tem tido um impacto devastador na educação nos EUA, permanece classificado até hoje. Um dos resultados do estudo Meade-Likert foi o aparecimento dos Laboratórios Nacionais de Formação (NTL), que conta com mais de quatro milhões de membros. Uma das suas afiliadas era a Associação Nacional de Educação (NEA), a maior organização de professores do mundo.

Graças aos esforços desta organização e de centenas de milhares de professores socialistas, a educação secular e humanista tem vindo a percorrer um círculo completo desde o seu lento início em 1940. Nos anos 90, os socialistas ganharam tantas vitórias impressionantes no Supremo Tribunal que já não escondem a sua intenção de secularizar completamente a educação. Este novo projecto, embora não seja realmente novo excepto a escolha do título, deixará a educação americana no pó e as nossas crianças entre as mais incultas do mundo.

Há pouco mencionámos o Instituto Tavistock de Relações Humanas da Universidade de Sussex em Inglaterra e o papel crucial que desempenhou na vida económica, política, religiosa e educacional da nação. Esta organização era desconhecida nos Estados Unidos até eu publicar o meu trabalho sobre ela nos anos 70. Tavistock está sob o controlo directo das mais poderosas figuras socialistas da Grã-Bretanha e está estreitamente aliado com a Maçonaria Britânica. Tem os contactos mais próximos com a Associação Nacional de Educação, cujo pessoal sénior foi formado nos Laboratórios Nacionais de Formação. É a este nível que a 'geopolítica' entrou no ensino a nível de professor.

O 'novo' sistema chama-se 'educação baseada em resultados' (OBE). O que a EFC fará é ensinar aos nossos filhos que não é necessário aprender a ler e a escrever correctamente, que não é necessário distinguir-se na educação; o que importa é como se comportam uns com os outros e com os filhos de outras raças.

O que é a EFC? É um sistema que pune a excelência e recompensa a mediocridade. A OBE visa transformar os nossos filhos em estudantes de um nível onde a norma dominante é a mediocridade. Porque é que isto seria tão desejável? A resposta óbvia é que uma nação em que a grande maioria da população é educada ao nível do menor denominador comum será fácil de conduzir em direcção a uma ditadura socialista. A base para a EFC foi estabelecida com

Brown v Board of Education, que num sentido muito real 'fixa' os níveis de educação no mínimo denominador comum.

O que a EFC fará é transformar as crianças cristãs americanas em pagãs, sem respeito pelos seus pais e sem amor pelo seu país, crianças que desprezarão a identidade nacional e o patriotismo. O amor pelo país transforma-se em algo feio, a ser evitado a todo o custo. A EFC ensina o conceito marxista de que a vida familiar tradicional está ultrapassada. Foi precisamente isto que a Madame Kollontay tentou impor nos Estados Unidos nos anos 20; foi isto que os socialistas Bebel e Engels tentaram introduzir no ensino tradicional na América. Hoje em dia, as suas expectativas mais loucas estão a ser cumpridas pela EFC.

É estranho, mesmo perturbador, como a EFC reproduz os escritos de Bebel, Engels, Kollontay e Marx - quase uma cópia a papel químico dos inimigos da vida familiar e da santidade do casamento. É perturbador notar que o sistema proposto pela OBE é encontrado quase palavra por palavra no Manifesto Comunista de 1848. Só podemos dizer que, após os êxitos espantosos de Evers e Brown vs. Board Education, a socialização da educação na América decolou como um furacão, e aparentemente hoje em dia nada a pode conter.

Os juízes Black e Douglas teriam ficado felizes se ainda estivessem connosco, tal como Brandeis, Frankfurter e Earl Warren. A EFC tomou conta das escolas. Agora, em vez de professores, temos agentes de mudança que forçam a aceitação de opiniões de grupo, que eles, os facilitadores, lavam da mente dos alunos. As "reformas" lideradas pelos facilitadores voltam as crianças contra os seus pais e valores familiares. O líder do grupo na classe toma o lugar dos pais. Há sempre a noção de "reforma interior" ou "necessidades interiores" que devem ser satisfeitas, e estas "necessidades" significam o que quer que o líder do grupo diga que significam.

A velha técnica socialista da "educação sexual" é levada muito além de tudo o que já foi feito antes. Na EFC há pares de grupos com treino explícito de sensualidade e a promiscuidade é activamente encorajada. Não há nenhuma tentativa de encorajar um sentido de história. Nada é ensinado sobre os grandes líderes do passado que trouxeram a civilização para o mundo. A ênfase está no presente, "faça-o agora" e "faça-o se se sentir bem". A EFC é responsável pelo enorme aumento da criminalidade juvenil. A geração actual e futura de jovens a quem os métodos de OBE estão a ser ensinados tornar-se-ão as multidões de rua da "Revolução Francesa" de hoje, que serão utilizadas para o mesmo fim, num futuro não muito distante.

Não há dúvida de que o projecto OBE nasceu do livro "Brave New World Curriculum" de 1986 e de Aldous Huxley, no qual ele defendia que um mundo perfeito seria um mundo sem famílias, sem filhos sem pais, em que as palavras "pai" e "mãe" seriam detestadas e enojadas, e em que as crianças seriam cuidadas por instituições sociais estatais, crianças cuja lealdade seria apenas ao Estado. A procura de tal sociedade remonta a um longo caminho, antes do "World Curriculum" e de Huxley. O comunista Bebel escreveu a sua versão de como as crianças devem ser consideradas - como alas do Estado. Marx, Engels e, em particular, Madame Kollontay, cujo livro "Comunismo e a Família" foi a fonte de grande parte do "Admirável Mundo Novo" de Huxley.

As crianças viriam através do tubo de ensaio, e os laboratórios combinariam os espermatozóides para dar um nível mais elevado de mentalidade, uma inteligência média e uma inteligência inferior. Na sua vida adulta, a estes seres seriam atribuídos vários papéis num mundo de escravos, como descrevi no meu livro "O Comité dos 300".[7] Se isto parecer demasiado difícil para o leitor aceitar, lembre-se que os bebés do tubo de ensaio já estão entre nós. Têm sido aceites pela sociedade, sem se aperceberem do propósito sinistro por detrás deste desenvolvimento profano. O socialismo precisa de uma massa de idiotas e de um pequeno número de pessoas de inteligência superior. As massas de idiotas farão o trabalho no mundo socialista esclavagista, porque a classe inteligente detém o poder. Num mundo assim teremos um "apartheid" tal que a versão sul-africana pareceria uma era dourada de boa vontade.

A reacção dos leitores a esta informação será, como seria de esperar, uma reacção de cepticismo. No entanto, precisamos de olhar para as realidades, por isso vamos ver até onde a EFC foi para corresponder a Huxley, Kollontay, Engels e Bebel. O projecto de lei HR 485 da

[7] Ver, *A hierarquia dos conspiradores - História do Comité de 300*, John Coleman, Omnia Veritas Ltd, www.omnia-veritas.com.

Câmara faz parte da agenda socialista da "reforma" da educação. O Presidente Clinton foi escolhido para realizar uma vasta bateria de reformas - e está a fazê-lo com grande rapidez e eficiência, sabendo que será um presidente com um mandato. O plano dos Pais Socialistas como Professores (PAT) já está em acção em 40 estados. O chamado "programa de co-participação" (COP) começou com um programa piloto em St Louis, Missouri, em 1981. A verdadeira intenção do COP é substituir os assistentes sociais do COP pela autoridade parental, de preferência no período pré-natal.

Inspirada por Aldous Huxley, Laura Rogers escreveu um livro intitulado "The Brave New Family in Missouri" no qual afirma que foram necessários apenas quatro anos para que a TAP fosse aceite pela legislatura do estado do Missouri e que o conceito da TAP se estendeu à Europa e está a ser implementado em 40 estados dos EUA. Será esta a realidade? É comparável ao que delineámos neste capítulo sobre "reformas" educativas? Os socialistas pretendem "reformar" a educação a tal ponto que ela produzirá o próprio clima previsto pelo Admirável Mundo Novo de Huxley. E estão a fazê-lo agora, mesmo diante dos nossos olhos!

Sob a TAP, um chamado "educador" ligar-se-á a uma família - literalmente - e iniciará o processo de mudança de atitudes dos pais e da criança ou crianças para se conformar aos ideais socialistas. Como isto é feito é explicado por Rogers no seu artigo "The Brave New Family in Missouri".

Primeiro passo. O "educador parental" vai às escolas e lares para "criar laços" com a família, sob o pretexto de promover a educação da criança.

Segundo passo. A criança/filhos recebem um número de identificação informático que será permanente.

Terceiro passo. O 'agente de mudança' trabalhará para mudar a relação entre a criança e os pais através de um 'programa de mentoria', como é feito na Universidade Socialista de Oxford.

Quarto passo. Os "pais educadores" são obrigados a denunciar qualquer comportamento que considerem ser "hostil" ou abusivo, ligando para uma "linha directa" especial criada para o efeito.

Passo 5. Os juízes decidem sobre "casos de linha" e se a(s) criança(s) for(em) considerada(s) em perigo, a(s) criança(s) poderá(ão) ser retirada(s) dos cuidados parentais.

Passo 6. Se as recomendações do "educador parental" para os serviços de saúde mental forem recusadas pelos pais, por exemplo, no que diz respeito à medicação, o Estado pode retirar a(s) criança(s) dos cuidados parentais. A(s) criança(s) pode(m) ser colocada(s) num centro de tratamento residencial e os pais podem ser ordenados pelos tribunais a submeterem-se a "aconselhamento psicológico" durante o tempo que o "educador parental" considerar necessário.

O que o PAT faz é constituir-se como juiz e júri para decidir quem são os pais em boa e má forma! Para tal, a TAP utiliza aquilo a que Rogers chama as "definições de factores de risco" que se tornaram o padrão para medir a aptidão ou inaptidão dos pais para criar os filhos, e lembrar que estes critérios são actualmente utilizados em 40 estados:

> "Incapacidade dos pais para enfrentar (o que não está definido) o comportamento inadequado da criança (por exemplo, mordedura grave, comportamento destrutivo, apatia)".
>
> "Pais com baixo funcionamento. Eles são considerados pais potencialmente abusivos. Nesta categoria, o pai-professor tem uma vasta gama de opções. Praticamente todos os pais podem ser incluídos na categoria de "pais com baixo funcionamento".
>
> "Stress excessivo que afecta negativamente as funções familiares". Isto dá aos pais professores um número virtualmente ilimitado de opções para citar sinais de perigo "abusivos", incluindo rendimentos baixos.
>
> "Outros... Isto pode ser uma grande variedade de condições, tais como alergias, fumo pesado em casa (R.J. Reynolds sabe disto?), história familiar de perda de audição..."

Do acima exposto, é evidente que o socialismo na educação atingiu a maioridade na América. O que Madame Kollontay, Engels, Bebel e Huxley achavam mais desejável foi agora realizado. A educação é o meio pelo qual o socialismo pode ser derrotado, como tantos dos nossos estadistas no século XIX deixaram claro, mas nas mãos erradas é uma arma poderosa que o socialismo empunhará impiedosamente para provocar o estado escravo da tão desejada Nova Ordem Mundial. Nada disto teria sido possível sem a traição e perfídia do Supremo Tribunal e especialmente a atitude venenosa dos Juízes Douglas e Negro, que deveriam ficar na história como dois dos mais vis traidores da história desta nação.

Capítulo 4

A TRANSFORMAÇÃO DAS MULHERES

Ao longo da história, as mulheres têm desempenhado um papel decisivo. Antes do século XX, estavam geralmente em segundo plano, observando, dando conselhos e encorajamento, nunca ostensivamente e raramente, se é que alguma vez, em público. Mas isto mudou no final do século XIX, e o veículo de mudança foi a Sociedade Fabian e o socialismo internacional.

Quando a bespectaculosa Sydney Webb encontra a estátua de Martha Beatrice Potter, as faíscas começam a voar. (Ambos reconhecem no outro um génio particular para a organização e gestão dos negócios do dia-a-dia. António e Cleópatra eram mais glamorosas, a Rainha de Sabá e Salomão mais majestosas, Hitler e Eva Braun mais dramáticas, mas em comparação com os Webbs, o seu impacto no mundo foi menor. Os danos feitos pelos Webbs ainda reverberam em todo o mundo, muito depois dos outros dois se terem tornado meros números históricos.

Sidney Webb conheceu Beatrice Potter em 1890. Ela era bem dotada, tanto física como financeiramente. Ele, por outro lado, era pequeno, baixo e não tinha dinheiro. Beatrice veio de uma família de magnatas dos caminhos-de-ferro canadianos e tinha o seu próprio rendimento do seu pai. Talvez o que juntou Sydney e Beatrice tenha sido a sua vaidade, que nunca se deram ao trabalho de esconder. A rejeição da sua oferta de amor à classe alta Joseph Chamberlain tinha deixado Beatrice furiosa e amarga, o que parece ser o combustível para o seu "ódio de classe". Webb trabalhou como escriturário no Escritório Colonial Britânico, que foi considerado uma posição bastante baixa na vida inglesa vitoriana.

Em 1898, Beatrice e o seu marido voltaram a sua atenção para os

Estados Unidos, fazendo uma "grande digressão" de três semanas. Durante este tempo, os Webbs não se reuniram com membros do sindicato ou com as senhoras trabalhadoras do distrito de vestuário de Nova Iorque. Em vez disso, procuraram e foram recebidos pela elite do socialismo de Nova Iorque, incluindo Miss Jane Addams e Prestonia Martin, ambas do Registo Social.

Era um modelo que seria seguido por todos os líderes socialistas/bolcheviques nos anos vindouros. Em 1900, graças em grande parte ao trabalho de Beatrice, a Comissão Real da Universidade de Londres decretou que a economia seria a partir de agora elevada ao estatuto de ciência. Beatrice não perdeu tempo em impressionar Granville Barker, um conhecido homem do teatro, e o representante pessoal do Presidente Wilson, Ray Stannard Baker, com este grande feito num almoço oferecido por Beatrice e o seu marido.

A parceria Webb-Potter transformou-se num casamento e iniciou a moda de uma equipa de marido e mulher mais dedicada ao socialismo do que um ao outro em privado, mas, à primeira vista, um casal muito dedicado. Isto provou ser um trunfo importante para atrair as mulheres para as fileiras das causas sociais e políticas, e pode dizer-se que foi o nascimento do feminismo radical. Clements Inn, casa da Sociedade Fabian, foi a fonte do Fabian News, publicado pela primeira vez em 1891. Beatrice foi co-autora e o seu dinheiro foi pago pelo custo da impressão.

Para Beatrice, era natural que a melhor forma de promover o seu ideal fosse através da elite do país. Se as pessoas comuns são boas em "comícios" do tipo Billy Graham, é a elite que pode fazer as coisas. A este respeito, Beatrice nunca perdeu o seu esnobismo. Para ela, a elite tinha de ser convertida primeiro, o resto seguiria. Este era o padrão que os líderes bolcheviques adoptariam mais tarde. Quando Khrushchev visitou a Inglaterra e outros países da Europa Ocidental, nunca foi visto a permanecer numa cabana de estivadores ou a encontrar-se com as fileiras dos sindicatos. Foi sempre a elite a que Khrushchev prestou muita atenção - Agnelli em Itália, Rockefeller nos EUA - e o mesmo se passou com todos os líderes socialistas.

Não é surpreendente que Beatrice tenha começado a concentrar-se nos filhos dos ricos e famosos da Universidade de Oxford. A qualidade do seu trabalho pode ser julgada pelo número de traidores da alta sociedade, produtos de Oxford e Cambridge, que voluntariamente traíram o Ocidente para promover o seu objectivo de uma revolução mundial socialista, dos quais Burgess, Mclean, Philby, Anthony Blunt, Roger Hollis são os mais conhecidos, mas certamente não os únicos. Por baixo do manto da "reforma" social estava um cancro mortal e perigoso que corroía os ideais do Ocidente cristão, chamado socialismo Fabiano. Um dos seus primeiros convertidos notáveis foi Walter Lippmann, a quem Beatrice Webb 'induziu' a juntar-se à Sociedade Fabian.

Em 1910, Beatrice e o seu dinheiro tinham estabelecido vários centros a partir dos quais a propaganda Fabian se espalhou. Escritores, pessoas teatrais e políticos da época começaram a gravitar em direcção ao seu círculo. Segundo o New Statesman, a opinião geral era que Beatrice liderou um movimento cultural liberal e simpático. A milionária Charlotte Payne-Townshend tornou-se amiga da Beatrice, a quem foi pedido que a apresentasse a George Bernard Shaw, após o que Charlotte fez dele um homem honesto. Agora os dois líderes masculinos podiam dar-se ao luxo de dedicar todo o seu tempo à promoção do socialismo, graças ao dinheiro dos seus respectivos cônjuges.

O que tem sido frequentemente observado é que ambas estas mulheres passaram as suas vidas a atacar o próprio sistema que fornecia o dinheiro para as suas actividades. Beatrice Webb foi a força motriz por detrás da aquisição do Partido Trabalhista, tal como outra socialista, Pamela Harriman, assumiu mais tarde o controlo do Partido Democrata nos Estados Unidos e colocou no poder um presidente cuja agenda socialista era trazer o país para um governo socialista mundial - a Nova Ordem Mundial.

Certamente Beatrice Webb trabalhou incansavelmente para destruir as políticas económicas e desmantelar a ordem social e económica de uma Inglaterra ordenada. O que me surpreende é que os Webbs não tenham sido presos por sedição e traição, tal como o Professor 'vermelho' Harold Laski. Se isso tivesse acontecido, poderia ter salvo os Estados Unidos das convulsões orientadas para os socialistas que continuam até hoje. Os amigos de Beatrice na altura incluíam uma condessa e muitas senhoras famosas da sociedade londrina da época, incluindo a esposa de Sir Stafford Cripps. Estas feministas radicais abriram as suas casas a festas de chá e retiros de fim-de-semana para causas socialistas.

Ao longo do seu longo reinado, Beatrice Webb nunca vacilou no seu apoio aos bolcheviques, o que não parecia perturbar a sua longa lista de contactos da alta sociedade, incluindo Sir William Beveridge, que iria ter um enorme impacto na política em Inglaterra e nos Estados Unidos (o plano Beveridge tornou-se o modelo para a segurança social nos EUA). Quando Beatrice morreu em 1943, os seus serviços ao socialismo foram reconhecidos de uma forma estranha - as cinzas de Martha Beatrice Webb foram enterradas na Catedral de Westminster - um lugar estranho para um ateu confesso!

A tigresa do movimento feminista radical, anti-casamento e anti-familiar, que foi introduzida no mundo pelos socialistas Fabianos, foi Madame Alexandra Kollontay. Não se sabe se Beatrice Webb conheceu Kollontay nas suas frequentes viagens a Moscovo. Quem era a Madame Kollontay? Na página 9972 das páginas 9962-9977, Registo do Congresso, Senado de 31 de Maio de 1924, encontramos o seguinte:

> "A Sra. Kollontay é agora uma ministra soviética na Noruega, depois de uma carreira agitada que incluiu oito maridos, dois cargos como comissária do povo, o primeiro como comissária do bem-estar social, duas visitas aos Estados Unidos (1915 e 1916), um agitador socialista alemão, depois de ter sido deportado de três países europeus em 1914 como um revolucionário perigoso..."

Depois há outra apresentação deste mundo comunista de linha dura revolucionária e radical feminista na página 4599 das páginas 4582-4604 :

> "... Recentemente, a embaixadora da União Soviética, Alexandra Kollontay, veio ao México. Diz-se que foi líder do movimento revolucionário mundial durante 28 anos; que foi presa em três países diferentes pelos seus esforços em 1916 e que em 1917 visitou os Estados Unidos falando por todo o país. Esteve sob a liderança de Ludwig Lore, agora um comunista proeminente nos Estados Unidos. O objectivo e a finalidade da visita de Kollontay aos Estados Unidos em 1916 e 1917 era incitar os socialistas deste país e dificultar as nossas actividades se os Estados Unidos entrassem num sistema de resistência pelo que aconteceu. Alexandra Kollontay é a maior expoente mundial

> do "amor livre" e da nacionalização de crianças. Ela está no México para este fim e não augura nada de bom para o povo dos Estados Unidos".

O livro de Kollontay, "Comunismo e a Família", é o ataque mais violento e selvagem ao casamento e à família jamais escrito, ultrapassando o mal decadente da "Origem da Família" de Fredric Engels. Os seguidores radicais do "amor livre" da Kollontay costumavam chamar-se a si próprios "Liga Internacional para a Paz e Liberdade". Mas sofreram várias alterações de nome para disfarçar o facto de a sua agenda ser ainda a mesma de Alexandra Kollontay: hoje em dia denominam-se a "Liga Nacional de Mulheres Eleitoras" e a "Liga Nacional dos Direitos de Aborto" (NARL). Têm também a audácia de se intitularem "pró-escolha", o que significa que têm a escolha de assassinar ou não crianças por nascer.

Os objectivos das "feministas liberais" marxistas/socialistas - mais conhecidas como feministas radicais - foram definidos na década de 1920-1930 e não mudaram. A exigência de "direitos da mulher" é sinónimo de amor sem responsabilidade, ou seja, aborto a pedido. Eles e os seus socialistas incendiários na Câmara e no Senado formam uma aliança profana com os chacais dos media que começou nos dias de Florence Kelley.

A Kollontay foi o porta-estandarte das feministas radicais com as quais este país está hoje amaldiçoado. O Comité Overman sobre o Bolchevismo nos Estados Unidos relatou o seguinte:

> O aparente objectivo do governo bolchevique da Rússia é tornar os cidadãos russos, especialmente as mulheres e as crianças, dependentes desse governo... Destruiu a ambição natural e tornou impossível cumprir a obrigação moral de cuidar da criança e de a proteger adequadamente contra os infortúnios da orfandade e da viuvez... Promulgou decretos relativos ao casamento e ao divórcio que praticamente estabeleceram o 'amor livre'". Documento do Senado página 61, 1ª sessão, páginas 36-37 Registo do Congresso.

O acima exposto corresponde perfeitamente às metas e objectivos do socialismo Fabiano. O feminismo radical, hoje em dia desenfreado e desencadeado nos Estados Unidos, é um ensino socialista. O modelo socialista da Sociedade Fabian permitiu, mesmo encorajado, o feminismo radical enquanto o ocultava sob um véu de domesticidade. Embora Beatrice Webb e os seus associados não tenham conseguido estabelecer clínicas de aborto abertas, vale a pena repetir que a Sra. Harold Laski, esposa do Professor Laski, um dos grandes nomes dos círculos socialistas, foi a primeira a impulsionar a ideia de centros de aconselhamento sobre controlo de natalidade em Inglaterra.

A Dra. Annie Besant era bem conhecida de Beatrice Webb através dos círculos do Partido Liberal em Londres. Besant era a sucessora de Madame Blavatsky e tinha herdado a sua Sociedade Teosófica, cujos aderentes se encontravam entre os ricos e famosos nos círculos de poder na Inglaterra vitoriana. Besant desempenhou um papel significativo ao instigar a agitação através do salão, sendo o seu primeiro empreendimento um ataque à indústria em Lancashire, um importante centro industrial em Inglaterra.

Como líder da Co-Masonry aliada à KKK "Clarte" (sem ligação com a KKK nos EUA) e à Loja das Nove Irmãs do Grande Oriente em Paris, Besant foi muito activa na promoção daquilo a que chamou "social-democracia", mas em todos os momentos esteve sob o controlo da Loja do Grande Oriente em Paris, da qual recebeu o título de Vice-Presidente do Conselho Supremo e Grande Mestre do Conselho Supremo da Grã-Bretanha. É aqui que a convergência da Maçonaria, da Teosofia e da Aliança das Religiões se torna claramente reconhecível.

H.G. Wells acreditava nas noções de Besant, provavelmente porque, como ele, era membro do KKK 'Clarte', tal como Inez Milholland. Ambas as senhoras socialistas trabalharam arduamente pela causa do sufrágio feminino, que Sydney Webb viu perceptivamente como a onda do futuro quando se tratou de obter votos para os partidos trabalhistas e liberais.

O que Besant se tornou, ela deve à Madame Petrova Blavatsky, que por sua vez deve a sua rápida ascensão social a Herbert Burrows que promoveu os seus "talentos" através da Sociedade para a Investigação Física, um clube selecto para os ricos, aristocráticos e politicamente poderosos nos círculos londrinos vitorianos. Estes círculos foram frequentados por H.G. Wells e Conan Doyle (mais tarde Sir Arthur Conan Doyle). Wells descreveu Blavatsky como "um dos impostores mais realizados, engenhosos e interessantes do mundo".

Blavatsky foi iniciado na maçonaria carbonariana pelo líder indiscutível daquela pousada em Itália, o grande Mazzini. Ela também era próxima de Garibaldi, e esteve com ele nas batalhas de Viterbro e Mentana. Dois homens que influenciaram grandemente a sua vida foram Victor Migal e Riavli, ambos maçons revolucionários da Grande Loja do Oriente. Morreu em 1891, uma socialista endurecida e confirmada.

Susan Lawrence foi uma das três primeiras candidatas do Partido Trabalhista eleita para o Parlamento através do trabalho do movimento sufragista, liderado pelas guerreiras da Sociedade Fabian Ellen Wilkinson e Emily Pankhurst. Lawrence tornou-se famoso pela sua declaração: "Eu não prego a guerra de classes, eu vivo-a". Margaret Cole desenvolveu o seu instinto de feminismo radical enquanto trabalhava como investigadora para a Sociedade Fabian. Foi então capaz de dar bom uso ao que aprendera quando trabalhava no Ministério do Trabalho britânico, enquanto o seu marido, G.D.H. Cole, subiu à proeminência numa sucessão de governos trabalhistas. Tal como os Webbs, os Cole mantiveram uma aparência de felicidade doméstica, mas o seu casamento foi um casamento de conveniência socialista.

Uma das estrelas da Beatrice Webb foi Margaret Cole, que escreveu "A História do Socialismo Fabiano", em que os objectivos do feminismo radical são revestidos com açúcar para atrair moscas. Cole é responsável por grande parte da penetração e permeação do socialismo Fabiano na América. Os investigadores socialistas Fabian acreditam que a revogação do Relatório Lusk pelo veto do Governador de Nova Iorque Al Smith encaixa perfeitamente no ditado socialista Fabian: "Peça a um socialista que faça o seu trabalho sujo por si". Cole era membro da delegação da Confederação Internacional dos Sindicatos Livres às Nações Unidas.

Nos Estados Unidos, uma das mais importantes mulheres socialistas foi Florence Kelley. O seu verdadeiro nome era Weschenewtsky. Ninguém parecia saber muito sobre ela, excepto que Kelley tinha estudado Lenine e Marx na Suíça, o refúgio internacional de revolucionários. Gostava de se intitular "Quaker Marxist". Uma coisa que os socialistas Fabian sabiam era que Kelley estava a liderar a acusação de "reforma" nos Estados Unidos. Por vezes ofuscou a sua amiga mais famosa, Eleanor Roosevelt, ao persuadir Roosevelt a aderir à Liga Nacional de Consumidores Socialista (NCL) da qual foi membro fundador.

A NCL, uma instituição socialista dedicada, era uma organização determinada a trazer o governo federal para as áreas da saúde, educação e poderes policiais que pertenciam aos estados ao abrigo da 10ª Emenda à Constituição dos EUA. Kelley provou ser um génio a este respeito. É-lhe creditada a formulação da chamada estratégia "Brandeis Brief", que consistiu em afogar um processo judicial fino em massa de documentos irrelevantes, de modo que o caso acabou por ser decidido não com base na lei, mas com base numa "opinião jurídica" sociológica e económica de limpeza socialista. Uma vez que os juízes não tinham formação em sociologia, não eram eles que deviam julgar os méritos da SOCIOLOGIA do caso que lhes era apresentado, de modo que estes casos eram geralmente decididos a favor dos socialistas.

Elizabeth Glendower, uma socialite extremamente rica, divertia frequentemente Kelley em sua casa, juntamente com Brandeis e os principais escritores socialistas da época. Kelley é conhecido por ter formado uma estreita amizade com Upton Sinclair, cujas primeiras obras literárias consistiam em pacotes de "documentos de posição" socialistas Fabian enviados a estudantes universitários socialistas para distribuição nos campi de todo o país. Apesar das suas negações, Kelley era um buscador implacável de oportunidades para promover a causa da revolução mundial.

A Sra. Robert Lovett, cujo marido era professor de inglês na Universidade de Chicago, era um aliado próximo de Kelley. Os Lovetts, Kelley e Jane Addams dirigiam uma casa de trabalho socialista chamada Hull House, que era frequentada por Eleanor Roosevelt e Frances Perkins. Muitos membros da Hull House viajaram para Inglaterra para frequentar o programa escolar de Verão da Fabian Society. Kelley era bom a fazer convertidos ao socialismo, e era um missionário incansável para o socialismo americano.

As mulheres socialistas entraram em cena nos EUA no final da Guerra Civil. Os comunistas foram muito activos no período que antecedeu a guerra e no seu rescaldo imediato, facto não mencionado nos livros de história do estabelecimento, e estas "feministas" socialistas tiveram muito sucesso em penetrar e permear as organizações legítimas de mulheres preocupadas com o bem-estar das suas famílias.

Isto foi relativamente fácil para os socialistas fabianos formados, dado o costume da época de colocar as mulheres num pedestal de respeito, merecendo a protecção dos homens. Alguns dos líderes dos ensacadores de tapetes eram socialistas ou comunistas profundamente empenhados. Quando a questão do sufrágio das mulheres foi levantada pelas socialistas femininas, os homens sentiram que não era sensato expor as mulheres à rudeza e ao tombo da política, mas não conheciam as suas duras socialistas femininas.

Outros estavam bem cientes de como os socialistas e comunistas recrutaram mulheres militantes e agressivas e treinaram-nas para ir contra o feminismo dominante. A atitude da época está bem expressa nas páginas 165-170 do apêndice do Globo do Congresso, "Emenda Constitucional de Sufrágio". O Honorável J.A. Bayard disse sobre o socialismo em 1869:

> "A próxima excepção é a do sexo. Não discutirei esta posição com os comunistas ou os socialistas, nem com o Partido dos Direitos da Mulher, devido à loucura desta espécie de naticismo, embora tenha feito grandes progressos nos últimos tempos, não é tão generalizada que necessite de elaboração ou refutação. A vaidade desordenada e o amor à notoriedade podem ter tentado algumas mulheres a desexualizarem-se, tanto no vestuário como na ocupação; mas o coração das mulheres e o instinto de maternidade irão mantê-las fiéis ao mais alto dos seus deveres na vida, cultura e formação do carácter da sua descendência"...

O facto de esta ter sido a era do cavalheirismo, que foi completamente destruída por Hillary Rodham Clinton, Bella Abzug, Eleanor Smeal, Elizabeth Holtzman, Pat Schroeder, Barbara Boxer, Dianne Feinstein e seus familiares, encontra-se na página 169 do apêndice dos Globos do Congresso (discurso da Senadora Bayard) :

> "Estou orgulhoso e feliz por neste país, a nossa América, existir uma devoção cavalheiresca ao sexo que não tem sido igualada em nenhum outro país. Não cedo a ninguém na minha deferência ao sexo e no meu desejo de assegurar e proteger as mulheres em todos os seus direitos; mas o sufrágio não é um direito...".

É interessante ver até que ponto os socialistas utilizaram as legítimas preocupações sentidas pela sociedade feminina e transformaram-nas num veículo para causas socialistas, com efeitos prejudiciais. É a consequência natural desta penetração e permeação por parte dos socialistas espertos de Fabian que o Congresso dos Estados Unidos se tornou o campo de jogos de um quadro de mulheres femininas endurecidas, que derrubaram o espírito de cavalheirismo no seu desejo feroz de ver o socialismo Fabian tomar conta dos Estados Unidos.

Algumas das chamadas frentes socialistas dos "direitos da mulher" foram as seguintes:

- Federação Geral de Clubes de Mulheres.
- Congresso Nacional da Associação de Mães e Pais-Professores.
- Liga Nacional de Mulheres Votantes.
- Federação Nacional das Mulheres Empresárias e Profissionais.
- União Cristã da Temperança.
- Associação de Mulheres Universitárias.
- Conselho Nacional das Mulheres Judias.
- Liga das Mulheres Votantes.
- Liga Nacional dos Consumidores.
- Liga Sindical das Mulheres.
- Liga Internacional das Mulheres.
- Sociedade Amigável das Meninas Americanas.

Estas organizações faziam parte de um processo instaurado pela Sra. Florence Kelley e por várias "feministas" (socialistas) importantes em Julho de 1926. Estavam a tentar aprovar uma lei, a Lei da Maternidade e da Infância, que violava a 10ª Emenda da Constituição dos EUA, mas o Supremo Tribunal, livre do controlo exercido sobre ela hoje (que começou com a era Roosevelt) salvou a nação de uma tentativa socialista de assumir o controlo total dos Estados Unidos. O Presidente Carter levou muito do material do livro da Sra. Kollontay, "O Comunismo e a Família" para o seu projecto de lei da educação.

Os socialistas sempre tiveram a intenção de nacionalizar as crianças da América. A socialista Shirley Hufstedler, que em tempos chefiou o inconstitucional Departamento de Educação dos EUA, foi inspirada por Madame Lelina Zinoviev, esposa de Gregory Zinoviev. Hufstedler procurou "nacionalizar" e "internacionalizar" as crianças americanas para as preparar para o seu futuro papel de misturadores de raças num governo de um mundo só.

Esta foi também a intenção de Frances Perkins, uma assistente social formada que liderou o chamado "movimento feminista" nos Estados Unidos durante muitos anos. Perkins foi Comissário do Trabalho do Governador Franklin D. Roosevelt, do Estado de Nova Iorque. Ela contava Eleanor Roosevelt entre os seus amigos mais próximos, e Kelley era próxima de Roosevelt durante os três mandatos deste último na Casa Branca. Uma das primeiras tarefas da Perkins foi fundar a Associação Internacional para a Legislação Laboral com Eleanor Roosevelt e o seu protegido, Harry L. Hopkins, com quem a Perkins trabalhou de perto para criar um programa de trabalho para os desempregados no Estado de Nova Iorque.

O plano original veio de um grupo socialista conhecido como a Associação para a Melhoria dos Pobres. Perkins e os seus amigos apertaram todos os botões certos e fizeram o que foi preciso para que as suas "reformas" fossem aprovadas pela legislatura do Estado de Nova Iorque. Centenas de panfletos e panfletos foram distribuídos a escolas e universidades para construir apoio a estas "mudanças benéficas", enquanto os editores seniores escreveram artigos que foram apanhados pela imprensa tablóide. Dezenas de "sondagens" foram realizadas para criar um "sentimento popular" a favor das "reformas" laborais que só poderiam "beneficiar todo o país".

Perkins usava muitos chapéus e era conhecido pela sua energia incansável e dedicação ao movimento socialista Fabian nos Estados Unidos. Quando Roosevelt deixou Albany para Washington, Perkins seguiu-o. Ela foi a primeira mulher a ser nomeada para um cargo de gabinete na história dos EUA. A sua influência com Roosevelt foi apenas ligeiramente menor do que a de Eleanor Roosevelt.

Perkins permaneceu ao lado de Roosevelt desde o primeiro ao último dia dos seus três mandatos, durante os quais trouxe para o governo federal uma verdadeira enchente de advogados socialistas, economistas, estaticistas e analistas. Quando John Maynard Keynes visitou Roosevelt e tentou explicar as suas teorias económicas sem grande sucesso, foi Perkins quem as vendeu a Roosevelt. Perkins engoliu a teoria do "multiplicador", fazendo a observação quase imortal de que "com o sistema (Keynes'), com um dólar criou quatro dólares".

Perkins inventava o esquema para manipular a convenção democrática de 1940, que ganhou a Roosevelt o seu terceiro mandato, embora o "crédito" vá geralmente para Harry Hopkins. Durante os primeiros dias de Roosevelt como governador de Nova Iorque, Perkins foi o lobista da Liga Nacional de Consumidores e do Conselho de Comércio de Mulheres em Albany, Nova Iorque.

Diz-se que os seus contactos com os principais intelectuais socialistas do dia foram às centenas e que ela era uma das favoritas de Felix Frankfurter. Outro dos seus apoiantes masculinos era Harry Hopkins, que iria subir à proeminência na era Roosevelt e causar danos consideráveis aos Estados Unidos. Perkins trouxe com ela para Washington uma série de economistas socialistas e professores do trabalho, dos quais derramaram uma verdadeira torrente de material socialista, muito do qual ainda hoje é ensinado nas universidades. Mais do que qualquer outra mulher - incluindo Eleanor Roosevelt - Perkins influenciou Roosevelt a levar os Estados Unidos para a Segunda Guerra Mundial.

Perkins é creditado com a elaboração da legislação do seguro de desemprego e da pensão de velhice do país. A pedido do Presidente Roosevelt, Perkins trabalhou nos bastidores para tornar estes dois sonhos socialistas uma realidade, utilizando como guia Prestonia Martin's Prohibiting Poverty. Perkins recebeu muita ajuda de John Maynard Keynes, que visitou os Estados Unidos em 1934 como Embaixador da Boa Vontade Socialista Fabian. Keynes e Perkins concordaram que o socialismo teve uma oportunidade inestimável de dar grandes passos em frente durante o mandato de Roosevelt.

Como quase todo o New Deal, que foi retirado quase literalmente do livro de Graham Wallas com o mesmo nome, "Proibir a Pobreza" foi amplamente utilizado para formular um sistema de seguro social obrigatório (Segurança Social). Perkins procurou e obteve uma contribuição importante de Sydney e Beatrice Webb, que assinalaram à Perkins e Roosevelt que a Sociedade Fabian tinha elaborado o plano eleitoral de 1918 do Partido Trabalhista e tinha sido influente na elaboração do Plano Beveridge, que se tornou a base do bem-estar social britânico.

Assim, o New Deal de Graham Wallas, o Plano Beveridge e as propostas de Sydney Webb escritas para o Partido Trabalhista em 1918, e os "impostos e gastos" de John Maynard Keynes, princípios económicos da Sociedade Fabian, formaram, com pequenas adaptações e ajustamentos, a base do New Deal de Roosevelt. O papel de Frances Perkins na consecução deste objectivo não pode ser sobrestimado. As pessoas perguntam-me frequentemente, com profundas dúvidas nas suas vozes, "Como poderia a influência britânica, quanto mais fugir, um país como os Estados Unidos, como acha que deveriam? "A Lei da Segurança Social de 1936 foi obra de Sir William Beveridge, do Professor Graham Wallas e do director da Fabian Society Sydney Webb, ajustada e acrescentada por Frances Perkins. Um estudo sobre como isto foi feito e o papel desempenhado por Frances Perkins responde à questão de todos os Thomists que duvidam muito melhor do que qualquer palavra que eu alguma vez pudesse usar.

A Lei da Segurança Social de 1936 era puro socialismo Fabiano em acção. Foi sem precedentes na história dos EUA e também 100% inconstitucional. Passei muito tempo a pesquisar o Registo do Congresso de 1935 a 1940 e mais além para ver se conseguia encontrar alguma coisa que tivesse tornado esta peça de legislação socialista pura e simples constitucional, mas em vão.

A forma como este assalto socialista do povo americano foi levado a cabo mostra como os socialistas estão dispostos a fazer um esforço extraordinário para que as suas leis, manifestamente absurdas, sejam santificadas pelo Supremo Tribunal. Perkins, confrontado com este dilema, não viu saída. Roosevelt precisava que a Lei da Segurança Social se tornasse lei para que pudesse usá-la para ganhar a reeleição. Por intercessão de Harry Hopkins, Brandeis e Cardoza, Perkins viu-se sentado ao lado do juiz socialista Harlan Stone, um importante liberal, num jantar em Washington, no auge da crise.

A Secretária Perkins disse à juíza Harlan Stone que estava a infringir a Constituição e que precisava de uma solução para financiar a Segurança Social que fosse aceite pelo Supremo Tribunal. Em violação de toda a etiqueta judicial, se não mesmo violação directa da lei, o Juiz Stone sussurrou ao ouvido de Perkins:

> "O poder tributário do governo federal, minha cara, o poder tributário do governo federal é suficiente para tudo o que você quer e precisa.

Perkins seguiu o conselho do Juiz Harlan Stones, e por isso hoje temos segurança social socialista numa República Confederada. Não há dúvida de que o Juiz Stone deveria ter sido impugnado, mas nenhuma acusação foi feita contra ele.

Perkins manteve a confiança do juiz, não dizendo a ninguém senão a Roosevelt, que imediatamente utilizou este esquema grosseiramente ilegal para financiar cada um dos seus programas socialistas do New Deal. Mais tarde, Harry Hopkins entrou no segredo, e foi autorizado a ficar com os créditos da frase "tax and spend, tax and spend".

Perkins era um confidente e amigo de Henry Morgenthau, Juiz Hugo Black e Susan Lawrence, a formidável congressista e executiva sénior da Sociedade Fabian. Perkins foi uma das figuras-chave na tentativa de aquisição socialista dos Estados Unidos na década de 1920 - um plano mortal baseado no livro "Philip Dru-Administrator" escrito pelo Coronel Edward Mandel House.

De acordo com o que Susan Lawrence disse a Jane Addams, é por

> "Num dos fenómenos mais estranhos da história, o elaborado sistema de controlos e equilíbrios concebido na Constituição americana resultou, pelo menos por enquanto, na completa ascendência pessoal de Franklin Roosevelt."

Contudo, um rápido olhar sobre 'Philip Dru-Administrador' mostra que em vez de ser uma questão de sorte, foi um planeamento elaborado e uma atenção cuidadosa à técnica do Coronel House que colocou Roosevelt na liderança, pronto para assumir o controlo do Partido Democrata.

Quando chegou a altura, Frances Perkins ficou ao lado do seu antigo empregador. Um produto da Hull House, uma assistente social profissional, Perkins tem sido descrita como o derradeiro oportunista socialista. Perkins moveu-se facilmente nos círculos 'aristocráticos' da British Fabian Society e aprendeu bem as suas lições nas mãos de Lilian Wald, Jane Addams e Eleanor Roosevelt. Quando chegou a altura de ela ser construída, ela estava pronta. Se houvesse duas conspiradoras principais nos anos 20, seriam Kelley e Perkins. A devoção desta última ao socialismo atraiu a atenção de Mary Rumsey, a irmã socialista de Averill Harriman.

Mary Harriman Rumsey foi a primeira de um grupo de entusiastas apoiantes do New Deal que defendeu a adopção do plano da Sociedade Fabian, adaptado às condições americanas. Rumsey veio de uma das famílias mais elitistas dos Estados Unidos na década de 1930. A sua estreita associação com Eleanor Roosevelt ajudou a aguçar o seu já profundo activismo socialista. Rumsey foi um leitor incansável dos escritos de Sydney Webb, Shaw, Haldane, Muggeridge e Graham Wallas.

A sua amizade vitalícia com Frances Perkins desenvolveu-se depois de se conhecerem através de Eleanor Roosevelt e logo descobriram a sua paixão partilhada por causas socialistas, que Rumsey logo insistiu serem seguidas pelo seu ilustre irmão, Averill Harriman, que se tornou um fervoroso socialista e íntimo de uma sucessão de líderes bolcheviques. As actividades socialistas de Rumsey levaram-na pelos Estados Unidos e Europa, e em Inglaterra foi banqueteada pelos Webbs e pela aristocracia de sangue azul da Sociedade Fabian.

O que foi frequentemente observado na altura foi como esta mulher, cujos bons modos a marcaram claramente como vindo da gaveta superior da sociedade, veio incitar as líderes sindicais femininas e trabalhar entre a base sindical feminina onde aparentemente se encontrava em casa. Claramente, o socialismo Fabian tinha deixado uma marca indelével na vida de Mary Rumsey, reputada como estando entre as cinco mulheres mais ricas da América.

A longa amizade de Mary Rumsey com a elegante Miss Jane Addams, "senhora na ponta dos dedos" como escreveu certa vez uma colunista social de um jornal de Nova Iorque, foi outro daqueles anacronismos que pareciam desrespeitar a classificação convencional dos socialistas de ambos os lados do Atlântico. Addams foi a força motriz por detrás da Hull House, o 'think tank' socialista Fabiano onde a elite feminina da época foi introduzida às crenças socialistas. Quando Beatrice e Sydney Webb visitaram os

EUA em Abril de 1898, foram hóspedes de Miss Addams. O antigo 'escrivão no Escritório Colonial' foi alegadamente entrançado pelo comando de Addams da língua inglesa, e pelos 'seus belos olhos escuros'.

Solteiro vitalício, Addams comandou o respeito de homens como o Coronel Edward Mandel House, H.G. Wells. Arthur Conan Doyle e Sir Arthur Willert, um grande jornalista britânico Fabiano.

Addams esteve fortemente envolvido na fundação da Igreja de Um Governo Mundial, um compromisso socialista com a religião, que estava destinado a tornar-se a 'religião' oficial do Governo Mundial Único, cuja história detalharemos noutro ponto deste livro.

Addams foi uma verdadeira 'pacifista' socialista que ganhou o Prémio Nobel pelos seus esforços para promover a 'paz internacional'. Addams fundou a Liga Internacional das Mulheres juntamente com a Sra. Pethwick Lawrence, membro da "alta sociedade" britânica e figura de proa da sociedade londrina na viragem do século. Tal como Addams, ela era membro da KKK - "Clarte" e Co-Masonry. Note-se os nomes da alta sociedade, que não são os que associamos aos anarquistas e aos bombardeiros revolucionários. No entanto, os danos causados nos EUA por estas notáveis mulheres socialistas transcenderam em muitos casos o impacto dos radicais.

Addams foi recebido por dois presidentes americanos e foi um apoiante entusiasta dos banqueiros de Wall Street que tinham investido em Lenine e Trotsky, e um accionista da Russian American Industrial Corporation e da Imprensa da Federação Comunista de Lenine. A Addams estava ligada à Sociedade Americana para as Relações Culturais com a Rússia, que distribuía publicações da Faith Alliance, principalmente a livrarias especializadas em literatura socialista/comunista.

A sua estreita amizade com Rosika Schwimmer foi importante, porque Schwimmer tinha o ouvido do Conde Karloyi, o homem que entregou a Hungria numa bandeja ensanguentada à besta, Bela Kuhn (verdadeiro nome Cohen) que assassinou centenas de milhares de cristãos na Hungria, antes de poder ser expulso. Addams é o socialista que organizou uma digressão de palestras para o sanguinário e maléfico Conde Karloyi.

As mulheres seguidoras do socialismo Fabiano eram ricas, poderosas e tinham as ligações familiares certas, o que lhes permitia assegurar que as suas ideias fortemente socialistas tivessem uma audiência considerável. O impacto de mulheres socialistas como Webb, Perkins, Rumsey e Sra. Pethwick Lawrence, Addams, Besant, numa série de eventos chave nos EUA e na Grã-Bretanha nunca foi totalmente descrito ou devidamente compreendido hoje em dia. Estas senhoras aristocráticas e falantes teriam contrastado fortemente com os Boxers, Feinsteins, Abzugs e Schroeders do movimento dos "direitos da mulher" nos EUA. De todas as mulheres na política nos anos 80 e 90, apenas Margaret Thatcher se teria sentido confortável com Jane Addams, cujas frequentes visitas a Londres, embora não lhe tivessem feito um convite para o nº 10 de Downing Street, fizeram dela a querida da Sociedade Fabian e dos seus líderes, Beatrice e Sydney Webb.

Os modos e a fala refinada de Addams escondiam um eu interior tão duro como pregos e um espírito que se recusava a recuar, mesmo contra as probabilidades. Embora ela nunca o admitisse, Addams foi quem influenciou profundamente Robert Mors Lovett, o homem escolhido para liderar o impulso socialista Fabian nos Estados Unidos. Era impossível encontrar um líder mais improvável para as causas socialistas. Reservado e distante, Lovett tornou-se incendiário após conhecer Addams na Hull House. Em muitos aspectos, a campanha de Lovett para a socialização da América foi uma das batalhas mais importantes alguma vez travada pelos "grandes" socialistas. Harry Hopkins, o homem que acendeu mais fogos florestais para o socialismo Fabian na América do que qualquer outro indivíduo das fileiras socialistas, devia a sua posição a Addams, que o tinha recomendado fortemente a Roosevelt em 1932.

Addams encabeçou a lista de mulheres socialistas e recebeu o Prémio Nobel da Paz pelas suas actividades de paz em nome do programa socialista para os Estados Unidos. Continuou a sua cruzada socialista sob a égide da Liga Internacional das Mulheres pela Paz, que fundou em Chicago, e que se tornou uma frente comunista para a "paz" acarinhada pelos líderes bolcheviques. Addams estudou em pormenor as publicações da Sociedade Fabian, especialmente as destiladas dos livros da Sra. Kollontay que atacavam o casamento e a família, e dedicou muito do seu tempo a causas anti-familiares socialistas nos Estados Unidos.

Embora nunca fossem próximas, Dorothy Whitney Straight (Sra. Leonard Elmhurst) era uma admiradora de Addams. As Whitney-Straights, como Addams, vieram directamente da alta sociedade americana. O irmão de Dorothy Whitney-Straight era sócio da J.P. Morgan, o que deu carta branca à Whitney-Straights para entrar nos escalões superiores dos círculos socialistas Fabian em Londres, Nova Iorque e Washington. A Whitney-Straights financiou a publicação socialista americana Fabian "New Republic" (Dorothy era a sua principal accionista), para a qual Walter Lippmann era um contribuinte regular, bem como professores socialistas de renome em Oxford e Harvard. O Professor Harold Laski era um dos autores favoritos da Nova República. Dorothy Whitney Straight foi uma entusiasta apoiante do Presidente Woodrow Wilson.

Após o seu casamento com Leonard K. Elmhurst, Dorothy mudou-se da sua propriedade de Long Island para Dartinton Hall em Totnes, Devonshire, Inglaterra, "onde está o seu coração", como disse aos seus amigos, para estar mais perto do centro do poder socialista Fabiano. Aí esfregou os ombros com os "grandes" do socialismo britânico, tais como Lord Eustis Perry, Sir Oswald Mosely e Grahame Haldane. Em 1931, Dorothy e os Webbs estavam ocupados com os seus planos de introduzir o New Deal nos Estados Unidos, antecipando a chegada de Franklin Roosevelt. A fim de não levantar suspeitas, por sugestão de Dorothy, o plano foi chamado 'Planeamento Político e Económico' (PEP), embora Moses Sieff, um dos membros originais, tivesse a imprudência de se referir ao PEP como 'nosso New Deal' num discurso aos Socialistas Fabianos em Londres, em 1934.

Desde o início, o PEP foi uma organização subversiva determinada a minar a Constituição da República dos Estados Unidos, e nenhum membro trabalhou mais incansavelmente para esse fim do que Dorothy Whitney Straight. O congressista Louis T. McFadden tinha isto a dizer dos seus esforços:

> "Posso salientar que esta é uma organização secreta com um enorme poder? A definição da sua organização é: um grupo de pessoas que estão activamente envolvidas na produção e distribuição de serviços sociais, planeamento do uso do solo, finanças, educação, investigação, persuasão e várias outras

funções-chave no Reino Unido".

O Sr. McFadden descreveu o grupo como um "fundo de cérebros", o que ele disse

> "é suposto influenciar a actual política dos EUA em matéria de tarifas comerciais. Nem o senhor nem eu estamos particularmente interessados no que se passa em Inglaterra, mas o que nos deve interessar a ambos é que existe uma forte possibilidade de alguns membros do brain trust em torno do nosso Presidente estarem em contacto com esta organização britânica, trabalhando para introduzir um plano semelhante nos Estados Unidos, estou certo de que pessoas sérias estão em posição de saber que esta organização controla praticamente o Governo britânico e que este movimento altamente organizado e bem financiado está concebido para praticamente sovietizar a raça anglófona".

Os enormes danos causados às barreiras comerciais tão sabiamente erguidas pelos antigos presidentes deste país para proteger o bem-estar dos seus cidadãos são relatados em outra parte deste livro. McFadden acusou o homólogo americano de Dorothy Whitney Straight's English 'brain trust' de ser composto pelos Professores Frankfurter, Tugwell e William C. Bullit (o homem que sabotou a derrota quase certa do Exército Branco Russo pelo Exército Vermelho Bolchevique). De entre eles, disse McFadden:

> "Penso que não há dúvida de que estes homens pertencem a esta organização particular com tendências claramente bolcheviques, e que este plano será desenvolvido nos Estados Unidos".

Neste caso, Dorothy Whitney Straight pôde contar com os conselhos sempre disponíveis de Felix Frankfurter, que tinha sido um visitante frequente na sua propriedade de Long Island antes de se mudar para Devonshire. A fabulosa riqueza da família Whitney-Straight financiou não só o New Statesman, mas também o PEP e muitas outras organizações de fachada da Sociedade Fabian e as suas actividades.

Dorothy manteve a sua corte na sua luxuosa propriedade Devonshire, como a realeza com que sonhava fazer parte. Para além de Frankfurter, os visitantes frequentes incluíam J.B. Priestly, um escritor de notas, Israel Moses Sieff, Richard Bailey e Sir Julian

Huxley, Lord Melchett e Malcolm McDonald, filho de Ramsay McDonald. Embora estes nomes possam não ser familiares aos americanos, são os nomes de homens que estiveram no topo da escada socialista Fabian. Mas um americano que reconheceu estes nomes foi o congressista Louis T. McFadden, presidente do Comité Bancário da Câmara.

Há muito que McFadden suspeita que Dorothy Whitney-Straight seja uma traidora do seu país. Durante um discurso na Câmara, McFadden quer saber o que Dorothy e a sua comitiva estão a tramar e como isso afectará os EUA. Ele pergunta-se porque é que um certo Moses Sieff se refere ao New Deal como "o nosso New Deal". McFadden revelou os laços estreitos entre os Socialistas Fabianos britânicos e os Socialistas e Comunistas Americanos, que ele sabia estarem a trabalhar activamente para a queda da República dos Estados Unidos: "O Plano Político Económico (PEP) está agora a funcionar secretamente em Inglaterra". Qual era o objectivo do PEP de Dorothy Whitney Straight? Segundo McFadden, era algo que as suas publicações secretas tinham revelado aos seus "infiltrados":

> "O método de trabalho consiste em reunir num grupo algumas pessoas profissionalmente preocupadas com um ou outro aspecto do problema (como quebrar a Constituição dos EUA) em discussão, bem como alguns não-especialistas que podem colocar as questões fundamentais que por vezes escapam aos especialistas.
>
> Esta técnica permite a PEP trazer a um problema a experiência combinada de homens e mulheres que trabalham em diferentes esferas, incluindo negócios, política, departamentos governamentais e autoridades locais e universidades"...
>
> "... Os nomes dos que formam os grupos não são divulgados...Esta regra foi deliberadamente adoptada desde o início e tem-se revelado muito útil. Permite servir quem de outra forma não o poderia fazer; assegura que os membros possam contribuir livremente para a discussão sem estarem vinculados às opiniões oficiais de uma organização com a qual possam ser identificados... O anonimato é uma condição estrita para que esta folha lhe seja enviada. É essencial que o grupo seja eficaz como organização não partidária que dá contribuições fora do domínio das polémicas pessoais e partidárias... "

Os contactos dos serviços de informação mostraram-me que 90% do pessoal do Congresso (Câmara e Senado) trabalha desta forma. As audições do Comité do Senado sobre Justiça Clarence Thomas foram uma revelação surpreendente de como esta táctica socialista de "penetração e impregnação" é ainda amplamente utilizada em todos os ramos do governo dos EUA, na Igreja, na educação e em locais onde são tomadas decisões de importância vital para o futuro dos Estados Unidos da América.

A regra do segredo socialista Fabian conseguiu proteger as actividades frequentemente traiçoeiras de PEP dos olhos do público americano. Foi através do PEP e de muitas outras organizações socialistas Fabian altamente secretas que o socialismo quase conseguiu conquistar os Estados Unidos nas décadas de 1920 e 1930. Modelada no PEP da British Fabian Society, a versão americana chamava-se National Planning Association (NPA) e Felix Frankfurter foi o homem escolhido por Dorothy Whitney Straight Elmhurst para a montar e gerir nos EUA. Graças a um alerta e ainda intocável Supremo Tribunal, muitos dos programas do NPA foram rejeitados. Dorothy Whitney-Straight não foi perturbada e instou os seus colegas socialistas a nunca desistirem do seu objectivo - o derrube dos Estados Unidos. Ela era verdadeiramente a mais perigosa das feministas da Sociedade Fabian.

Embora não seja uma amiga pessoal de nenhuma das altas sociedades socialistas Fabian, o nome de Laura Spellman deve ser mencionado aqui, quanto mais não seja para sublinhar a extraordinária sorte que o socialismo parece ter sempre na obtenção de acesso ilimitado a fundos muito grandes. O Fundo Laura Spellman começou com $10.000.000 em capital, mas na prática não havia nenhum fundo no poço Spellman quando se tratava de promover programas socialistas nos Estados Unidos. Estes programas eram geralmente chamados de "reformas", ao verdadeiro estilo socialista Fabiano.

Uma destas "reformas" foi a de minar a Constituição dos EUA. Quando o Senador Joseph McCarthy esteve tão perto de rebentar a tampa da penetração socialista e comunista do governo dos EUA, o Fundo Laura Spellman concedeu bolsas ilimitadas àqueles que estavam a investigar os antecedentes de Martin Dies e do Senador McCarthy, e que foram capazes de encontrar qualquer coisa que os desacreditasse. Assim, o Fundo Spellman foi indirectamente responsável pelo perigoso ataque à Constituição dos EUA que tinha atingido níveis assustadores e que Dies e McCarthy ameaçaram expor.

O prostituto político, o Senador William B. Benton, que liderou a acusação contra McCarthy, recebeu todo o apoio que o dinheiro de Spellman podia comprar quando exigiu que o Senador McCarthy fosse expulso do Senado. O nome de Benton será para sempre sinónimo de Aaron Burr e de traição e sedição irresponsáveis. Benton estava estreitamente associado ao Fabian Socialist New Deal e a sua empresa, Benton and Bowles, ganhou contratos lucrativos do governo trabalhista britânico. Benton estava também estreitamente associado ao Gabinete Nacional de Investigação Económica Rockefeller (que se dedicava à promoção do estado de bem-estar económico de Laski) e Owen Lattimore, um dos piores traidores alguma vez descobertos neste país. Foi este Benton que incrivelmente perguntou a McCarthy se não tinha vergonha da sua investigação sobre os militares, que se destinava essencialmente a ferir os traidores socialistas no governo dos EUA.

Mais tarde, quando se fundiu com o Fundo Rockefeller Brothers, a Spellman doou 3 milhões de dólares à London School of Economics de Harold Laski, que abriu as portas ao socialismo para entrar nos níveis mais altos do governo dos EUA. O dinheiro de Laura Spellman foi investido numa campanha intensiva para introduzir programas marxistas "educativos" e "económicos" nas escolas e universidades americanas. Foram investidos milhões de dólares nestes programas socialistas, cujas consequências provavelmente nunca seremos capazes de medir, e que mudaram para sempre a forma e a direcção da educação neste país.

A principal obsessão destas mulheres socialistas foi a destruição da tradição familiar americana. Como Sir Paul Dukes, um dos principais estudiosos do bolchevismo na década de 1920, disse-o:

> "A tragédia central do regime bolchevique na Rússia é um esforço organizado para subverter e corromper as mentes das crianças... Sempre foi um princípio bolchevique combater a instituição da família.

Os escritos da Sra. Kollontay não deixam dúvidas a este respeito, mesmo na mente dos cépticos. A ideia era retirar as crianças em idade muito precoce dos cuidados parentais e criá-las em centros de dia geridos pelo Estado.

Os danos causados por Eleanor Roosevelt foram recontados muitas vezes e não precisam de ser repetidos aqui. Basta dizer que o chamado movimento feminista ao qual ela dedicou tanto tempo nas décadas de 1920 e 1930 está a florescer e nunca foi tão forte como nos Estados Unidos em 1994. Eleanor foi a primeira a sancionar abertamente o lesbianismo através da sua relação ilícita com Lorena Hicock, cujas cartas de amor se encontram na casa Roosevelt no Hyde Park. Talvez o evento que nos mostrou como este grupo de activistas socialistas se tinha tornado militante e poderoso tenha sido a luta Anita Hill-Clarence Thomas perante uma audiência de milhões de pessoas. O que vale a pena notar é o número das chamadas organizações "direitos da mulher" e "feministas" que surgiram e se multiplicaram desde a época de Eleanor Roosevelt.

Os nomes dos líderes socialistas individuais e das suas organizações "feministas" são legiões, como os demónios mencionados na Bíblia. Não pretendo fazer uma menção especial a cada um deles - o que está para além do âmbito deste livro. Por conseguinte, sou obrigado a chamar a atenção apenas para os mais altos da hierarquia socialista feminina, que seguiram a regra socialista, penetram e permeiam. O surpreendente sucesso dos socialistas masculinos em penetrar em todos os ramos do governo dos EUA, governos locais e estatais, instituições e organizações privadas, teria sido orgulhosamente elogiado pela Perkins, Kelley e Dorothy Whitney-Straight.

Eles teriam adorado Barbara Streisand, uma "artista" de voz rouca cujos conselhos se estendem até à Casa Branca Clinton. O facto de Streisand "dormir na Casa Branca" quando está de visita mostra como os Estados Unidos têm sido arrastados para níveis nunca imaginados pelos grandes estadistas do passado - Washington, Jefferson, Jackson -. Streisand e Bella Abzug são como duas ervilhas numa vagem. Stridente, combativo, profundamente empenhado nos ideais socialistas/marxistas, ambos vivem no luxo enquanto afirmam falar em nome dos pobres.

Abzug foi nomeada para a Câmara dos Representantes, principalmente graças ao voto do bloco judaico, e uma vez lá começou a fazer ouvir a sua voz guinchante, especialmente sobre a questão do chamado "direito ao aborto", que, devo salientar de passagem, não tem base jurídica, uma vez que está fora do âmbito da Constituição e é, portanto, nulo e sem efeito.

Abzug caminhou pelos corredores do Congresso gritando literalmente a qualquer pessoa que se opusesse ao feminismo radical do "amor livre". Ela foi ajudada nisto por uma das piores fraudes do feminismo, Norma McCorvey, a "Jane Roe" de Roe v Wade. McCorvey nem sequer estava grávida quando a questão foi levantada. Ela foi tocada como "grande estudiosa" pela multidão Abzug, quando de facto o seu diploma veio da não acreditada New College Law School em São Francisco, a mesma organização feminista que deu a Anita Hill o seu diploma de Direito!

Algumas, mas não todas, das organizações feministas radicais são as seguintes:

- A Associação dos Advogados Margaret Bent
- A União Americana das Liberdades Civis
- Centro Nacional de Direito da Mulher
- Nova Faculdade de Direito
- Comissão ad hoc de Educação Pública sobre Assédio Sexual
- Aliança para a Justiça
- Centro de Direito e Política Especial
- Organização Nacional da Mulher (AGORA)
- Organização para o Progresso da Mulher
- Planeamento da parentalidade
- Liga Nacional de Acção contra o Aborto (NARL)
- Fundo de Defesa Jurídica da Mulher

A maioria destas organizações de direitos das mulheres radicais quer usar a Constituição para proteger as mulheres enquanto estão ocupadas com a socialização dos Estados Unidos - um legado que lhes foi transmitido por Felix Frankfurter. De vez em quando proferem piedosos chavões sobre a protecção dos direitos individuais, noventa e nove por cento dos quais não se encontram na Constituição, ao mesmo tempo que defendem o derrube da própria Constituição que os protege.

A Lei da Maternidade e da Infância socialista introduzida por Florence Kelley, antepassada de Bella Abzug, é retirada directamente do sistema bolchevique que a Madame Zinoviev descreveu para a nacionalização mundial das crianças. O que Bella Abzug e Pat Schroeder chamam "direitos das mulheres" não é mais do que anarquia feminina e não está na Constituição dos Estados Unidos. Muito do que estas mulheres socialistas aspiram vem do "Comunismo e a Família" de Alexandra Kollontay, do "Mulher e Socialismo" de Bebel e do "Origem da Família" de Engel. Os chamados "direitos ao aborto" provêm desta literatura bolchevique.

O Comité Overman sobre Bolchevismo, em 1919, chegou à seguinte conclusão:

> O aparente objectivo do governo bolchevique é tornar o cidadão russo, e especialmente as mulheres e crianças, dependente deste governo... Emitiram decretos sobre casamento e divórcio que praticamente estabelecem um estado de "amor livre" (aborto). O seu efeito tem sido fornecer um veículo para a legalização da prostituição, permitindo a anulação dos laços matrimoniais por capricho das partes. Documento do Senado nº 61, 1ª Sessão, páginas 36-37, Registo do Congresso.

Em Roe vs. Wade, os juízes do Supremo Tribunal dos Estados Unidos violaram a Constituição através da sua imaginação demasiado activa. Os chamados "activistas dos direitos da mulher" não deixaram pedra sobre pedra nas últimas duas décadas, numa tentativa de consagrar na Constituição "direitos" que simplesmente não existem.

O caso Anita Hill-Clarence Thomas foi uma demonstração notável do vasto poder que estes grupos de direitos das mulheres adquiriram desde os dias da administração Roosevelt. O Senado está cheio do pior tipo de socialistas, com Kennedy, Metzenbaum e Biden como os seus portadores padrão. Há uma percepção pública que precisa de ser corrigida: O Senado não tem poder judicial: não pode processar ninguém. Os seus poderes estão limitados a uma função de investigação. Não tem um papel de procurador. Ao examinar o caso

Anita Hill-Clarence Thomas, rapidamente se tornou claro que o Senado tinha obviamente esquecido completamente esta restrição aos seus poderes.

O principal instigador do confronto não foi a própria Hill, mas um grupo de mulheres abrasivas e agressivas que viram uma oportunidade de capitalizar sobre a questão exagerada do "assédio sexual" que se tinha tornado a sua causa célèbre.[8] O facto deste grupo ter conseguido persuadir a comissão do Senado e muitos dos legisladores de que Hill foi vítima de "assédio sexual", apesar de ter esperado dez anos antes de apresentar uma queixa, mostra o quão poderosos se tornaram os defensores dos "direitos da mulher".

Se uma mulher pudesse ser destacada para este deplorável estado de coisas, seria Nan Aaron. Se um homem pudesse ser destacado, seria o Juiz Warren Burger, o sonho socialista de um juiz com quem se poderia sempre contar para torcer e espremer a constituição e acrescentar as suas próprias predilecções, em total desrespeito pela 9ª Emenda à Constituição dos EUA.

Vale a pena mencionar que nenhum dos juízes socialistas que causaram maiores danos à Constituição teve qualquer experiência como juiz antes de ser nomeado para o Supremo Tribunal. Louis Brandeis, John Marshall, Earl Warren, Byron White, e William Rehnquist não foram juízes antes das suas credenciais socialistas os terem elevado ao Supremo Tribunal, do qual passaram a servir os principais socialistas que infestam todos os níveis de governo.

Foram necessários alguns dias para reunir as formidáveis mulheres socialistas para um ataque, mas depois disso, Kate Michelman, campeã do direito ao aborto e ao abate de bebés, Nan Aaron, Judith Lichtman, Molly Yard, Eleanor Smeal, Patricia Schroeder, Barbara Boxer, Susan Hoerchner, Gail Lasiter, Dianne Feinstein, Susan Deller Ross e Nina Totenberg, uma fuma-marijuana fumadora da melhor tradição dos muckrakers socialistas Fabian dos anos 20, estavam em acção. Destes, talvez o mais vicioso tenha sido Totenberg, que já tinha sido despedido por plágio. Habituado a usar

---

[8] Em francês, no original.

linguagem grosseira, Totenberg representa a pior das chamadas "feministas". Nisto ela é habilmente apoiada pelo Senador Howard Metzenbaum, o melhor exemplo do que está errado com o Senado.

O primeiro ataque a Thomas veio de uma fuga orquestrada por Aaron, Hoerchner, e Lichtman, que convenceu Hill a apresentar a sua queixa de assédio sexual por escrito e a enviá-la ao FBI. Hoerchner tinha sido o primeiro a chamar Hill em Oklahoma, independentemente do facto de os dois não terem tido contacto durante mais de sete anos. Hoerchner era como George Bernard Shaw na medida em que não tinha medo de se aproximar de ninguém, mesmo de estranhos que ela pensava que pudessem ser úteis.

O que estas agressivas "feministas" temiam era que Hill não se apresentasse voluntariamente para enfrentar o Juiz Thomas. Nesse caso, como diz o ditado, "teremos de a eliminar" usando as técnicas aprendidas com o lobby homossexual sempre que um dos homossexuais se mostrar relutante em admitir que é homossexual.

Nessa altura, Thomas já tinha aguentado cinco dias de interrogatório, com Metzenbaum a fazer a sua habitual proeza de atrasar a confirmação para ver se os seus esquadrões de difamação dariam algum resultado. Finalmente, sob terrível pressão de Catherine McKinnon, uma activista feminista e "académica" legal, e principalmente através de Lichtman, Hill faliu e foi forçada a fazer as acusações que as mulheres radicais queriam, as quais foram imediatamente reveladas.

O resto é história, um relato fascinante da selvageria da feminista socialista, disposta a fazer tudo para "matar", embora neste caso a sua presa, o Juiz Clarence Thomas, possa tê-las superado. Toda a operação, desde o momento em que Hoerchner contactou Hill até à confirmação de Thomas, foi conduzida de acordo com os princípios da psicopolítica, a estratégia que tinha servido tão bem o socialismo em Inglaterra.

Infelizmente, o "feminismo" socialista radical está aqui para ficar. Não haverá qualquer tipo de recuo nas actividades de amazonas como Patricia Schroeder e os pesos pesados Boxer e Feinstein. Veremos estas legisladoras feministas radicais introduzirem todo o tipo de leis que não estão de acordo com a Constituição. Já vimos como Feinstein conseguiu que o Senado aceitasse uma proibição chamada "espingarda de assalto". O facto de Feinstein ter violado a Constituição em nada menos que três lugares importantes não incomodou este gladiador. O que precisamos de fazer é formar legisladores na Constituição, fazer com que sejam eleitos, e depois ensiná-los a contrariar e desfazer qualquer outra violação das nossas liberdades, utilizando a Constituição como a sua principal arma. Para tal, precisamos de uma fundação semelhante à Sociedade Socialista Fabian.

Capítulo 5

SUBVERTENDO A CONSTITUIÇÃO ATRAVÉS DE LEGISLAÇÃO

Foi Florence Kelley (Weschenewsky)[9] que declarou que a Constituição dos EUA deveria ser subvertida pelo que ela chamou "a via legislativa" e desde a sua declaração. Os socialistas têm-se esforçado por implementar a sua directiva. Este desvio da Constituição foi tão longe que em 1994 não passa um dia sem que um juiz leia algures as suas previsões sobre a Constituição e tome decisões que estão fora do quadro e do âmbito da Constituição.

No final dos anos 20 e início dos anos 30, grupos socialistas americanos declararam que o papel interpretativo do poder judicial deveria ser utilizado para contornar as restrições da Constituição. Os socialistas também conceberam "ordens executivas" como um meio de legislação directa quando não era possível promulgar legislação favorável às causas socialistas.

Embora a Nona Emenda à Constituição dos EUA tenha sido redigida com o objectivo expresso de impedir que os juízes façam as suas previsões em direito, os juízes a todos os níveis ignoraram, de um modo geral, esta restrição e, cada vez mais, estão a aprovar leis que são claramente inconstitucionais. As chamadas leis de "controlo de armas" e restrições a grupos de protesto contra o aborto são

---

[9] O leitor deve ter notado que a maioria dos activistas mencionados como trabalhando para subverter a Constituição dos EUA - Feinstein, Schroeder, Metzenbaum, Totenberg, Lichtman, etc. - são de origem judaica. - são de origem judaica. Nde

exemplos.

Kelley ganhou destaque quando traduziu para inglês a "Condição da Classe Trabalhadora em Inglaterra em 1844" do raivoso socialista Engels.[10] Este foi o habitual ataque socialista ao capitalismo. Engels escreveu vários livros, incluindo um ataque virulento à religião e outro, "Origem da Família", uma diatribe contra a santidade do casamento. Engels percorreu os Estados Unidos em 1884, e não fez qualquer tentativa de atender ao aviso de Edward Bellamy para evitar confrontos que projectavam uma imagem do socialismo como a casa dos demónios sexuais, revolucionários e anarquistas. Aparentemente, os americanos nos anos 1800 estavam muito mais bem informados sobre o socialismo do que os americanos nos anos 90.

Não é por acaso que Kelley escolheu receber a sua educação socialista na Suíça, um lar de longa data de revolucionários, anarquistas e desviados sexuais. Danton e Marat vieram da Suíça para lançar a Revolução Francesa. Lênin passou um tempo considerável neste país antes de se aventurar em Londres. Kelley iniciou a sua cruzada para subverter a Constituição dos EUA, juntando-se ao Clube Nacionalista de Nova Iorque, de onde lançou a sua cruzada para levar o governo federal a aprovar leis que controlassem os salários e as condições nas fábricas.

Na prossecução deste objectivo, Kelley criou as suas próprias fachadas ou juntou-se às já existentes, tais como a Liga Nacional de Consumidores, à qual tentou dar tons marxistas. Kelley autodenominou-se "Marxista-Quaker" e foi também uma socialista Fabiano-americana. Vamos aprender mais sobre Kelley nos capítulos seguintes. Tornou-se amiga íntima do Professor Brandeis de Harvard, com quem aprendeu muito sobre a metodologia de contornar a Constituição, através de "meios legislativos".

Kelley trabalhou energicamente para preparar o caminho para o 'Brandeis Brief' que se tornaria a marca registrada dos juízes socialistas. O "Brandeis Brief" foi essencialmente uma ou duas

---

[10] *A condição da classe trabalhadora em Inglaterra em 1844.*

folhas de pareceres jurídicos anexadas a enormes pacotes de propaganda socialista cuidadosamente seleccionados sobre questões económicas e sociais. Escusado será dizer que nem Brandeis nem os seus colegas juízes estavam minimamente qualificados para interpretar estas doutrinas socialistas tendenciosas, as quais foram, portanto, simplesmente aceites como factos e inscritas nas decisões dos juízes. Por volta de 1915, os investigadores da Kelley viajaram pelo mundo para recolher informações pró-socialistas, que constituíram a maior parte dos documentos que constituíam o "ficheiro Brandeis". Era uma tarefa gigantesca, habilmente realizada, que iria mudar a forma como a jurisprudência americana funcionava.

"Brandeis Briefs" foi um grande triunfo para Kelley e a sua "via legislativa" para emendar e contornar a Constituição. Sob as instruções de Mandel House, o mutuamente nomeado Presidente Woodrow Wilson deveria assegurar o apoio da Brandeis "progressista republicana" para o próximo envolvimento dos Estados Unidos na Segunda Guerra Mundial. Vale a pena repetir o que já foi dito, que os republicanos "progressistas" e "moderados" significam que a pessoa que utiliza estes rótulos é um socialista ardente.

As leis luscas de Nova Iorque são outro marco na história dos triunfos socialistas sobre o sistema legal dos EUA. Os chamados "imigrantes" da Europa de Leste afluíram a Nova Iorque no século XIX, trazendo consigo atitudes combativas e muita experiência revolucionária. Muitos destes recém-chegados trabalharam no comércio do vestuário. Foi para investigar o comportamento revolucionário anarquista deste grande grupo da Europa de Leste que em 1919 a legislatura do Estado de Nova Iorque nomeou o Senador Clayton R. Lusk para chefiar uma investigação especial sobre este problema. Lusk para chefiar uma comissão de inquérito.

Um dos mais poderosos centros de apoio aos "imigrantes" foi a Escola Rand. Um bastião dos socialistas Fabianos americanos, o Rand prestou apoio jurídico ao Sindicato dos Trabalhadores do Vestuário e a uma série de outros sindicatos que o Rand tinha ajudado a fundar. Os professores e instrutores da Escola Rand leram como um socialista Fabian Who's Who. Lusk foi para o Rand, armado com mandados de busca e escoltado pela polícia estatal, e confiscou ficheiros e registos.

A reacção da fraternidade legal socialista foi rápida. Um proeminente advogado, Samuel Untermeyer - que em 1933 tinha declarado guerra a Hitler - e que tinha grande influência nos círculos internos da Casa Branca, procurou e obteve uma injunção contra Lusk, que foi obrigado a devolver os processos e documentos que tinha apreendido. Esta foi uma demonstração precoce do espantoso poder do socialismo nos Estados Unidos. No entanto, como resultado do relatório de Sen Lusk, a legislatura de Nova Iorque aprovou o que ficou conhecido como as Leis Lusk, que exigiam que todas as escolas do Estado de Nova Iorque fossem licenciadas. O objectivo do exercício era fechar a Escola Rand.

Mas os legisladores do estado de Nova Iorque não iriam ter sucesso. Nas décadas de 1920 e 1930, poucas pessoas conheciam o socialismo como uma doença virulenta que podia atacar quando e onde quisesse. O proeminente advogado socialista Morris Hillquit provocou uma agitação tão violenta contra a Lei Lusk entre os poderosos trabalhadores do vestuário e outros sindicatos dominados pelos socialistas que o Governador Al Smith a vetou. Desde este início surgiu uma poderosa aliança política que iria colocar o socialista Franklin Delano Roosevelt na Casa Branca.

Mais uma vez, os socialistas demonstraram que a sua política dissimulada, sinistra e caluniosa de se infiltrarem nos seus seguidores escolhidos como conselheiros dos que estavam no poder era o caminho a seguir. Anos mais tarde, descobriu-se que o Governador Smith, um católico convicto, tinha sido "aconselhado sobre questões de justiça social" pelo Padre John Augustin Ryan, um socialista declarado, que tinha sido infiltrado no gabinete de Smith pelo National Catholic Welfare Council, dominado pelos socialistas. Foi por conselho de Ryan que Smith vetou a lei Lusk.

Um ávido seguidor de Sydney Webb, Ryan ficou mais tarde conhecido como "o pai do New Deal". Em 1939, o Juiz William O. Douglas, Felix Frankfurter e Henry A. Morgenthau assistiram a um jantar em sua honra (nenhum dos membros da fileira dos trabalhadores do vestuário e outros sindicatos foi convidado). A Escola Rand continuou a funcionar sem interrupção, apesar de não ter sido licenciada.

O que incomodou os socialistas nos anos 20, quando tentavam tomar o controlo virtual dos Estados Unidos, foi que o governo federal não tinha poder absoluto. Só os reis têm poder absoluto e emitem proclamações. O Presidente Lincoln não libertou os escravos na sua Proclamação de Emancipação. Ele sabia que era inconstitucional. O livro "Blackstone's Commentaries With Notes" do grande estudioso constitucional St. George Tucker, professor de direito na Universidade de William and Mary que serviu na Revolução Americana, afirma a posição muito claramente:

> "O direito de emitir proclamações é uma das prerrogativas da Coroa de Inglaterra. Não sendo tal poder expressamente concedido na Constituição federal, foi questionado numa ocasião em particular se o Presidente possui tal autoridade ao abrigo da mesma...".

Os socialistas decidiram que no futuro, as proclamações seriam chamadas "ordens executivas", mas continuam a ser leis por fiat, proibidas pela Constituição dos EUA.

As primeiras dez emendas da Constituição dos EUA são uma restrição ao governo federal, com talvez uma pequena excepção contida na 5ª emenda. O Artigo 1, Secção 9 da Constituição não permite ao governo federal legislar fora dos seus poderes delegados contidos nos poderes primários do Congresso.

Frustrados pelas restrições da Carta de Direitos aos poderes do governo federal, os socialistas entraram na ofensiva "através da legislação". O que não conseguiram obter através da Câmara e do Senado, conseguiram através dos tribunais, e é por isso que temos tantas leis inconstitucionais sobre os livros. Não há dúvida de que se os socialistas não tivessem sido bloqueados pela Constituição, teriam esmagado o país entre 1920 e 1930.

Infelizmente, desde os anos 70, o Congresso e o Presidente optaram por implementar mais programas sociais a cada ano. Um exemplo é o projecto de lei "A Bill to Establish National Voter Registration" proposto pelo Senador Robert Dole, o Líder Minoritário do Senado. A lei do Dole é 100% inconstitucional e é um dia triste para os Estados Unidos ver o Líder Minoritário do Senado dos Estados Unidos agir de forma tão irresponsável. Detalhes da conta do Dole podem ser encontrados nas páginas S5012 - D5018, Registo do

Congresso, 24 de Abril de 1991, No. 61, Vol. 137.

A lei do Dole é má porque viola o Artigo 1, Secção 4, Parte 1 da Constituição dos E.U.A., que declara:

> "A hora, local e modo de realização das eleições para senadores e representantes serão prescritos em cada Estado pelos legisladores dos mesmos; mas o Congresso pode, a qualquer momento, por lei, fazer ou alterar tais regulamentos, excepto quanto aos locais onde os senadores devem ser escolhidos".

Os debates sobre esta questão remontam aos primeiros dias da nossa República Confederada.

A palavra "pode" não significa "deve". A palavra "maneira" refere-se simplesmente ao tipo de cédula utilizada. As palavras "alterar" e "regular" não significam que o governo federal controla as eleições estaduais, que Dole deveria saber se leu os Globos do Congresso e os Anais do Congresso. Dole está a tentar envolver o governo federal em assuntos que são reservados aos estados. Este é um expediente comum de todos os socialistas.

Wilson começou este tipo de podridão, e o seu enfraquecimento foi assumido por Roosevelt, Kennedy, Johnson Eisenhower, Bush e agora Clinton. Como se estivesse em tandem, o Supremo Tribunal foi tão longe que se pergunta porque não é chamado de Supremo Tribunal Socialista dos Estados Unidos. Um dos principais provedores de doutrinas socialistas foi o Juiz Harlan Stone, que aconselhou o carniceiro constitucional Roosevelt sobre a melhor forma de financiar programas socialistas, através de Frances Perkins.

Na altura, os principais conspiradores que trabalhavam para desmantelar a Constituição dos EUA eram sem dúvida o Coronel House, Justice Brandeis, Justice Felix Frankfurter, Bernard Baruch, Florence Kelley e Sidney Hillman.[11] Os Brandeis Briefs foram os principais responsáveis por conduzir o Supremo Tribunal na direcção errada. Como explicado noutro lugar, os Brandeis Briefs eram massas de pronunciamentos sociológicos altamente favoráveis

---

[11] Mais uma vez, todos os judeus. Nde.

a causas socialistas, cobertos pela mais débil opinião jurídica. Assim nasceu a "lei sociológica", que tem sido uma maldição e uma maldição à volta do pescoço do povo americano desde que foi instituída em 1915.

Para além de atacarem a Constituição através dos tribunais, os socialistas utilizaram a estratégia de enviar os seus "conselheiros" para agirem como porta-vozes da política externa dos EUA, apesar de não serem funcionários governamentais ou eleitos pelo povo. O Coronel House e George Maynard Keynes são dois exemplos clássicos de como os socialistas americanos desrespeitaram a Constituição com aparente impunidade ao exercerem "esferas de influência".

House foi abertamente a favor da destruição total da Constituição dos EUA e Brandeis expressou as suas "reformas" socialistas da Constituição no seu livro "Wealth of the Commonwealth". Para que pudessem conspirar, conspirar e conspirar para derrubar a Constituição, House vivia a dois quarteirões de Roosevelt e ambos estavam ao alcance de Sir William Wiseman, chefe da estação MI6 dos Serviços Secretos Britânicos para a América do Norte.

A ACLU tem sido a mais activa de todas as organizações socialistas no ataque à Constituição. O crescimento da sua sinistra influência pode ser visto apenas pelo número de capítulos na Califórnia, e pelo facto de ter sido capaz de desafiar a Lei de Segurança Interna McCarran.

Capítulo 6

AS ESTRELAS MAIS BRILHANTES DO FIRMAMENTO SOCIALISTA AMERICANO

Como o título deste capítulo sugere, citaremos algumas das estrelas mais brilhantes da constelação socialista americana de entre os milhares e milhares de líderes socialistas que compõem o socialismo. Entre eles estão alguns dos subversivos mais perigosos alguma vez conhecidos na história deste país. Sempre nos disseram para ter cuidado com os "comunistas" em Washington, e isto conseguiu desviar a nossa atenção do verdadeiro motivo de preocupação: os socialistas.

As fileiras socialistas estão cheias de educadores líderes, incluindo professores e presidentes de universidades. Estão no serviço diplomático, no Departamento de Estado dos EUA, na Câmara dos Representantes e no Senado. O Departamento de Justiça está a transbordar com aqueles que farão qualquer coisa para promover o socialismo. As posições-chave no sector bancário são ocupadas por eles, controlam o dinheiro da nação e milhares de outros ocupam posições-chave no sector militar. Algumas das mais poderosas corporações internacionais actuam como agentes de mudança para o socialismo Fabiano.

Os socialistas Fabian estão no ramo da comunicação, ocupando posições-chave, e também nos meios de comunicação social, tanto na imprensa escrita como electrónica. Eles moldam a opinião pública de acordo com os acontecimentos do dia, seduzindo o público e criando opiniões que o público foi condicionado a aceitar como suas. Em suma, o socialismo está tão enraizado nos Estados Unidos da América que seria difícil desalojá-lo, a menos que primeiro ganhasse o apoio do povo em geral. Os socialistas Fabianos penetraram e penetraram de tal forma na Igreja cristã que agora ela é totalmente irreconhecível da intenção de Cristo. Os socialistas Fabian são juízes do Supremo Tribunal e usam as suas predilecções para contornar as garantias constitucionais; eles são Maçons Livres. O sistema policial está repleto de socialistas, principalmente na classe dos oficiais superiores.

Talvez os mais conhecidos dos juízes do Supremo Tribunal que ajudaram muito as causas dos socialistas Fabian no passado sejam os juízes Harlan Stone, Felix Frankfurter, William O. Douglas, Hugo Black, Louis Brandeis, Abe Fortas, Warren Burger e Earl Warren, e voltaremos oportunamente a estas estrelas do firmamento socialista. Em outras áreas igualmente importantes, uma série de professores actuaram como conselheiros dos presidentes dos EUA; outros transformaram o sistema americano de economia política do que os Pais Fundadores pretendiam que fosse num sistema babilónico que colocou ilegalmente os cordões de bolsa da nação nas mãos de estrangeiros socialistas.

Um grupo mais selecto de socialistas Fabian tornaram-se os controladores de cinco presidentes dos EUA; uma situação não prevista pelos Pais Fundadores e que, como resultado, criou uma camarilha particularmente perigosa que gradualmente levou à penetração e permeação do mais alto cargo político da nação, com a consequente grande corrupção que agora vemos em plena medida na presidência Clinton.

O nome que vem mais prontamente à mente neste contexto, e que caracteriza o socialismo na América na mente dos investigadores sérios, é o do Coronel Edward Mandel House. "Coronel" era um título honorário, concedido pelo "reformador" Governador Hogg como recompensa pela sua eleição como Governador do Texas. House encontrou-se com Woodrow Wilson, o primeiro futuro presidente abertamente socialista dos Estados Unidos, em 1911. Foi a Câmara que garantiu que Wilson ganhou a nomeação na convenção democrática em Baltimore apenas um ano mais tarde.

Como mencionado noutro local, existe uma forte suspeita de que o House era de facto judeu, de origem holandesa. O seu pai, Thomas William House, era o agente londrino dos Rothschilds. A Casa Sr. foi a única no Texas a sair da Guerra Civil com uma enorme fortuna, graças, segundo alguns historiadores, às suas ligações com os Rothschilds e Kuhn, Loeb. O nome "Mandel" - um nome típico holandês - foi dado a Edward porque um dos Kuhns tinha o nome "Mandel".

O jovem Edward foi enviado para a escola em Inglaterra, onde foi influenciado pelos ricos pensadores liberais da época, que foram eles próprios fortemente influenciados pelos professores da British Fabian Society. Um dos que fizeram amizade com a jovem Casa foi o Fabianista George Lansbury. Com a morte do seu pai, House viu-se enriquecido independentemente, permitindo-lhe dedicar-se plenamente aos estudos socialistas, em particular ao "gradualismo" ou ao "apressar-se lentamente".

Devido à grande influência dos ricos e poderosos nos círculos da Sociedade Fabian, House aprendeu bem as lições e passou a tomar o controlo do Partido Democrata nos Estados Unidos de cima para baixo. A ascensão do House como actor-chave nos assuntos americanos deveu-se sem dúvida às recomendações feitas pela elite da Sociedade Fabian e por Sir William Wiseman, chefe da estação norte-americana do serviço de inteligência britânico MI6. Durante a presidência de Wilson, Wiseman e os Serviços Secretos Britânicos monitorizaram cuidadosamente o presidente, mais uma vez através dos bons ofícios da Câmara.

A comunicação codificada entre House e Wilson - conhecida apenas pelos dois homens - como confirmado pelo Professor Charles Seymour, Presidente de Yale, foi fornecida por cortesia do MI6. De acordo com documentos confidenciais que vi em vários locais em Londres, Wiseman está constantemente a ouvir as conversas entre House e Wilson, como convém ao seu estatuto de controlador final de Wilson.

Sabemos que o mesmo 'modelo' de grande sucesso foi posteriormente utilizado por Bruce Lockhart, o agente britânico MI6 escolhido por Lord Milner para ser o controlador de Lenine e Trotsky na supervisão da revolução bolchevique, no interesse do comércio livre e dos bancos britânicos. A estratégia do MI6 para os EUA utilizou os princípios Hegelianos para convencer os líderes da Fabian Society a ajudarem a concretizar o "comércio livre" com os EUA, que tinha sido proibido, primeiro pelo Presidente George Washington em Julho de 1789, e mantido pelos Presidentes Lincoln, Garfield e McKinley.

William Jennings Bryan foi em tempos considerado pelo MI6 como um possível candidato ao comércio livre, mas foi rejeitado porque se percebeu que as suas declarações radicais não seriam aceites pelos eleitores americanos como um potencial presidente, uma avaliação que provou ser muito precisa. Wiseman tinha dado a House um perfil detalhado da carreira de Wilson, primeiro como professor em Princeton de 1902 a 1910, e depois como Governador de Nova Jersey. Wiseman sentiu que Wilson era exactamente o homem de que a Casa precisava para levar a cabo as políticas socialistas Fabian nos Estados Unidos. Uma vez efectuados todos os cheques, o House foi ordenado a encontrar-se com Wilson no Hotel Gotham em Nova Iorque, em Novembro de 1911.

A partir desse momento, tudo estava pronto para o House se mudar para instalações alugadas despretensiosas num local algo degradado na East Thirty-Fifth Street em Nova Iorque. O "escritório" da Casa começou a assemelhar-se a um centro de comando, com um quadro de distribuição e uma linha directa para Sir William Wiseman, que ocupava um apartamento directamente acima dele. Depois de Wilson ter sido eleito para a Casa Branca por uma minoria de votos (6.286.000 para os 7.700.000 de Taft e Roosevelt), o quadro de distribuição Casa-Wiseman teve acesso directo ao novo presidente através de uma ligação telefónica codificada.

Muitos visitantes socialistas proeminentes vieram ao escritório da Câmara, incluindo Bernard Baruch, a quem o MI6 deu as cartas incriminatórias de Peck - que foram depois utilizadas para chantagear Wilson, levando-o a mudar a sua posição contra a Primeira Guerra Mundial. Wiseman era um dos favoritos do Presidente e tornou-se um dos mensageiros "confidenciais" de Wilson entre Londres, Paris e Washington, o que em certa medida mostrou que Wilson não compreendia realmente até que ponto estava sob o controlo de agentes de um governo estrangeiro.

Wilson foi escolhido pelo MI6 para quebrar as barreiras dos EUA ao "comércio livre". O seu mentor, o Coronel House, tinha ensinado Wilson a ver as barreiras tarifárias como um obstáculo ao bom negócio mundial e uma causa importante de preços elevados, juntamente com a chamada "inflação", que é mera propaganda socialista. House passou horas sem fim a informar Wilson sobre os "males inerentes às barreiras tarifárias que beneficiam apenas os ricos e poderosos interesses especiais à custa dos trabalhadores". Então Wilson estava pronto para fazer as suas falsas reivindicações:

> "... Vivíamos sob uma tarifa que tinha sido deliberadamente concebida para conferir favores privados àqueles que cooperavam para manter o partido no poder"...

A administração Clinton devia usar os mesmos argumentos espúrios para derrubar o último muro tarifário que protegera a jovem nação durante tanto tempo e fez do seu comércio e indústria, do seu nível de vida, a inveja do mundo. Na sequência da tomada de posse de Wilson em Março de 1913, a batalha para derrubar as barreiras comerciais da América estava em curso. No entanto, até um dos principais professores de economia de Harvard rejeitou as presunções de que as barreiras comerciais eram más para as pessoas comuns como infundadas.

House tinha feito bem o seu trabalho: não foi por nada que os seus amigos o chamaram "um radical pronunciado cujo socialismo abriu as portas ao comunismo", isto em referência ao papel de House em assegurar a libertação de Trotsky depois de Wiseman ter intervindo em nome do conspirador revolucionário pró-Bolshevik, Lord Alfred Milner. House era, por sua própria conta, um ardente admirador de Karl Marx e um detractor da Constituição dos EUA.

Uma das tarefas mais difíceis dadas a House por Wiseman dizia respeito à posição "neutra" tomada pela administração Wilson em relação à guerra que grassa na Europa. Alegadamente ‘pacifistas’, os socialistas Fabian foram utilizados pelo MI6 para mudar a mente de Wilson, através de chantagem (as cartas Peck) e um clima de guerra foi criado por mentiras directas contadas ao povo americano. Neste esforço, o MI6 cooptou os serviços de Walter Lippmann, a quem regressaremos.

Quando a Primeira Guerra Mundial chegou ao fim, o House foi escolhido pelo seu MI6 britânico e pelo controlador do Partido Socialista Fabiano, Sydney Webb, para ser o porta-voz de Wilson na Conferência de Paz de Paris, alegadamente com base no relatório magisterial do House produzido prontamente após apenas dois dias "em reclusão" em Magnólia, a sua residência de Verão em Massachusetts. Mas os factos falam o contrário. O que ficou conhecido como "Os Catorze Pontos de Wilson", que era estabelecer um único governo mundial, a Liga das Nações, "para tomar conta de todas as nações e anular a sua soberania" (incluindo os Estados Unidos), era de facto um documento da Sociedade Fabian, escrito em 1915 pelo líder socialista britânico Leonard Woolf.

Intitulado 'International Government', o tratado da Sociedade Fabian foi apresentado ao governo britânico para aceitação. O governo britânico passou-a então para Wilson, que não se deu ao trabalho de a abrir antes de a passar para House em Massachusetts. Estes foram os "Catorze Pontos" que a Câmara deveria ter redigido com a ajuda do Professor David Miller. Este incidente destaca a relação estreita e controladora entre o governo britânico, House e Wilson.

Wilson apresentou o seu "Plano de Catorze Pontos" à Conferência de Paz de Paris, que rapidamente o rejeitou. Wilson, amargamente ferido, regressou aos Estados Unidos, a longa amizade entre ele próprio e House começa a desmoronar-se nas bordas. Foi um triunfo para a Constituição: nem House nem Wilson a tinham violado em Paris. Posteriormente, os dois homens afastaram-se à medida que a sua amizade aparentemente inquebrável se desmoronava por causa da Constituição dos Estados Unidos da América.

De acordo com os ensinamentos da Sociedade Fabian, House foi sempre um visionário. Em 1915, a sua atenção tinha sido chamada a Franklin D. Roosevelt, Secretário Assistente da Marinha de Guerra de Wilson. Casa disposta em círculos silenciosos para uma cópia de "Philip Dru" para encontrar o seu caminho para as mãos do afoito Roosevelt. Diz-se que o livro teve um efeito profundo no já empenhado socialista Roosevelt, que estava destinado a suceder a Wilson. Em 1920, o House disse aos amigos: "Tenho a certeza que ele (Roosevelt) será o próximo Presidente dos Estados Unidos". O historial de Roosevelt como governador de Nova Iorque e os programas inovadores (socialistas) que introduziu não deixaram ninguém em dúvida sobre a direcção que tomaria a América se fosse eleito para a Casa Branca. A este respeito, o ex-governador do Arkansas Clinton é uma cópia a carbono de Roosevelt em termos de metodologia socialista.

Quando Roosevelt foi eleito, o evento foi saudado pelos socialistas grandes e pequenos de ambos os lados do Atlântico como um acto de "providência". Como é normalmente o caso, tais actos de "providência" não resistem ao escrutínio, e este não é uma excepção. Mais uma vez, as astutas observações políticas do Coronel House estavam prestes a dar frutos. Roosevelt lançaria e impulsionaria o socialismo a novas alturas na América, um sucessor adequado do Presidente Wilson. Que Roosevelt devia a sua presidência à Câmara nunca esteve em disputa; apenas foi mantido fora dos olhos do público, para que o acto oportuno de "providência" não tivesse um rosto humano.

Amigo da mãe de Roosevelt, House foi rápido em apontar as boas leis socialistas aprovadas pelo governador do estado de Nova Iorque. A amizade que se desenvolveu foi também, em parte, o trabalho de Frances Perkins. A Câmara tinha recomendado Roosevelt a Wilson para o cargo de Secretário Assistente da Marinha na administração Wilson, e transmitiu a Roosevelt a abordagem de rádio "conversa de fogo" para conquistar o povo americano e treinou Roosevelt sobre como criar "ordens executivas" inconstitucionais, ou seja, proclamações que só reis e rainhas estão autorizados a emitir.

A Casa ficará na história como o homem que mudou a forma como os presidentes tomam decisões e as executam, rodeando-os de conselheiros informais que, não sendo funcionários públicos, são difíceis de controlar. O sistema socialista escorregadio de conselheiros informais causou mais danos à nação do que o povo alguma vez poderia imaginar. Este aspecto, mais do que qualquer outro das realizações do House, distinguiu-o como o principal guerreiro do socialismo no primeiro quartel do século XX.

Roosevelt foi apresentado ao americano como afável, amigável e muito competente, com um "sorriso maravilhoso", etc., etc. Quanta verdade havia nesta propaganda? Aparentemente, não muito. Em 1926, quando a Câmara pensou que Roosevelt seria o próximo presidente, o homem com o "sorriso maravilhoso" nem sequer era capaz de ganhar o suficiente para sustentar a sua família. Roosevelt concorreu ao Senado em Nova Iorque com o bilhete Ku Klux Klan. A sua muito publicitada "poliomielite" era, de facto, a encefalomielite, que era mantida longe do público. Os especialistas em propaganda usam a sua "paralisia infantil" como uma vantagem, apresentando Roosevelt como um homem de grande coragem, determinado a não deixar a "poliomielite" parar a sua carreira. O único problema? Era tudo completamente falso.

Talvez nada seja mais identificado com Roosevelt do que o New Deal e Harry Hopkins. O programa socialista do New Deal foi inteligentemente apresentado como um "programa para ajudar os trabalhadores afectados pela depressão". De facto, o New Deal foi o livro A New Deal, escrito por Stuart Chase, um membro britânico da Fabian Society, que não atraiu muita atenção, embora Florence Kelley, que gostava de Chase e dos seus ideais socialistas, o considerasse um livro importante.

Chase propôs que três grandes passos fossem dados pelos socialistas na América:

1. Para evitar a inflação acidental e a deflação, o dólar teve de ser "gerido".

2. O rendimento nacional deve ser redistribuído à força através do aumento dos impostos sobre o rendimento e sobre as sucessões,

3. Deveria ser implementado um vasto programa de obras públicas, incluindo a electrificação (no modelo soviético) e projectos de habitação em grande escala.

Roosevelt adoptou o plano in-toto e este tornou-se o "New Deal" que foi adoptado como a prancha eleitoral dos Democratas em 1932. O New Deal foi concebido na obscuridade, e um público em pânico, vendo-o como a sua salvação, deu aos Democratas uma vitória esmagadora nas eleições de 1932.

Roosevelt depressa se tornou vulnerável a conselheiros não eleitos como os Rockefellers, cuja presença controversa era geralmente ocultada por Drew Pearson e Walter Winchell, entre outros. Mais tarde, quando os Rockefellers se tornaram mais corajosos, Roosevelt nomeou Nelson Rockefeller como coordenador dos assuntos interamericanos. Durante o seu mandato, Nelson esbanjou mais de 6 milhões de dólares do dinheiro dos contribuintes no que eram estritamente empresas Rockefeller na América Latina.

Quando Roosevelt foi à Casa Branca, levou consigo toda uma série de conselheiros não nomeados, incluindo mais professores do que os que Wilson tinha rodeado. O raciocínio por detrás disto era que o público americano tinha menos probabilidades de suspeitar de "socialistas" escondidos atrás de fachadas académicas do que de funcionários nomeados, o que provou ser o caso nos primeiros anos do mandato de Roosevelt. Para este fim, e tendo em conta que o planeamento a longo prazo era um elemento chave entre os socialistas Fabianos, Harold Stassen foi plantado na Universidade da Pensilvânia, Edward Stettinus na Universidade da Virgínia e General Dwight Eisenhower na Universidade de Columbia.

Os 'conselheiros' secretos foram também responsáveis por conseguir que Roosevelt recuperasse os bens do Standard Oil apreendidos pelos japoneses, utilizando para tal as tropas norte-americanas, a chamada Doutrina Stimson. Esta doutrina foi retomada pelo Presidente George Bush na Guerra do Golfo, com o objectivo de recuperar os bens da British Petroleum apreendidos pelo Iraque. A forma como Alger Hiss foi introduzido na administração Roosevelt é um exemplo clássico de um livro-texto socialista Fabian. Em 1936, Hiss foi convidado a servir no Departamento de Estado pelo Professor Francis Sayre, genro de Wilson. Sayre há muito que tinha sido reconhecido como um valioso socialista.

Sayre ajudou a preparar documentos legais para a defesa de Sacco e Vanzetti, dois socialistas proeminentes acusados de homicídio. Trabalharam com Sayre o Professor Arthur M. Schlesinger, o Professor Felix J. Frankfurter, Roscoe Pound, Reitor da Faculdade de Direito de Harvard e Louis Brandeis. Arthur Schlesinger Jr. frequentou a Universidade de Cambridge em 1938, onde foi recebido com calor e de braços abertos pela Sociedade Fabian. Isto foi numa altura em que todos os esforços das forças da lei e do Congresso para prender e expulsar uma onda de anarquistas que tinham vindo para os Estados Unidos na década de 1890 foram irrisoriamente chamados de "uma reacção exagerada ao susto vermelho".

Sayre foi um dos que defenderam Hiss, muito depois de ter ficado claro que Hiss estava profundamente envolvido em espionagem contra o seu país. Quando Adolph Berle do Departamento de Estado tentou avisar Roosevelt sobre as actividades de Hiss, foi-lhe dito abruptamente para se meter na sua própria vida. Do mesmo modo, Roosevelt recusou-se a ouvir os relatórios dos serviços secretos sobre as actividades de Owen Lattimore e insistiu em nomeá-lo como conselheiro pessoal de Chiang Kai Shek, o que deixou Lattimore na invejável posição de poder facilmente trair os nacionalistas aos comunistas. As forças nacionalistas chinesas foram também traídas por Roosevelt nomeado Lauchlin Currie, que ordenou que os fornecimentos militares para as forças nacionalistas de Chiang Kai Shek fossem despejados no Oceano Índico.

Harry Hopkins tornou-se para Roosevelt o que Edward Mandel House tinha sido para Wilson. Protegé de Frances Perkins, Hopkins começou a sua carreira como assistente social. Tornou-se próximo de Roosevelt através da sua esposa, Eleanor, e é erradamente creditado com o slogan do New Deal "tax and spend, tax and spend". Hopkins distinguiu-se durante a Depressão ao ser nomeado por Roosevelt para distribuir a chamada ajuda "federal", ou seja, o bem-estar. Um espantalho com a sua roupa pendurada no nariz e totalmente desprovido de elegância social, Hopkins teria ficado bastante deslocado numa sala com John Maynard Keynes. O que Hopkins sabia era que era milho. O seu maior trunfo foi escolher pessoas 'influentes' e insinuar-se nos seus círculos.

Foi devido a este talento que Roosevelt colocou Hopkins à frente da Convenção Democrática de 1940. Hopkins, apesar da sua aparência azarada, conseguiu ganhar o apoio dos políticos mais poderosos da época. Roosevelt é conhecido por ter aprovado pessoalmente um artigo de Arthur M. Schlesinger Jr. publicado na Partisan Review no qual Schlesinger atacou aqueles que estavam a investigar as verdadeiras causas da Guerra Civil. Isto não deve surpreender os bem-informados. Como já mencionámos, o comunismo e o socialismo foram muito mais difundidos no período anterior a essa guerra, e ainda mais durante e imediatamente após a Guerra Civil, do que a história ortodoxa permitiria. Este facto foi considerado indesejável por Schlesinger e os seus colegas socialistas, que queriam que o público acreditasse no relato do historiador estabelecido sobre as causas da guerra - que, sem excepção, não mencionava o papel desempenhado pelo comunismo e pelo socialismo.

Foi Arthur J. Schlesinger Jr., que chamou aos anarquistas Sacco e Vanzetti "dois imigrantes obscuros de que ninguém se importava". Arthur Schlesinger Jr. trabalhou extensivamente para a ACLU em nome destes dois anarquistas. Schlesinger continuou a escrever numerosos artigos para o Fabian News, nos quais defendia ideias socialistas. Num destes artigos, publicado na Fabian International Review, Schlesinger afirma abertamente que os socialistas americanos pretendem assumir o controlo total da política militar e externa dos EUA.

Os juízes que distorceram e comprimiram a Constituição para adequar as suas predilecções aos objectivos desejados dos socialistas e tiveram os seus planos bloqueados pela Constituição imutável são as estrelas mais brilhantes do firmamento socialista, pois sem a sua vontade de se corromperem e violarem os seus juramentos, nenhuma das "reformas" socialistas "populares" de longo alcance que foram tão importantes para mudar o rumo e a direcção dos poderosos Estados Unidos teria sido bem sucedida.

O processo de eleição de bons e firmes juízes socialistas Fabian para o Supremo Tribunal dos EUA começou a sério com a administração Wilson e a nomeação do Juiz Louis D. Brandeis como um dos membros mais importantes dos socialistas Fabian. Como revela um exame do registo da Brandeis, a hierarquia socialista Fabian, no país e no estrangeiro, fez uma escolha sábia. Brandeis fez mais para minar a Constituição e aprovar legislação socialista dura à sua volta do que a própria Florence Kelley poderia esperar.

O Professor Louis Dembitz Brandeis (1856-1941) era perfeito para a ideia socialista de um juiz que acolheria de bom grado uma "nova constituição", tal como definida por Edward Bellamy. Foi Bellamy que propôs uma "nova declaração de independência" baseada numa interpretação evolutiva da Constituição dos EUA com um poder judicial que instituísse "mudanças radicais" e pusesse fim ao obstáculo da separação dos poderes dos três ramos do governo. Bellamy chamou a Constituição, aquela concebida pelos bem-intencionados Pais Fundadores, tristemente ultrapassada.

O próprio Presidente Wilson era muito favorável ao desmantelamento da Constituição dos Estados Unidos, que tinha fielmente jurado defender, e em Brandeis tinha encontrado um espírito de parentesco. Brandeis tinha-se sentado aos pés do filósofo da Sociedade Fabian John Atkins Hobson, considerado o autor do 'Brandeis Brief', embora Kelley tenha sempre reclamado o crédito. Hopkins foi certamente o criador da futura estratégia de cercar os futuros presidentes dos EUA com conselheiros socialistas, uma estratégia que funcionou notavelmente bem na guerra socialista contra a Constituição iniciada por Felix Frankfurter, Louis Brandeis, Harold Laski e John Maynard Keynes. Estes quatro socialistas Fabianos mudaram o rumo e a direcção dos Estados Unidos em total detrimento de Nós, o Povo, de formas que ultrapassam em muito o que Hitler, Estaline e Ho Chi Minh poderiam ter conseguido.

No início da sua carreira jurídica, Brandeis juntou-se à formidável Florence Kelley, sem cuja ajuda não teria podido utilizar um estratagema concebido nos think tanks da Fabian Society em Londres e aperfeiçoado pelo socialista britânico Hobson, que mais tarde ficou conhecido como os "Brandeis Briefs". Kelley, com a sua devoção à causa socialista de contornar a Constituição por aquilo a que chamou "a via legislativa", foi a parteira do recém-nascido "Brandeis Brief baby", o que quase faria do seu sonho de controlo socialista total dos Estados Unidos uma realidade.

Brandeis tinha uma sobrinha chamada Josephine Goldmark que era a biógrafa de Kelley e ela explicou como a memória foi preparada em 1907. Não foi um processo complicado, mas foi preciso muito tempo e energia para o fazer. Todos os tipos de dados sociológicos foram recolhidos e anexados a uma página e meia de argumentos jurídicos. Como os sargentos do exército britânico costumavam dizer, "a treta confunde o cérebro" e foi exactamente isso que os Brandeis Briefs fizeram quando foram apresentados ao Supremo Tribunal em 1909.

Outro socialista notável, Felix Frankfurter, chamou ao novo sistema "o conceito mais majestoso de todo o nosso sistema constitucional", o que permitiu aos juízes ler as suas próprias predilecções na Constituição em casos perante eles, ou seja, predilecções proibidas pela 9ª Emenda da Constituição dos EUA. No entanto, este método tornou-se prática comum, o que ajuda a explicar por que razão tantas decisões do Supremo Tribunal foram, em tantos casos, "erros sem nome".[12]

Frankfurter participou na Conferência de Paz de Paris, mas

[12] "Tretas" no original.

regressou a casa quando percebeu que a nova ordem mundial não seria estabelecida imediatamente. Um compatriota do Professor Harold Laski em conspirações socialistas, Frankfurter, à maneira dos socialistas de Fabian, deu um golpe duro quando chegou o momento. De todos os socialistas americanos que admiravam Graham Wallas, o professor socialista britânico Fabian na London School of Economics, Frankfurter estava no topo da lista.

O fracasso da Nova Ordem Mundial em materializar-se na Conferência de Paz de Paris deveu-se em grande parte ao público americano, que ficou enojado com a onda de radicais que tinha surgido com a chegada da administração Wilson. O povo americano deve ser creditado por ter uma boa dose de bom senso nessa altura. Isto não quer dizer que as coisas sejam tão diferentes hoje em dia. Mas temos de ter em conta a composição da população na altura, em grande parte de origem europeia ocidental, unida pela língua inglesa, a religião cristã e a sua compreensão da Revolução Americana e das suas profundas consequências para a unidade nacional, que tem sido completamente distorcida pelas políticas socialistas.

Além disso, em 1919 não houve um uso ilimitado de sondagens de opinião para decidir por eles o que as pessoas pensavam. A América nos anos 90 apresenta um quadro totalmente diferente: uma mudança radical na composição da população, de uma esmagadora maioria de cristãos da Europa Ocidental para uma mistura de todas as raças do mundo, chineses, indianos de Leste, vietnamitas, europeus de Leste, hispânicos, etc. Em 1919, um povo unido exigiu uma acção contra os elementos subversivos na paisagem americana, e conseguiram-na em 1919-1920, quando o Procurador-Geral Mitchell Palmer ordenou uma série de rusgas para erradicar os centros de sedição.

Brandeis mostrou imediatamente a sua solidariedade para com os socialistas que tentavam derrubar a Constituição dos EUA, juntando-se a um breve processo apresentado por Frankfurter e Walter Lippmann em busca de uma injunção contra as buscas de centenas de centros socialistas subversivos. Os agentes da polícia encarregados das rusgas foram abusados verbalmente por Lippmann, que apareceu no local de algumas das rusgas com toda uma quadrilha de escritores socialistas.

Brandeis não teve um tempo fácil no processo de confirmação no Senado. Uma vez que os senadores de 1915 estavam muito mais familiarizados com a Constituição dos EUA do que estão hoje, a escolha de Wilson para o Supremo Tribunal foi calorosamente contestada, mas em vão. A maioria do Partido Democrata garantiu que este revolucionário perigoso e apaixonado fosse nomeado. Os danos causados à Constituição dos EUA por este ardente e apaixonado socialista ainda estão a ser calculados. Nem Hitler nem Estaline poderiam alguma vez ter causado tal estrago.

Brandeis foi um dos primeiros juízes a envolver-se na política do New Deal. A sua amiga Florence Kelley deu-lhe uma cópia de um livro de Stuart Chase, intitulado simplesmente 'A New Deal', que Chase pensou que seria bom para o futuro dos planos socialistas britânicos e americanos, uma visão com a qual a Sydney Webb e a hierarquia da Fabian Society concordaram. Por insistência de Brandeis e Kelley, 'A New Deal' logo substituiu a forma plana dos Democratas de 1932 e em 1933 tornou-se o 'New Deal' de Franklin D. Roosevelt.

É interessante notar a opinião de Chase, que não se opôs à anarquia violenta e à acção revolucionária socialista:

> "Ela (a revolução) poderá um dia ser necessária. Não estou seriamente alarmado com o sofrimento da classe credora, com os problemas que a igreja certamente encontrará, com as restrições de certas liberdades que podem resultar, ou mesmo com o derramamento de sangue do período de transição. Uma ordem económica melhor vale um pouco de derramamento de sangue..."

Mas Stuart Chase finalmente cedeu quando viu que o povo americano não podia, não queria, ser enganado para participar numa revolução ao estilo bolchevique, supostamente para o seu próprio bem. Em vez disso, defendeu um tipo colectivo de governo através do controlo nacional por um governo central, na linha do "Trabalho e a Nova Ordem Social" da Webb. Chase era um radical de maneiras suaves mas muito perigoso, cujas ideias estão em grande parte incorporadas na estrutura de um governo mundial único - a Nova Ordem Mundial - que está a ser criada.

As organizações e personalidades que pagaram e patrocinaram o livro de Chase estavam frouxamente ligadas ao embaixador ex officio de Moscovo, Ludwig Martens. Martens era muito próximo da revista socialista de extrema esquerda, "The Nation", e de Edward A. Filene, que teria assumido os custos de impressão do livro nos EUA através do Fundo do Século XX, um anjo financeiro Fabian Socialista. Chase era bom amigo de Kelley e Brandeis, e uma vez descreveu a revolução bolchevique como tendo sido "absolutamente necessária". Quando Franklin Delano Roosevelt entrou na Casa Branca, "A New Deal" tornou-se o "New Deal", uma das peças mais ambiciosas da legislação socialista Fabian de sempre para agraciar as páginas da história americana.

O caminho de Roosevelt para a Casa Branca foi tornado consideravelmente mais suave por Felix Frankfurter. Nascido em Viena, Áustria, esta criança quase anã de cabeça abobadada foi trazida para os Estados Unidos aos doze anos de idade. Frankfurter usou a sua inteligência óbvia para defender todas as causas socialistas que iam contra a concepção dos Pais Fundadores dos Estados Unidos. Uma das vias de aproximação à socialização dos Estados Unidos foi a União Americana das Liberdades Civis (ACLU), da qual Frankfurt, Rose Schneiderman e Roger Baldwin foram fundadores, e que foi criada com o único objectivo de fazer um uso malicioso da Constituição para defender os inimigos socialistas da Constituição.

A ACLU foi fundada com a intenção declarada de "torcer e espremer" a Constituição para proteger os inimigos dos Estados Unidos decididos a destruí-la. Não pode haver contestação de que a prática pervertida de utilizar a Constituição em benefício dos inimigos da República veio da mente de Francoforte. Da mente deste "gnomo da corte" surgiu a crença, propagada por pessoas como Lippmann, Schlesinger e uma série de professores de direito de Harvard, de que era de alguma forma antipatriótico defender os Estados Unidos contra os seus inimigos socialistas declarados, dos quais Frankfurter era o líder.

Como líder dos inimigos socialistas da América tal como ele era, Frankfurter achou que era publicamente aceitável proteger o que em breve será ungido na Casa Branca. Por instigação da Sociedade Fabian, Frankfurter criou um grupo de reflexão de socialistas proeminentes para aconselhar e ajudar Roosevelt a ultrapassar os obstáculos e armadilhas no caminho socialista para a Casa Branca. Ansioso que o 'Roosevelt New Deal' faça as coisas certas no momento certo, Frankfurter encontrou-se com Roosevelt numa reunião privada imediatamente após a inauguração deste último.

Neste esforço, Frankfurter foi muito ajudado por Harold Ickes, que criou um grande grupo de espiões para cobrir Washington e outras grandes cidades. Este grupo ficou conhecido como 'Harold's Gestapo', embora o termo 'Cheka' tivesse sido mais apropriado, pois foi capaz de exercer uma enorme pressão sobre os funcionários locais e nacionais para votarem em Roosevelt. Ickes continuou a ser um confidente próximo de Roosevelt e foi responsável pela violação da lei não escrita estabelecida pelo Presidente George Washington, segundo a qual os presidentes só deveriam cumprir dois mandatos.

Também estava presente o socialista Fabian Fred C. Howe, cujo nome se tornaria mais tarde uma palavra familiar nos círculos socialistas de ambos os lados do Atlântico. Juntos seleccionaram o pessoal para cargos-chave na administração Roosevelt, incluindo o Departamento de Estado. Estabeleceram um padrão que se tornaria parte da decoração, seja um republicano ou um democrata sentado na Sala Oval. Por exemplo, na administração Reagan, 3.000 posições-chave foram preenchidas por candidatos da Heritage Foundation. Ostensivelmente um grupo de reflexão 'conservador', a Fundação Heritage foi dirigida nos bastidores por Sir Peter Vickers Hall, um membro proeminente da Sociedade Fabian e um socialista empenhado.

Embora Cordell Hull fosse o Secretário de Estado nominal na administração Roosevelt, foi 'Felix e os seus rapazes', incluindo o traidor Alger Hiss, que estava no comando, uma situação que Hull tolerou durante 12 anos. Como Frankfurter admitiu mais tarde, a sua ideia veio do sistema de conselheiros do British Privy Council para o primeiro-ministro britânico. Em todo o caso, dois anos após Roosevelt ter entrado na Sala Oval, Ickes, Wallace, Hopkins e Frankfurter foram os puxadores de cordas por detrás da Escola de Ciências Sociais de Rand, a própria coisa que as autoridades de Nova Iorque tinham tentado levar à falência como centro de subversão socialista e comunista contra os Estados Unidos.

Frankfurter, um líder no campo da socialização dos EUA, provou o seu valor ao transferir os serviços públicos para mãos municipais, levando ao projecto da Autoridade do Vale do Tennessee (TVA). Tocado como uma medida anti-depressiva, o TVA foi de facto um dos primeiros passos para projectos de socialização desta escala - uma enorme vitória para os socialistas americanos e os seus controladores britânicos. Como Mark Starr escreveu:

> "À medida que o colectivismo socialista, a propriedade e o controlo públicos se tornam necessários nos Estados Unidos, eles serão adoptados em casos e instâncias específicas. Podem ser chamados por outros nomes, mas, como no caso da Autoridade do Vale do Tennessee, a propriedade pública será aplicada...".

Frankfurter continuou a encorajar a penetração da esquerda no governo e uma das muitas organizações de fachada que patrocinou foi o Movimento do Congresso Mundial da Juventude. Uma série de pessoas associadas a esta empresa socialista Fabian foram descritas como subversivas comunistas perigosas por uma subcomissão do Senado para a segurança interna. Mas talvez a sua atitude mais prejudicial tenha sido o apoio que deu ao seu protegido e amigo de toda a vida, Dean Acheson, a quem insinuou no círculo interno de conselheiros de Johnson.

O Comité Dies que investiga o comunismo nos Estados Unidos declarou que o Professor Harold Laski, John Maynard Keynes e Felix Frankfurter foram o terrível negócio do socialismo americano, uma ideia que foi ridicularizada por Roosevelt quando foi levada ao seu conhecimento. Mas não há dúvida de que a linguagem jurídica de toda a legislação do New Deal foi escrita por Frankfurter. Não se deve esquecer que foi Frankfurter quem recomendou Dean Acheson e Oliver Wendell Holmes a Roosevelt, e que teria sido impossível encontrar mais dois subversivos traiçoeiros, um no Departamento de Estado, o outro no Supremo Tribunal.

Mais do que qualquer outro socialista, passado ou presente, seja em Inglaterra ou nos Estados Unidos, é consensual que o maior de todos aqueles que prepararam o caminho para a socialização da América foi, sem dúvida, o quasi-nain de cabeça de cúpula, Felix Frankfurter. Pode-se dizer que ele fez tudo o que estava ao seu alcance para quebrar as tarifas de protecção erguidas por Washington, para orientar a Reserva Federal na sua posição, e para pressionar Wilson a envolver-se na Primeira Guerra Mundial da Inglaterra.

Associado próximo de Walter Lippmann, Paul Warburg, Thomas W. Lamont e dos principais líderes socialistas da época, Frankfurter estava bem colocado para levar a cabo a sua terrível traição aos Estados Unidos, que lhe tinha dado a ele e à sua família um santuário quando foram praticamente expulsos da Europa. Se alguma vez houve um candidato principal para cumprir o adágio "ele mordeu a mão que o alimentou", esse candidato foi o Juiz Felix Frankfurter, que quase sozinho perverteu a Constituição e quase transformou esse grande documento numa folha de papel em branco.

Frankfurter escreveu a maioria das emissões de rádio de Roosevelt, as "fireside chats", uma das ferramentas de penetração e impregnação mais eficazes alguma vez concebidas. Ele desempenhou um papel na decisão de Roosevelt de enviar Harry L. Hopkins a Inglaterra para lançar as bases para o maior assalto do planeta: a Lei LendLease. Mas talvez o maior dano que Frankfurter causaria fosse a sua intromissão gradual (ao verdadeiro estilo Fabian) do Tribunal no ramo legislativo do governo, dando assim início à prática insidiosa de diminuir gradualmente os poderes do Congresso e aumentar os do Supremo Tribunal e do Presidente. Frankfurter é o homem que quase realizou o sonho do Professor Laski de quebrar e destruir a separação de poderes.

O facto de isto ser 100% inconstitucional não parecia incomodar o pequeno gnomo do Tribunal. Assim, graças à traição e sedição de Frankfurter, que perseguiu para o resto da sua vida, a British Fabian Society começou finalmente a ver alguma luz no túnel escuro que estava a construir sob as paredes da separação de poderes, identificada por Laski como o mais sério obstáculo ao progresso do socialismo nos Estados Unidos. Frankfurter manteve contacto estreito com o destruidor das economias ocidentais, John Maynard Keynes, e organizou a publicação de "The Economic Consequences of Peace"[13] na qual Keynes previu que o capitalismo na Europa estava a morrer.

Enquanto Frankfurter escrevia artigos vigorosos expressando dissidência e decretando as rusgas policiais do Procurador-Geral

---

[13] *As consequências económicas da paz,* Ndt.

Mitchell Palmer sobre movimentos sediciosos nos Estados Unidos, foi Lippmann quem levou a cabo os ataques "no local". Lippmann foi um dos principais membros do grupo "brain trust" de Roosevelt que bombardeou o Presidente com propostas socialistas. O congressista McFadden acusa Frankfurter de ser um dos formuladores originais da Lei Nacional de Recuperação Industrial. declarou McFadden:

> "Foram precisos 15 anos de árduo esforço por parte do Sr. Baruch e dos seus associados (sendo um deles Frankfurter) para impor esta lei ao povo americano, e só através do sofrimento de um período de grande stress é que ele foi capaz de o fazer"...
>
> "... No entanto, Baruch, Johnson, Tugwell, Frankfurter e todos os outros parecem ser os mais descarados nos seus esforços (em nome do socialismo) neste país. Frankfurter forneceu a maior parte dos cérebros legais deste grupo. Têm procurado coagir e intimidar os interesses comerciais deste país a celebrarem contratos privados, para que tenham o poder de exigir que os interesses comerciais da nação façam o que lhes apetece, sem ter em conta a Constituição. Os advogados da New Deal não hesitam em ir a tribunal e argumentam que os cidadãos podem retirar os seus direitos constitucionais. Este é o método pelo qual eles quebraram os limites do estado..."

É um facto bem conhecido que Frankfurter praticamente assumiu a posição de agência de emprego para a administração Roosevelt. Entre os socialistas mais perigosos recomendados a Roosevelt por Frankfurter estavam o célebre Rexford Tugwell e o governador Al Smith de Nova Iorque.

Os estreitos laços entre Frankfurter e Harold Laski despertaram grande interesse nos círculos socialistas em Londres e Washington. Laski foi um convidado regular na casa de Frankfurter em Boston e Washington. Como colegas socialistas, os dois homens tiveram um efeito profundo um no outro e ambos trabalharam incansavelmente para enfraquecer a separação de poderes imposta pela Constituição. As suas cartas um ao outro intitulavam-se "Caríssimo Félix" e "Caríssimo Harold". Estando no coração do socialismo Fabiano em Londres, Laski conseguiu manter o seu "Querido Félix" plenamente informado dos últimos pensamentos socialistas, que Frankfurter passou então para Roosevelt, cuja porta estava sempre aberta para ele. Os dois "conselheiros privados" tornaram-se os arquitectos mais influentes da política socialista de Roosevelt durante os seus três mandatos.

O factor decisivo no Tratado da ONU veio de Frankfurter, Laski e Keynes, embora redigido por outros, e representou outro tijolo retirado do muro que separava os poderes constitucionais. Os historiadores do período 1942-1946 argumentam que o tratado da ONU foi o primeiro de uma longa linha de grandes mudanças do executivo para o legislativo, uma tendência chocante que continua a crescer a passos largos com a presidência Clinton. Keynes visitou Roosevelt em 1934 e delineou o seu agora bem desmascarado "multiplicador", que pressupunha que cada dólar gasto pelo governo federal no bem-estar era um dólar dado ao retalhista, ao talho, ao padeiro, ao agricultor e ao fabricante de castiçais - o que não é como funcionava na prática.

> "Lênin estava certamente certo. Não há maneira mais subtil e segura de derrubar a base existente da sociedade do que corromper a moeda. O processo envolve todas as outras forças ocultas do direito económico do lado da destruição e fá-lo de uma forma que nem um homem num milhão é capaz de diagnosticar"... John Maynard Keynes.

Embora Keynes seja creditado com a teoria do "multiplicador", pertence a um dos seus alunos, R.F. Kahn, que a inventou enquanto aluno do Kings College. No Verão de 1934, os socialistas Fabian decidiram transferir o seu 'génio económico' Keynes para os Estados Unidos. O seu livro, A Teoria Geral do Dinheiro, tinha sido lido por Roosevelt, mas não compreendido, como Roosevelt admitiu a Frances Perkins, que foi responsável pela introdução dos dois homens: "Não compreendi toda a sua algaraviada sobre números", Roosevelt confiou a Perkins. Pôr o país em dívida para o tirar da recessão foi a teoria subjacente à filosofia económica keynesiana, o que pode explicar a sua popularidade junto dos sucessivos governos socialistas em Inglaterra e do Partido Democrata nos Estados Unidos.

Keynes foi considerado com admiração, como se o mesmo respeito fosse concedido a um místico cujas previsões sobre o futuro eram sempre correctas. Contudo, a verdade é que Keynes, se o deslumbrado tivesse apenas investigado as suas alegações, estava errado pelo menos 85% do tempo. Keynes tinha os modos de um cavalheiro inglês no seu traje, vestimenta e discurso. Diz-se que ele era capaz de encantar qualquer mulher para dormir com ele, se ele quisesse. Talvez tenha sido a sua educação em Eton e o seu tempo no Kings College, Cambridge, que lhe deu aqueles modos que são tão atraentes para ambos os sexos.

Keynes obteve o segredo do seu alquimista de R.F. Kahn que permitiria que o papel-moeda se multiplicasse infinitamente; se tivesse sido deixado a Kahn, ninguém lhe teria dado a mínima credibilidade. Mas nas mãos de um reitor de Cambridge alto, bonito e limpo, com um conhecimento espantoso da arte, comida e vinho, a descoberta do "multiplicador" tornou-se uma grande notícia. Apesar disto, perguntamo-nos como é que, apesar de ser instruído pelos Professores Marshall e Pigou, Keynes só poderia ocupar o 12º lugar - no fundo da sua pequena turma de economia. Em 1911 Keynes tornou-se editor do Jornal Económico e um ano mais tarde secretário da Royal Economic Society of the Fabian Society. Quando penso em Keynes, não posso deixar de pensar na filosofia realista, sábia e rústica do meu sargento de treino do exército britânico regular, que tem de ser repetida:

> "Cérebros de merda".

Esta é realmente a essência da economia keynesiana: o dinheiro multiplicar-se-ia simplesmente ad infinitum, como uma espécie de carta em cadeia prometendo uma enorme recompensa por um pequeno esforço. Aos que se perguntavam o que aconteceria no final da cadeia de cartas, Keynes respondeu: "temos todos de morrer um dia". Por incrível que pareça em retrospectiva, é o "sistema económico" de Keynes, que é na realidade algaravia, que tem sido aceite pelos banqueiros internacionais e pelos principais políticos do mundo ocidental.

Keynes era uma espécie de Nostradamus, um Gregory Rasputin, ou era ele realmente sincero nos seus princípios económicos? Será que para além do que lhe foi dado pela natureza, o seu pai, Neville Keynes, um professor de Cambridge cujo forte era lançar ataques constantes ao sistema de livre iniciativa, também contribuiu para o sucesso fugaz do seu filho ao tornar John Maynard Keynes um milionário, com um lugar na Câmara dos Lordes?

John Maynard Keynes começou a sua carreira como funcionário público, à maneira de Sidney Webb, mas enquanto o grande Lorde Bertrand Russell se referia frequentemente a Webb como "funcionário do Escritório Colonial", ele nunca aplicou esta observação a Keynes. Talvez isto se deva ao facto de Keynes ter feito parte do círculo encantado de Russell na universidade, provando que os socialistas são tão conscientes da classe e snobes como qualquer outro grupo.

Desde os seus primeiros dias com George Bernard Shaw e os socialistas Fabianos, Keynes foi bem considerado, especialmente porque foi ele quem "chamou o bluff moral do capitalismo", segundo Sidney e Beatrice Webb, os fundadores do socialismo Fabiano. Embora membro do Partido Liberal, Keynes gozou de um enorme respeito tanto por parte do Partido Conservador como do Partido Trabalhista porque pôde ver o futuro, financeiramente falando. "Um verdadeiro leitor de oráculos", como escreveu o Fabian News. Talvez tenha sido a sua "capacidade de ler oráculos" que levou Keynes a promover a criação do Fundo Monetário Internacional (FMI), no qual desempenhou um papel importante.

Tal como muitas outras instituições de Um Governo Mundial (Nova Ordem Mundial), o FMI era simplesmente um meio de drenar dinheiro da economia dos EUA e entregá-lo a países que tinham excelentes recursos naturais como garantia. O que os governos incautos não sabiam, e de facto não tinham forma de saber, era que o FMI não só assumiria os seus recursos naturais, mas também controlaria e depois destruiria a sua soberania nacional. A Rodésia, as Filipinas, Angola, Brasil são bons exemplos do que acontece quando se deixa entrar o FMI.

Em 1919, Keynes conseguiu ganhar a confiança do Coronel Mandel House, General Pershing e Walter Lippmann. Keynes falou energicamente, declarando que "o capitalismo na Europa está morto". Estes contactos deviam merecer-lhe uma posição de alguma importância com House, e mais tarde com Harry Hopkins, uma aliança que levou à fundação do Council on Foreign Relations, (CFR), primeiro conhecido como Institute of International Affairs, na realidade um ramo da Sociedade Fabian. De acordo com o Registo do Congresso, House, 12 de Outubro de 1932 página 22120, Keynes apresentou o seu livro "The Economic Consequences of

Peace" aos Estados Unidos como um esforço para desestabilizar e popularizar as teorias económicas marxistas.

Roosevelt saudou as ideias keynesianas, uma vez que lhe deram uma base para obter 4 mil milhões de dólares do Congresso para os chamados projectos de "obras públicas" - na realidade, empregos de conveniência que não "multiplicaram" os dólares federais, como Keynes tinha prometido. Keynes fez amizade com Henry Cantwell Wallace, ambos homens favoráveis à eliminação do teor em ouro do dólar e de uma "moeda administrada". Keynes continuou a causar uma forte impressão em Harvard, onde esteve frequentemente na companhia de Frankfurter e Laski. Enquanto Frankfurter forneceu o legalês para o New Deal socialista, Keynes forneceu a base económica, como de costume, uma quimera total que, levada à sua conclusão lógica, arruinaria a economia de qualquer nação.

Os "socialistas ingleses", como os adivinhadores do sacerdócio faraónico, tinham de facto tecido a teia dos seus mistérios em torno do Presidente Roosevelt, que permaneceu sob o seu domínio até à sua morte. Se se procurasse o sumo sacerdote da era do New Deal, John Maynard Keynes seria certamente a escolha natural. A sua capacidade de lidar com a língua inglesa era notável, na medida em que podia fazer com que até os grandes eleitores acreditassem que dois e dois fazem cinco.

A chegada de Keynes ao palco de Washington foi precedida por um anúncio de página inteira no *New York Times* de 31 de Dezembro de 1933, que tomou a forma de uma carta aberta ao Presidente Roosevelt, cheia de ideias totalmente alheias aos economistas americanos. No entanto, a propaganda da Madison Avenue teve o seu efeito e provavelmente abriu o caminho para a sua visita aos EUA em 1934. A longa amizade com Lippmann e outras grandes estrelas socialistas no firmamento dos EUA abriu todas as portas para Keynes.

Embora Roosevelt não compreendesse as implicações do que estava a fazer, a conselho de Keynes, a sua administração decidiu retirar os Estados Unidos do padrão-ouro, em linha com um movimento semelhante por parte do governo britânico. A teoria do "multiplicador" de Keynes foi adoptada por Roosevelt, depois de Keynes lhe ter dito para não se preocupar com "aquele erro económico bruto conhecido como a teoria da quantidade de dinheiro". Era música para os ouvidos dos New Dealers, que sentiram que lhes tinha sido dada luz verde pelo maior economista do mundo para embarcar num programa de despesas imprudente, como se não houvesse responsabilidade para amanhã.

Assim, com a publicação em 1936 da "Teoria Geral do Emprego", Keynes procurou assegurar a continuação das despesas governamentais com base na crença de que o governo é responsável pelo pleno emprego e que, se o pleno emprego não for alcançado, o bem-estar deve assumir o seu lugar. Keynes era o principal defensor da despesa deficitária e Roosevelt estava feliz por o fazer. Apesar disso, Roosevelt não conseguiu sair da depressão gastando.

Quanto ao público americano em geral, estava tudo sobre as suas cabeças. "Deixem isso para os peritos", o coro dos meios de comunicação social, "é demasiado complicado para nós. E foi exactamente assim que os socialistas escaparam com a grande fraude de despesas deficitárias baseada no falso "multiplicador" que nunca funcionou. Ainda estamos a medir os danos inestimáveis feitos nos EUA por este líder económico socialista Fabiusian. "Conhece-se pessoas pela companhia que mantêm" é uma velha, provada e verdadeira máxima. Entre os seus amigos, Keynes contou alguns dos piores traidores da história da Nação; Lauchlin Currie, Felix Frankfurter, Walter Lippmann, Bernard Baruch, Coronel House, Dean Acheson, Walt Whitman Rostow, Fancis Perkins, Abe Fortiss, Eleanor Roosevelt, cujos actos malignos são tão numerosos como as estrelas no céu nocturno, demasiado numerosos para serem totalmente cobertos por este livro.

O grande congressista Louis T. McFadden prestou pouca atenção à economia keynesiana quando chamou Marriner Eccles, Presidente da Reserva Federal, para testemunhar perante o Comité Bancário da Câmara do qual foi Presidente.

McFadden, um antigo adversário do socialismo Fabian, atacou Frankfurter e Keynes pelas suas ligações, particularmente através da Foreign Policy Association em Nova Iorque, observando que Paul M. Warburg foi um dos seus fundadores. Também castigou com razão Henry A. Wallas, nomeado por Roosevelt como Secretário da Agricultura por recomendação de Frances Perkins, pela sua participação no sedicioso Grupo de Planeamento da Liberdade, o patrocinador Fabianista da Associação de Política Externa de Nova

Iorque. McFadden identificou correctamente Moisés Israel Sieff com o grupo, citando o conselho de Sieff: "Vamos devagar durante algum tempo e esperar e ver como o nosso plano se desenrola na América". Sieff dirigia a cadeia retalhista britânica Marks and Spencer e era um multimilionário socialista.

O "nosso" plano Sieff referido era um plano elaborado pelos socialistas Fabian em Londres que colocaria toda a terra e agricultura sob controlo governamental, algo que o Professor Rexford Tugwell já tinha defendido. Tugwell foi o terceiro membro do "terrível trio" constituído por Stuart Chase e Raymond Moley, um professor da famosa e sediciosa Escola de Ciências Sociais Rand. Os três eram confidentes de Henry Wallace, que, com a ajuda de Tugwell, destruiu a florescente indústria agrícola que estava apenas a começar a desenvolver-se em 1936 com uma política de lavra de culturas e abate de gado.

Tugwell era um ardente admirador da revolução bolchevique, que dizia estar "a divertir-se a refazer o mundo". Educado na Universidade de Columbia, Tugwell foi o primeiro socialista a aplicar teorias socialistas Fabian à prática governamental. Tugwell enfiou o seu dedo em todas as tartes do New Deal cozinhadas pela administração Roosevelt. Um dos seus principais compromissos era anular a protecção pautal contra mercadorias importadas.

O plano do New Deal foi entusiasticamente acolhido por Roosevelt, que disse:

> "Se olharmos para esta coisa do ponto de vista nacional, faremos dela uma política nacional, mesmo que leve 50 anos... Chegou o momento de planear para evitar os erros do passado no futuro e levar os nossos pontos de vista sociais (socialistas) e económicos à Nação".

Um dos que ficou feliz por seguir esta injunção foi Arthur Schlesinger Jr, cuja vasta gama de actividades socialistas, que incluía a gestão de Adlai Simpson, o primeiro presidente nacional dos Americanos para a Acção Democrática (ADA), uma das mais importantes organizações anarquistas, sediciosas e subversivas socialistas nos Estados Unidos, para a qual escreveu a maior parte do seu material de propaganda. Schlesinger foi responsável por apresentar John F. Kennedy como candidato socialista, o que não foi um feito mesquinho, pois os membros puramente socialistas da ADA tiveram de ser convencidos a votar em alguém que representasse tudo aquilo a que se opunham.

Uma estrela de "penetração e impregnação", o papel de Schlesinger na subversão secreta de Lyndon Johnson e promoção das causas da ADA nos anos 50 foi uma grande pena no seu boné. A história completa de como Schlesinger impediu que membros-chave da ADA concorressem depois de Kennedy ter anunciado que Johnson como seu companheiro de candidatura na convenção Democrata de 1960 poderia preencher um livro. Pode-se imaginar a consternação do líder da ADA socialista David Dubinsky quando soube que Johnson, a quem tinha odiado durante toda a sua vida política, seria o companheiro de Kennedy.

Se Schlesinger não tivesse tido sucesso, é muito provável que Johnson tivesse rejeitado a oferta de Kennedy. Na verdade, era uma questão de sentimento, pois Johnson preferia a posição de líder da maioria do Senado. Aparentemente, foi só depois de Schlesinger ter revelado a Dubinsky como tinha transformado Johnson num socialista reprimido na década de 1950 que Dubinsky mobilizou o apoio da ADA para a nomeação. Os sucessos de Schlesinger continuaram durante a presidência de Johnson, embora ele não fizesse parte do "gabinete superior" de Johnson (conselheiros sem nome - conselheiros privados). Arthur Schlesinger foi um dos inimigos invisíveis mais perigosos que este país alguma vez teve.

Dean Acheson personificou a prática manhosa, penetrante e sediciosa de um socialista bem treinado. Acheson veio do Comité do escritório de advogados do 300 de Covington, Burling e Rublee, que servem como advogados para o Comité dos grandes contabilistas do 300, Price, Waterhouse. Fez também parte do círculo interno de J.P. Morgan, Andrew Mellon, Tommy Lamont (o homem que defendeu o reconhecimento americano do regime bolchevique dos carniceiros sanguinários), a família Kuhn Loeb e Felix Frankfurter. Acheson era o típico advogado socialista, sedicioso e bem relacionado de Wall Street que se tornou Subsecretário do Tesouro e Secretário de Estado sob o Presidente Roosevelt.

Foi Frankfurter quem recomendou Dean Acheson para um cargo no Departamento de Estado dos EUA. Entre os actos mais públicos de traição e sedição contra o seu país ao serviço do socialismo foi a sua luta incansável para assegurar toda a ajuda possível ao regime bolchevique numa altura em que os exércitos brancos russos estavam a derrotar e a pôr em fuga o Exército Vermelho Bolchevique, que é descrita em pormenor no meu livro "Diplomacia por Engano". Durante a Segunda Guerra Mundial, Acheson insistiu que nenhuma acção fosse tomada contra Estaline para a ocupação dos Estados Bálticos. A sua traição à China nacionalista já é bem conhecida e não precisa de ser recontada aqui. Para coroar a sua carreira como traidor e sedutor, o apoio de Acheson às forças norte-coreanas e chinesas durante a Guerra da Coreia foi um acto aberto de traição. Mas em vez de ser detido, acusado de traição e enforcado, recebeu as mais altas honras.

Os compatriotas de Dean Acheson no crime socialista foram Dean Rusk e Walt Whitman Rostow, que aprenderam o seu socialismo como Rhodes Scholars em Oxford, a "escola final" para futuros líderes socialistas mundiais. Rusk era o oposto de Keynes na aparência: de cara redonda, gorducho e careca, parecia mais um funcionário bolchevique de baixo nível do que o Secretário de Estado das administrações Kennedy/Johnson. No entanto, a sua aparência desmentiu o seu carácter socialista vicioso e os seus incansáveis esforços em nome da China Vermelha e Estaline através do Instituto de Relações do Pacífico (IPR) e, directamente, através de muitas agências do Departamento de Estado.

Foi Rusk quem criou o "santuário privado", a área de reunião das tropas chinesas vermelhas na Manchúria, em conluio com o governo britânico. O General Douglas McArthur foi proibido de atacar o santuário, onde as tropas chinesas se reuniam, antes de atravessar o rio Yalu para atacar as forças americanas. Quando MacArthur apresentou um plano elaborado pelo seu pessoal e pelo General George E. Stratemeyer da Força Aérea dos EUA que teria destruído as capacidades de combate da China e atrasado décadas, foi o sinal para Rusk convocar apressadamente o Presidente Truman para uma conferência na Blair House em Washington.

A 6 de Novembro de 1950, as forças chinesas avançavam rapidamente sobre o Yalu. Os aviões do Stratemeyer foram bombardeados e estavam prontos para partir. Mas lá em Washington, Rusk disse a Truman que não podia ordenar a

MacArthur que atacasse as tropas chinesas vermelhas. De acordo com os documentos que vi, disse Rusks:

> "Assumimos um compromisso para com os britânicos de que não tomaremos qualquer acção que possa envolver ataques do lado Manchu do rio contra os chineses SEM CONSULTA DOS mesmos".

Rusk tinha também solicitado uma reunião de emergência do Conselho de Segurança da ONU, ostensivamente para assegurar uma resolução da ONU que ordenasse à China que retirasse as suas tropas. Na realidade, esta foi uma manobra traiçoeira e traiçoeira de Rusk para dar tempo às tropas chinesas vermelhas para atravessarem o rio Yalu, ao mesmo tempo que atrasava os ataques cruciais planeados por MacArthur. Se alguma vez existiu um homem sedicioso e traiçoeiro que não teve escrúpulos em trair o seu país, esse homem era o reitor socialista Dean Rusk.

O terceiro parceiro neste trio de sedicionistas foi Walt Whitman Rostow, que uma vez disse:

> "É um objectivo nacional americano legítimo ver o fim da nação tal como tem sido historicamente definido". (Rostow, "The United States in the World Arena").

Apesar de ter sido declarado um grave risco de segurança pela Agência de Informações do Departamento de Estado e pela Agência de Informações da Força Aérea, Rostow permaneceu numa posição muito poderosa como representante não eleito dos Socialistas americanos, com uma porta aberta para Eisenhower, Kennedy e Johnson. Rostow tinha sido atribuído ao Massachusetts Institute of Technology pelo Comité de 300, de onde desenvolveu e planeou a estratégia que ele acreditava que traria "o fim da nação" para os Estados Unidos.

Que este monstruoso traidor tivesse mão livre em Washington deveria calar para sempre aqueles que acreditam que o socialismo é apenas uma instituição benevolente concebida para ajudar os necessitados, os desempregados e os pobres. Em Dezembro de 1960, Rostow foi a Moscovo para se encontrar com Vasily Kuznetsov, o Vice-Ministro dos Negócios Estrangeiros da URSS. Kuznetsov tinha-se queixado a Acheson e Rusk de que os EUA estavam a construir uma capacidade de greve dirigida ao seu país.

Rostow disse-lhe para não se preocupar, que a situação seria corrigida. E foi. Graças à intervenção de Robert Strange McNamara, então Secretário da Defesa, quase toda a produção dos Skybolt, Pluto, X-20 Dynasoar, mísseis Bomarc-A, o sistema de defesa Nike Zeus e o bombardeiro nuclear B-70 foi significativamente reduzida ou eliminada. Não houve uma redução correspondente do lado russo. Além de tudo o mais, a traição de McNamara custou 5,4 mil milhões de dólares americanos. Seria difícil encontrar um grau superior de traição, e numa lista de traição e sedição socialista, McNamara estaria entre os 10 primeiros.

Como recompensa pela sua perfídia, Rostow foi nomeado pelo Presidente Johnson para o Conselho de Segurança Nacional em 1964. Na altura da nomeação de Rostow, Johnson elogiou o malvado sedicionista, declarando que "ele tem o trabalho mais importante na Casa Branca, fora do Presidente". Este era o mesmo Rostow que nunca tinha vacilado no seu objectivo de, um dia, pôr fim à nação dos Estados Unidos.

Rostow foi responsável pelo envio de forças terrestres dos EUA para o Vietname, após intenso lobby para as nossas tropas irem para o Delta do Mekong. Mas os Chefes do Estado-Maior Conjunto disseram ao Presidente que as tropas terrestres não deveriam estar comprometidas com o Vietname do Sul, pois estavam certas de que ficariam atoladas e, em última análise, incapazes de se libertarem da área. Como todos os membros da camarilha socialista em Washington, Rostow não desistiu do seu plano e continuou a pressionar para um compromisso de tropas.

Rostow usou o General Maxwell Taylor para obter acesso directo a John Kennedy. Infelizmente, um Kennedy verde e inexperiente aceitou o guião de Rostow e em Janeiro de 1960, dez mil soldados americanos foram enviados para o Vietname. Através da traição e traição de Walt Whitman Rostow, o método socialista Fabian de penetração e impregnação tinha infectado o escritório mais alto da terra.

Nunca houve uma guerra como a do Vietname, onde os nossos soldados tentaram lutar com ambas as mãos algemadas atrás das costas, as chaves mantidas por Robert Strange McNamara, Walt Whitman Rostow e Dean Rusk. Os militares de nenhuma nação tiveram de lutar pelas regras estabelecidas por um conhecido traidor

- Robert Strange McNamara. Este homem deveria ter sido julgado há muito tempo por traição e enforcado. Sob as "regras de combate" de McNamara, os nossos soldados tiveram de esperar até serem cercados e alvejados antes de poderem reagir.

Alguma vez existiu tal traição? O Senador Barry Goldwater chamou às regras de combate de McNamara "camadas de restrições ilógicas e irracionais" que também impediram os nossos pilotos de bombardeiros de atacarem alvos estratégicos claramente visíveis. Em vez disso, os nossos bombardeiros tiveram de descarregar toneladas e toneladas de bombas em "pistas de abastecimento" que nem sequer conseguiam ver, e que não causavam qualquer dano a alvos estratégicos, na maioria dos casos a centenas de quilómetros de distância. Foi um exercício completamente fútil e um desperdício de dinheiro chocante.

Em casa, os socialistas que controlam os meios de comunicação social estão envolvidos numa feroz batalha para conquistar a opinião pública - do lado do regime comunista vietnamita do Norte. Os soldados americanos eram os "maus da fita", enquanto que os vietcongues não podiam fazer nada de errado. Espero fervorosamente e rezo para que estes três inimigos dos Estados Unidos, Rostow, Rusk e McNamara, sejam, de alguma forma, levados à justiça por traição. Pendurar é demasiado bom para eles.

Se me pedissem para dar a minha opinião sobre as estrelas socialistas que mais prejudicaram a Constituição e os conceitos de uma grande República americana, teria de pensar longa e duramente, pois há uma verdadeira multidão por onde escolher. Mas no final, teria de colocar Walter Lippmann mesmo no topo, que aderiu à Fabian Society em Londres em 1909, fazendo dele o mais antigo socialista americano.

Em 1917, Lippmann foi seleccionado pelos serviços secretos britânicos MI6 para visitar o Coronel House de quinze em quinze dias para o aconselhar sobre como conseguir a reeleição de Wilson e afastá-lo da neutralidade, estas 'opiniões' aparecem frequentemente na revista socialista 'New Republic' da qual Lippmann era membro da direcção. Não era do conhecimento geral que Lippmann era o chefe de um grupo informal que definiu a política de guerra de Wilson e desenvolveu a sua estratégia do pós-guerra. Este grupo era chefiado pela Dra. Sydney Mezes.

Lippmann prosseguiu activamente uma política de obtenção de donativos privados para promover os 14 pontos de Wilson, que se esperava que levassem à fundação da Nova Ordem Mundial através da Liga das Nações. Lippmann conseguiu assegurar os serviços de 150 professores socialistas para propagandizar e recolher dinheiro e dados para a próxima Conferência de Paz de Paris, entre eles o notório socialista, o Reverendo Norman Thomas. De facto, graças a estes professores e à astúcia de Lippmann, as suas ideias foram fervorosamente expressas por Woodrow Wilson, que não parecia importar-se que ele estivesse a servir de porta-voz do socialismo internacional.

Lippmann associou-se estreitamente ao "Vermelho Radical" John Reed, cujas ideias bolcheviques para a América tiveram de ser atenuadas, até que Reed acabou por fugir para se juntar aos bolcheviques em Moscovo, mas não antes de fundar o Clube Socialista de Harvard com Lippmann. Reed foi o tema de um filme muito imaginativo de Holly Wood glorificando o bolchevismo e enfatizando a honra que foi para Reed ser enterrado perto do muro do Kremlin depois do seu longo serviço ao comunismo.

Tal como Felix Frankfurter e Louis Brandeis, Walter Lippmann cresceu em circunstâncias prósperas. A sua carreira em Harvard foi justamente descrita como "brilhante", mas pela própria admissão de Lippmann, a sua inscrição na Sociedade Fabian em 1909 significou mais do que tudo o que tinha conseguido em Harvard. Assim, como em tantos outros casos, é evidente que os bons socialistas não são feitos, eles nascem assim. Os Fabians em Londres tinham observado a carreira de Lippmann em Harvard e, nas palavras de Harold Laski, "ele nasceu para ser socialista",

> "ele era o candidato ideal para levar a cabo a nossa política de penetrar e permear os Estados Unidos a todos os níveis".

De 1932 a 1939, dedicou o seu tempo e energia a penetrar e permear as principais corporações, práticas legais e círculos bancários da América. Foi Lippmann quem criou uma nova classe, os republicanos "moderados", que serviriam Clinton de forma decisiva para conduzir os EUA pelo caminho socialista da escravatura sob um governo mundial - a Nova Ordem Mundial - a Nova Era das Trevas.

O termo "republicano moderado" ajudou aqueles que estavam dispostos a cometer traição e sedição na Câmara e no Senado a evitar serem rotulados como socialistas, marxistas ou comunistas. Entre os camaleões maquiavélicos mais eficazes estavam os senadores Roth, Cohen, Kassenbaum, Chaffee, Danforth, que tornaram possível a incorporação do Manifesto Comunista de 1848, sob a forma do "Crime Bill", na legislação norte-americana.

Lippmann foi o primeiro americano a adoptar a psicologia aplicada a situações políticas, uma táctica que aprendeu no Tavistock Institute for Human Relations em Sussex, Inglaterra. O seu inabalável apoio ao socialismo foi caracterizado pela sua estreita amizade com Thomas 'Tommy' Lamont, o banqueiro J. P. Morgan que foi fundamental para convencer o governo dos EUA a reconhecer e estabelecer relações com os carniceiros bolcheviques sanguinários de Moscovo. Lippman ganhou imenso poder através das suas colunas de jornais sindicalizados, que foram recolhidas por todos os principais jornais e revistas.

Lippmann passou a ser um grande amigo e confidente dos Presidentes Kennedy e Johnson, e a sua socialização dos mesmos levou à adopção de programas socialistas, a Nova Fronteira e a Grande Sociedade, retirados directamente de livros escritos por socialistas, e adoptados quase in toto pelo Partido Democrata. Lippmann é creditado pela implementação da política de "apressar e abrandar" dos socialistas Fabian nos Estados Unidos:

> "De modo geral, o nosso objectivo era tornar os reaccionários em conservadores, os conservadores em liberais, os liberais em radicais e os radicais em socialistas. Por outras palavras, tentámos subir um degrau a todos. Preferimos que toda a massa se mova um pouco, do que ter uns poucos completamente fora de vista". (Fonte, Registo Congressional 12 de Outubro de 1962).

Esta visão muito esclarecedora do funcionamento do "gradualismo" socialista deve ser estudada por todos os que se preocupam com o futuro dos Estados Unidos, e precisamos de criar escolas que ensinem como combater esta ameaça rasteira que, se não for travada, acabará por aleijar a nossa nação. O sucesso destas tácticas pode ser visto durante a presidência Clinton, onde uma grande peça legislativa socialista após outra foi imposta com base na conversão gradual dos opositores de Clinton em crentes na sua agenda.

O NAFTA socialista de Clinton, a lei do crime, e a sua lei que impõe o maior aumento de impostos do mundo ao povo americano são exemplos perfeitos de como esta paralisia arrepiante funciona, e também de como é importante ter traidores nas fileiras republicanas que são de todo o coração a favor do socialismo, mas que são rotulados de "republicanos moderados". Pelo método de Lippmann, a abordagem psicológica da política que aprendeu no Instituto Tavistock de Relações Humanas, o povo americano está a ser conduzido, lenta mas seguramente, um passo de cada vez, como uma caminhada de sonho, a aceitar sem murmúrio, as mudanças mais radicais e odiosas na educação, economia, religião e política nos Estados Unidos, sem parecer estar consciente das terríveis mudanças que têm sido feitas, e que estão a ser feitas.

A aplicação de Lippmann da psicologia social acelerou grandemente a aceitação da socialização dos Estados Unidos pelo New Deal de Roosevelt, que foi continuado pelo New Frontier socialista e pela Grande Sociedade de Kennedy e Johnson. Lippmann era o mais adepto de uma longa linha de seguidores do socialismo que utilizava a palavra "democracia" sempre que possível para a introduzir, sem sugerir que no linguajar socialista "democracia" significava na realidade as crescentes incursões do socialismo na vida educacional, económica e política da nação através da regulação governamental dos assuntos. A "verdadeira democracia", ou seja, o socialismo desenfreado, foi introduzida sem que a população tivesse consciência disso. Vemos esta política em pleno andamento na administração Clinton, com a maioria das pessoas ainda sem saber que a "democracia" que Clinton tem em mente é o socialismo hardcore.

O mandato de Lippmann como presidente da Sociedade Socialista Intercolegial estabelecida em Harvard em 1909 foi a melhor base para o seu futuro no socialismo que o dinheiro podia comprar, e foi de grande ajuda para ele quando fundou a revista socialista, a "Nova República", na qual as suas opiniões seriam mais tarde expressas sobre a Guerra do Vietname. Lippmann e outros escritores socialistas disseram ao povo americano, através de artigos de jornal, que se os Estados Unidos tentassem ganhar a Coreia, iríamos correr para a China e ser derrotados.

Esta era uma mentira calculada, pois a China não era de modo algum capaz de fazer guerra aos Estados Unidos, e se a guerra tivesse rebentado entre as duas nações, a China teria sido solidamente derrotada, facto transmitido a Truman e ao Pentágono pelo General Douglas McArthur e General Stratemeyer. As mentiras sobre a invencibilidade da China continuaram com o conflito do Vietname, que Henry Kissinger e Dean Rusk continuaram durante pelo menos mais dois anos depois de os vietnamitas terem declarado que o queriam acabar. Assim, foi plenamente realizado o objectivo socialista de drenar o tesouro dos EUA na ordem dos 5 milhões de dólares por dia, para não falar das 50.000 baixas sofridas pelas forças armadas americanas.

O socialismo foi implementado pelos conselheiros políticos que rodearam Kennedy, Johnson e Nixon, conselheiros do Reitor Rusk - tipo Robert McNamara que conduziu os Estados Unidos no caminho da derrota na Coreia e Vietname, e cujos substitutos hoje, do tipo que rodeia o Presidente Clinton, não hesitarão em fazer exactamente o mesmo se chegar a uma guerra contra um futuro inimigo.

Uma das futuras estrelas do firmamento socialista americano, que Lippmann conheceu na Universidade de Harvard, foi Robert Strange McNamara. Produto do método socialista de penetração e permeação de John Maynard Keynes que instalou as doutrinas de Fabian no departamento de economia de Harvard, McNamara ensinou na Escola de Negócios como professor assistente de administração de empresas entre 1940 e 1943. Foi então destacado para a Força Aérea e depois para a Ford Motor Company. Após um mandato quase catastrófico na Ford, foi promovido a um cargo recentemente criado como chefe do Departamento de Defesa.

McNamara ficou impressionado com o novo evangelho socialista que estava a varrer os campi das universidades americanas. A economia política americana, as políticas económicas experimentadas e verdadeiras definidas no sistema económico americano de protecção tarifária e dinheiro sólido baseado no bimetálismo, estavam a ser rapidamente eliminadas e substituídas pela baboseira económica de John Maynard Keynes e Harold Laski. Nenhum líder socialista estava mais ansioso do que McNamara para implementar estas teorias anti-americanas socialistas de economia e economia política. A única coisa que saiu desta corrida louca para suprimir o modelo económico americano foi que o modelo keynesiano estava perigosamente próximo das teorias económicas de Karl Marx, uma observação que nunca foi autorizada a ser mencionada na imprensa, na rádio ou na televisão.

Mais do que isso. McNamara estava ansioso por vender os militares, e fê-lo usando a influência nefasta que tinha sobre o Presidente Johnson. Nunca houve uma época mais perigosa para a segurança dos EUA do que quando a estrela socialista Robert S. McNamara vagueava pelos corredores do Pentágono, cancelando um programa atrás do outro até os EUA estarem bem abaixo da União Soviética. McNamara conseguiu mesmo que a Johnson cancelasse a produção de plutónio para o programa nuclear através de uma ordem executiva ilegal.

Ilegal, no sentido de que apenas reis e rainhas podem emitir proclamações, que é o que é uma ordem executiva. Numa altura anterior da história da nação, tanto McNamara como Johnson teriam sido julgados e condenados por traição, como deveriam ter sido.

Em 1964, num momento crucial da luta para alinhar Estaline, McNamara cancelou os planos de batalha nuclear da OTAN, sem a sua autorização e sem nunca consultar os aliados da OTAN. Diz-se desta façanha espantosa das forças armadas soviéticas que os generais soviéticos beberam vodka e festejaram toda a noite no Kremlin, incrédulos da sua boa sorte. Os líderes de direita franceses reafirmam a sabedoria de De Gaulle, que se retirou da OTAN e estabeleceu um dissuasor nuclear independente para a nação francesa. Os franceses renovaram a sua promessa de nunca serem enganados e desarmados pelos Estados Unidos, como teriam sido se a França não tivesse saído da OTAN.

É uma maravilha que o pequeno Partido Comunista Americano e um Partido Socialista nominalmente inexistente tenham conseguido alcançar uma vitória tão maciça para o socialismo Fabiano. Os futuros historiadores irão certamente esfregar os olhos de espanto, perguntando-se o que aconteceu aos antepassados daqueles que atiraram o chá para o porto de Boston, e o que aconteceu aos descendentes de Andrew Jackson, um homem que não só reconheceu claramente a ameaça socialista, mas lutou activamente contra ela com unhas e dentes toda a sua vida.

O que aconteceu ao povo americano entre a fundação desta nação e a chegada ao poder dos socialistas? A verdadeira resposta reside na mistura da população, que agora estava tão adulterada que tinha pouca semelhança com os colonos originais. Numa revolução silenciosa, os socialistas dilaceraram o país e desmoralizaram gradualmente a nação a tal ponto que esta se tornou presa fácil para as forças que esperavam pela sua queda desde a Guerra de 1812.

Constantemente à procura de inspiração na Sociedade Britânica Fabian nos seus slogans e programas, o Partido Democrático tornou-se efectivamente o partido socialista/marxista/comunista dos Estados Unidos. A "guerra contra a pobreza" de Johnson, por exemplo, foi originalmente escrita pelo primeiro-ministro do Partido Trabalhista Harold Wilson. No seu discurso aos Socialistas Internacionais, Harold Wilson deixou claro que a intenção dos Socialistas na Grã-Bretanha e nos EUA era desviar fundos para a defesa para fundos para a erradicação da pobreza. O desarmamento, disse Wilson, era disso que se tratava, para que a "necessidade" pudesse ser banida da terra.

O proeminente socialista Michael Harrington, membro do Partido Socialista da América, retomou o panfleto de Wilson dez anos mais tarde e produziu um livro intitulado "The Other America: Poverty in the United States" (A Outra América: Pobreza nos Estados Unidos). O livro de Harrington foi um sucesso imediato, com cobertura de imprensa, rádio e televisão. Os socialistas adoram-no. Ninguém considera apropriado mencionar que Harrington apenas levou mais longe as observações de Harold Wilson e aplicou-as à cena americana. John F. Kennedy recebeu um exemplar do livro e escreveu a Harrington que estava profundamente impressionado com o mesmo.

Foram as estrelas do firmamento socialista acima dos Estados Unidos que causaram mais destruição do que qualquer exército invasor poderia esperar alcançar. Foram os socialistas que prostituíram e distorceram o nosso sistema eleitoral, até hoje é impossível dizer quanta fraude e engano vão para a contagem final dos votos. Nesta área, o Partido Democrático está à cabeça e ombros acima do Partido Republicano.

Chegou-se a isto: o que os candidatos dizem é quase irrelevante hoje em dia; o que importa é quem atrai mais eleitores. Quando um candidato republicano enfrenta um candidato democrata, a imprensa internacional começa a seguir o candidato como se este estivesse a concorrer em Inglaterra, Itália, França, Alemanha, Polónia e nos países escandinavos. Surpreendentemente, a imprensa socialista nestes países cerra fileiras atrás do candidato democrata, quase sem excepção.

Pior ainda, as pressões e ameaças que acompanham uma eleição tornam virtualmente impossível um resultado justo. Os democratas são muito bons nisto. Os negócios são intimidados, os contratos ameaçados, os fundos retidos dos programas de vizinhança; o processo eleitoral de hoje não tem tanto a ver com o número de eleitores que se registam e votam: tem a ver com quem pode carregar mais peso, quem pode intimidar e chantagear com mais sucesso, quem pode mentir mais ao povo americano sem ser descoberto.

Para tal, os tipos da Madison Avenue são contratados a grande custo. Se um presidente desliza e diz a coisa errada, os fixadores intervêm e asseguram aos eleitores que foram eles que não ouviram bem. No final do século XX, a honestidade já não existe na política. Como Walter Lippmann explicou num raro momento de candura após as eleições de 1964:

> "Pois o verdadeiro objectivo da campanha não era traçar um rumo para o futuro. Tratou-se de derrotar e esmagar a rebelião contra a linha estabelecida de política interna e externa que foi definida (pelos socialistas) na geração desde a Grande Depressão e a Segunda Guerra Mundial".

Há muitas outras estrelas brilhantes no firmamento socialista, passado e presente, e na secção de Notas mencionamos os seus nomes, mas não tão completamente como gostaríamos. Para saltar no tempo para o presente, talvez a estrela mais brilhante de todas no firmamento socialista, no final do século XX, é o Presidente William Jefferson Clinton.

Como muitos dos seus antecessores, Clinton foi empurrado para a cena política americana a fim de penetrar e infiltrar-se e lançar as bases para a sua presidência. Poucos imaginavam que um político relativamente pequeno de um estado relativamente pequeno seria o melhor agente de mudança que o socialismo Fabiano poderia encontrar até agora. Passaremos por cima dos detalhes formais e conhecidos de Clinton, e em vez disso tentaremos ir além da informação convencional sobre ele que dificilmente precisa de ser repetida.

Em vez disso, tentaremos dar aos nossos leitores alguma da informação que tem sido mantida em segredo e que ainda não viu a luz do dia, apesar da multidão de poderosos detractores Clinton que nada gostariam mais do que expulsá-lo de Washington.

Com excepção de algum tempo passado em Londres, onde actuou como líder da agitação socialista contra a Guerra do Vietname, e de um período na escola de acabamento socialista (Universidade de Oxford), Clinton tinha pouca experiência na política fora do Arkansas. No entanto, ele conseguiu manter um domínio notável sobre o estado do Arkansas.

Nesta tarefa, foi habilmente assistido pelos seus amigos Tyson e Stephens, dois dos homens mais ricos do estado. Clinton foi recomendado para promoção e recomendado a Jay Rockefeller e Pamela Harriman pelo 'Rei' Stevens. Harriman e Rockefeller são os líderes do Partido Socialista dos Estados Unidos, mais conhecido como o Partido Democrata. A Sra. Harriman viu em Clinton um homem com potencial, e Clinton foi enviado para ser treinado pelos Bilderbergers como um futuro líder socialista mundial. Harriman e Rockefeller não ficaram desapontados, uma vez que Clinton teve um desempenho impressionante e, no seu regresso aos Estados Unidos, foi nomeado pelo Partido Democrata como o seu candidato de eleição para as eleições presidenciais de 1992.

Havia preocupação com os esqueletos no guarda-roupa de Clinton, mas pensava-se que a sua boa aparência de rapaz e a sua rapidez eram suficientes para superar as tentativas grosseiras de se referir a eles. E assim, a 20 de Janeiro de 1993, Clinton tornou-se o 42° Presidente dos Estados Unidos da América. O facto de uma personalidade mais improvável do que a sua ter tomado o controlo da maior e mais poderosa nação do mundo atordoou os seus detractores - e havia centenas de detractores nos escalões mais altos do poder do país - que tendiam a ignorar a mente excepcionalmente afiada de Clinton e a insistir nas suas humildes origens, para não falar das acusações de má conduta sexual que começaram a surgir.

Os socialistas eram jubilosos. A sua escolha tinha chegado à Casa

Branca; agora os programas socialistas podiam ser acelerados e o país não teria tempo de recuperar de uma crise antes da seguinte. Uma nova era de mau uso do poder estatal estava prestes a começar, o grande assalto socialista estava prestes a passar a uma velocidade alta. A hierarquia socialista tinha estabelecido um calendário de quatro anos para Clinton cumprir o seu mandato. Clinton seria um presidente com um mandato, mas os programas a que seria chamado a fazer passar o Congresso teriam as consequências mais aterradoras para os Estados Unidos durante os próximos 1000 anos.

Como os planos bem elaborados de William Clinton quase nunca foram revelados, excepto nos relatórios do World In Review (WIR). Foi assim: Clinton tinha-se desiludido com o marido, devido aos seus hábitos feministas e numerosos assuntos extraconjugais. Sendo das melhores coisas socialistas "feministas", a Sra. Clinton, que escondeu bem a sua ascendência, chegou a um ponto em que decidiu ir sozinha. Hillary Clinton (não havia menção a "Rodham" naqueles dias) separou-se e deixou o seu marido errante a ponderar os seus erros conjugais.

Foi pouco antes de Clinton ser abordado por Pamela Harriman e Jay Rockefeller que ele se viu sem a sua esposa. Foi uma má jogada; obviamente, um homem com problemas conjugais não estava apto a ocupar a Sala Oval. Harriman correu para Hillary e explicou a situação: se ela voltasse para o seu marido, poderia contar ser a próxima "primeira dama". Nunca deixando passar uma oportunidade de progresso, Hillary concorda em reconciliar-se com o seu marido, desde que não haja mais assuntos extraconjugais. Esta condição é aceite, e a corrida está a decorrer. O resto é história.

O que não é história é o passado de William Jefferson Clinton, que até hoje tem sido escondido do povo americano. Clinton nasceu em Hope, uma pequena cidade no Arkansas, e a família mudou-se para Hot Springs, que era uma cidade "aberta" com bordéis e outros "prazeres" da grande cidade. Foi esta atmosfera amigável e "vale tudo" em que Clinton foi criado que alguns dizem ser a fonte dos seus problemas com a verdade.

Segundo uma antiga senadora do Arkansas, o juiz Jim Johnson, uma tal Nora Waye, uma antiga sócia do sogro de Clinton, disse que Clinton não era de todo aquilo que os meios de comunicação social do estabelecimento o tinham construído para ser. Waye dá alguns exemplos:

> "Quando se pensa na aversão de Bill Clinton à verdade, perguntamo-nos se não será por causa do seu passado menos queestelar nesta área. Mentiu sobre ser um bolsista de Rhodes. Ele nunca terminou isso (curso) e mesmo assim disse que era um bolsista de Rhodes".

Nisto, o Waye parece ser preconceituoso. Qualquer pessoa seleccionada como bolsista Rhodes que vá a Oxford, mesmo que não conclua o curso, é autorizada a intitular-se bolsista Rhodes.

Foram feitas alegações muito graves contra Clinton relativamente a abuso de poder, tráfico de drogas e tráfico de informação privilegiada pela sua esposa. Estas alegações foram feitas por Larry Nichols, que era um grande amigo de Clinton nos anos 70. Nas palavras de Nichols, ele "fez muitos projectos para Clinton do ponto de vista do marketing". Nichols continuou a fazer uma série de alegações que, segundo ele, nunca tinham sido investigadas. A maioria delas diz respeito a transacções maciças de cocaína fora de Mena, Arkansas, algumas das quais também foram relatadas em "A Nação". Nichols afirma que a Autoridade Financeira para o Desenvolvimento do Arkansas (ADFA) foi uma entidade financeira totalmente auditada para o branqueamento de grandes somas de dinheiro de cocaína Mena, que, segundo ele, foi canalizado através de um banco não designado da Florida.

A Nichols também fez alegações graves de irregularidades contra a firma de advogados Rose e Hillary Clinton, acusando-os de receberem comissões sobre pedidos de caução em violação da lei estatal. Nichols diz que roubou documentos e fez cópias que sustentam a verdade das suas alegações. Ele afirma também que parte do dinheiro da droga da Mena foi lavado através de um banco de Chicago, que é co-propriedade do poderoso político democrata Dan Rostenkowski.

Nichols afirma que Roger Clinton, irmão do Presidente, não foi preso por vender cocaína, "eles estavam a dá-la" alegadamente em troca de favores não especificados. Nichols declarou que

> "Uma vez que ele (Dan Lasater - que foi condenado com Roger Clinton) foi condenado, ele e Roger foram para uma prisão de segurança mínima. Um Holiday Inn como eles são chamados.

> Passou lá, penso eu, até 6-8 meses e depois saiu. Sem o conhecimento de ninguém, Bill Clinton concedeu-lhe (presumivelmente ao Lasater) um perdão total no dia seguinte à sua libertação"...

Nichols acusa Clinton e a sua administração do Arkansas de nunca abordar o contrabando de cocaína a partir de Mena:

> "Não foi feita nenhuma apreensão importante no Arkansas, fora de Mena, Arkansas. Agora imagine que, há quase dez anos em funcionamento e nem um carregamento de cocaína foi apanhado".

Nichols continua a fazer uma série de alegações de irregularidades contra Wes Hubbell, que foi para Washington com Clinton, e Hillary Clinton, os Stevens e a família Tyson, aliados políticos e financeiros de Clinton enquanto era governador do Arkansas. Sobre Tyson, Nichols alega o seguinte:

> "Don Tyson investiu $600.000 ou $700.000, no total, em todas as campanhas de Bill Clinton. Adivinhe o que ganhou com isso? 10 milhões de dólares - e adivinhe de onde? A Autoridade de Financiamento do Desenvolvimento do Arkansas. E nunca pagou um tostão por isso."

Nichols também acusou um fabricante de parquímetros, Parking on Meter (POM) associado a Hubbel, de impropriedade, e disse que tentou conseguir que todos os principais meios de comunicação social se interessassem pela sua história, mas todos eles se recusaram geralmente a tocá-la. Em vez disso, Nichols disse ter sido sujeito a uma barragem de abusos verbais e físicos que praticamente o desacreditaram.

Nichols declarou que um dos seus associados, Gary Johnson, um advogado, vivia no condomínio da Torre Quapaw. Johnson aparentemente tinha uma câmara de vigilância instalada no exterior do seu apartamento - muito antes de Geniffer Flowers se ter mudado para a porta ao lado. Johnson afirma ter visto Clinton entrar no apartamento de Geniffer Flowers em várias ocasiões com uma chave.

disse Johnson:

> "Eu vi-o entrar no seu apartamento. Não é que eu estivesse lá a

> olhar através do olho-de-vidro para o apartamento de Geniffer Flowers. É que eu tinha a câmara. Eu tinha a câmara antes de Geniffer Flowers se mudar para cá".

disse Nichols:

> "Adivinha o que ele filmou? Bill Clinton entra inúmeras vezes no apartamento de Geniffer Flowers, com uma chave".

Até agora, não houve qualquer corroboração das histórias de Nichols e Johnson, mas como dissemos, "A Nação" começou a escrever sobre Mena e Wes Hubell, e depois, após alguns artigos, não deu seguimento - o que é muito diferente do seu estilo jornalístico.

Em Outubro de 1992, "A Nação" declarou:

> "Em Hot Springs, onde Clinton falou no fim-de-semana do Dia do Trabalhador, vi o processo em acção. Foi aqui, nesta cidade sombria de balneários e casinos antigos, que a nossa Lei cresceu. Pode-se esquecer toda aquela treta assustadora sobre "uma cidade chamada Esperança". A atmosfera agitada obviamente causou-lhe uma impressão. Se acreditarem em Hillary, que apresentou o governador no comício de regresso a casa, a primeira coisa que disseram uma à outra quando ele a trouxe aqui num fim-de-semana romântico foi: "Olhem para todos estes pequenos negócios..."

A mesma revista de esquerda publicou um artigo em Março de 1992, do qual são extraídos os seguintes extractos:

> "Sobre a questão mais vasta dos favores de Clinton aos seus amigos, Larry Nichols - o homem despedido por Clinton da Autoridade Financeira de Desenvolvimento do Arkansas, e a fonte original da história de Flowers - diz que os laços com os Clintons são praticamente um requisito para as empresas que procuram empréstimos da ADEA, que foi largamente desenvolvido por Clinton em 1985 para atrair capital para o Estado para fins de desenvolvimento económico, oferecendo às empresas empréstimos a longo prazo financiados pela venda de obrigações isentas de impostos, E, de facto, os nomes que aparecem nos documentos da ADFA analisados pelos meus colegas trazem o aroma do círculo de Clinton."
>
> "Entre os subscritores de obrigações de que temos cópias,

Stephens Inc. figura de forma proeminente. O presidente da empresa, Jackson Stephens, e o seu filho Warren ajudaram Clinton a angariar mais de 100.000 dólares para a sua campanha. Em Janeiro, o banco no qual Stephens tem uma participação maioritária, Worthen National, concedeu a Clinton uma linha de crédito de 2 milhões de dólares. Outro nome familiar na emissão de obrigações é o agora extinto Lasater and Co. Dan Lasater, que dirigia a companhia, é um amigo de longa data de Clinton e do seu irmão Roger. Tanto Roger como Lasater foram presos por cocaína, o primeiro com uma acusação mais grave".

"Depois há o escritório Rose Law Firm, o escritório de advogados de Hillary Clinton cujo nome adorna tanto as emissões de obrigações como os documentos do contrato de empréstimo. Hillary Clinton representou uma empresa detida pela Stephens Inc. em litígio. Wes Hubbel, parceiro de Rose, representou o beneficiário do primeiro empréstimo da AFDA, uma empresa chamada Park on Meter, ou POM, cujo nome surge frequentemente nas discussões sobre a Mena. Hubbel tinha sido secretário do POM no início da década de 1980. O cliente do Hubbel no caso AFDA foi Seth Ward, o actual presidente do POM, que é conhecido por ser amigo de Clinton. Worthen Bank está entre as instituições que têm tido ocasionais hipotecas sobre POM".

"Clinton e a política de drogas é outra área de confluência frustrada. Segundo o seu adjunto, John Kroger, Clinton acredita que "a verdadeira solução para o problema da droga é reduzir a procura". Mas Clinton também apoia "os esforços em curso para interditar a entrada de drogas nos Estados Unidos", favorecendo "a expansão do uso das forças armadas, particularmente para seguir e impedir a entrada de pequenos aviões no país". Então porque não seguiu ele o rasto da droga até Mena, a cidade e o aeroporto no Arkansas ocidental? Clinton não pode alegar ignorância do facto de que o Arkansas serviu de centro para operações de tráfico internacional de droga. Um dos seus procuradores do estado, Charles Black, chamou a sua atenção para este facto em 1988. Durante cinco anos antes disso, foi conduzida uma investigação federal pela Polícia Estadual de Clinton. Como parte dessa investigação, um grande júri federal foi empanado. O grande júri acabou por ser dissolvido, e a imprensa local informou que os membros do júri foram impedidos de ver provas cruciais, de ouvir testemunhas

> importantes, e mesmo de ver o projecto de acusação de lavagem de dinheiro redigido por um advogado do Departamento de Justiça, Operação Greenback".
>
> "Em 1989, Clinton recebeu petições de cidadãos do Arkansas pedindo-lhe que convocasse um grande júri estatal e continuasse a investigação. Winston Bryant, agora Procurador-Geral do Estado, fez da questão da droga e da Mena um tema de campanha em 1990. Um ano mais tarde, Bryant entregou os seus ficheiros estatais sobre Mena, juntamente com petições de 1.000 cidadãos, ao procurador Lawrence Walsh do Irão/Contra, que desde então tem procurado uma informação em massa. (Walsh apenas continuou o encobrimento.) Mais tarde nesse ano, a 12 de Agosto de 1991, o conselheiro de justiça criminal de Clinton escreveu a um cidadão preocupado para dizer que o governador compreendeu que a questão da actividade criminosa em Mena estava a ser investigada ou tratada de outra forma por Bryant, Walsh e o Representante do Arkansas Bill Alexander".
>
> "No entanto, com todo este conhecimento, Clinton nada fez. O Procurador-Geral do Estado não tem autoridade para conduzir uma investigação, mas o Procurador-Geral do Estado tem. Quando Charles Black instou Clinton a atribuir fundos para tal investigação, Clinton ignorou o seu pedido. A polícia estatal foi retirada do caso após o governo federal ter terminado a sua investigação. Agora a bola está de volta ao campo de Clinton e ele continua a não fazer nada"...

Numa edição posterior, "A Nação" tinha isto a dizer sobre Wes Hubbel e Park on Meter. Descrevendo a história da criação pessoal de Clinton da AFDA, o autor continuou:

> "... a ADFA fez o seu primeiro empréstimo industrial em 1985 à POM Inc, um fabricante de parquímetros com sede em Russellville, Arkansas. Foi alegado que o POM estava sob contrato secreto para fabricar componentes de armas químicas e biológicas para utilização pelos Contras, bem como equipamento especial para 130 aviões de transporte... Estes aviões transportavam, na altura, drogas e armas de Mena. O advogado do POM durante estas transacções foi sócio do escritório Rose, do qual Hillary Clinton era, e ainda é, membro. O Estado Clinton parece assim ter sido um elo importante na cadeia de abastecimento dos Contras, numa altura em que a

> ajuda militar aos Contras tinha sido banida pelo Congresso".
>
> "Agora chegamos a Michael Risconosciuto, um antigo empregado contratado da CIA, que diz ter trabalhado na Mena de 1988 a 1989. Risconosciuto foi preso pouco depois de ter sido chamado como testemunha no caso Inslaw...Foi preso com dez acusações relacionadas com drogas e condenado em sete delas... De acordo com Risconosciuto, Mena fazia parte de uma rede de bases que evoluiu ao longo do tempo... Mena foi crucial devido à sua posição central em relação às outras bases. Mena foi o principal ponto de entrega de narcóticos, com as outras bases a servirem de pontos de distribuição... Tanto quanto é do conhecimento de Risconosciuto, nenhuma droga foi descarregada no aeroporto de Mena. Tal como nas instalações da Seal na Louisiana, os aviões low-flying usavam pára-quedas para largar contentores de droga nas zonas rurais circundantes, por vezes na Floresta Nacional de Ouachita, mas mais frequentemente em terras privadas"...
>
> "POM, de acordo com Risconosciuto, não se limitou a fazer parquímetros. Ele afirma que, desde o início, em 1981, a empresa também fez tanques de descida de balsa... para C-130s".

A direcção do POM aparentemente encaminhou o repórter de esquerda para o advogado da empresa e nada mais foi dito sobre o POM e a sua correcção com a firma de advogados de Wes Hubbell e Hillary Clinton.

A revista de esquerda "The Nation" publicou outro artigo sobre Clinton e as acusações contra Gennifer Flowers, excertos dos quais apresentamos aqui:

> "As alegações sobre a vida sexual de Bill Clinton vieram à luz pela primeira vez num processo judicial apresentado por Larry Nichols, que foi despedido por Clinton do seu trabalho como director de marketing da Autoridade Financeira para o Desenvolvimento do Arkansas (ADFA). Clinton afirma que Nichols foi despedido por fazer 700 chamadas telefónicas não autorizadas para contras na América Central e que o processo faz parte de uma picada republicana. A sequência é mais complicada, decorrente do papel do Estado, e em particular de um aeroporto em Mena, no Arkansas ocidental, no treino e fornecimento dos Contras; também o fluxo de armas para drogas entre os EUA e a América Central... Uma organização estudantil

> da Universidade de Arkansas, Fayetville, que há muito investiga o caso Mena, conseguiu solicitar, ao abrigo das leis da F.O.I.A., os registos telefónicos da Nichol à ADFA. Mark Swaney, membro dessa organização, diz que não houve chamadas para a América Central nas portagens durante o período em questão"...
>
> "Os Clintons - Bill e Hillary - são tocados como dinâmicos e atenciosos, e de alguma forma formidavelmente unidos. Esta versão tem prevalecido apesar do facto, admitido entre parênteses pelos seus admiradores, de terem estado separados durante algum tempo e aparentemente só se terem juntado à medida que a campanha presidencial se aproximava. Foi a luxúria pelo poder que os uniu? Em contraste com os benevolentes Clintons, somos convidados a ridicularizar as Flores como uma menina dos bons tempos"...

Desde Sid Blumenthal na "Nova República" (o megafone dos socialistas), uma das lisonjas mais efusivas da história das relações públicas, aos inúmeros artigos favoráveis do "Washington Post" e do "New York Times", até aos grandes peitos dos eterno eruditos, a palavra está fora:

> Clinton é saudável, atencioso, pragmático, moderno, branco, masculino e seguro. E para todos os servidores do tempo Democratas que definharam durante doze longos anos, ele carregou - pelo menos até ser afligido pela doença das flores[14] - o cheiro de uma possível vitória"...

Parece que há muito território por explorar para o procurador especial recentemente nomeado, que os antigos procuradores especiais Fiske se recusaram a abordar. Talvez isto explique o nervosismo extremo dos Democratas do Congresso sobre a retirada de Fiske da investigação. Esperemos que a verdade venha ao de cima. Por enquanto, este parece ser o encobrimento mais bem sucedido na história da política americana.

---

[14] Referência à relação de Clinton com uma jovem mulher chamada Flowers.

Capítulo 7

PENETRAÇÃO E IMPREGNAÇÃO DA RELIGIÃO PELO SOCIALISMO

"As grandes civilizações do mundo não produzem grandes religiões como uma espécie de subproduto; num sentido muito real, as grandes religiões são os alicerces sobre os quais assentam as grandes civilizações". Christopher Dawson, historiador.

"A religião cristã não é uma religião adequada ao nosso tempo". Edward Lindeman. Escritor socialista cristão.

Embora seja verdade que o Socialismo Fabiano se propôs a penetrar em todas as religiões, o verdadeiro alvo foi sempre a religião cristã. Nos seus primórdios, a Sociedade Fabian chamou aos seus panfletos de uma página "folhetos", um termo utilizado pelos missionários cristãos, para enganar deliberadamente o público sobre a aversão do socialismo Fabian à religião organizada. Talvez a influência mais prejudicial sobre as crenças religiosas tenha sido a "racionalização alemã", originada por Bismarck e Marx, que consideravam a religião como uma mera ciência social.

Nos Estados Unidos, o líder socialista malvado, John D. Rockefeller, trabalhou para mover as igrejas para a esquerda, utilizando pregadores seculares infiltrados. Um dos seus lacaios, Paul Blanshard, foi utilizado para formar uma organização chamada "Protestantes e Outros Americanos Unidos pela Separação da Igreja e do Estado". Esta doutrina é uma das mentiras e embustes mais bem sucedidas jamais perpetradas sobre o povo americano. Não existe tal poder na Constituição.

Uma das primeiras igrejas cristãs na América a ser 'socializada' foi a Grace Church no sul de Boston, da qual o Reverendo W.D. Bliss era o pastor. Grande amigo de Sidney Webb, o zelo missionário de Bliss em nome da Sociedade Fabiana era louvável, mas o seu cristianismo professo não se estendia ao ensino do Evangelho de Cristo. Outro corruptor da religião cristã foi o Padre (mais tarde Monsenhor) John Augustin Ryan, cujo evangelho foi o ensinado pelo socialista inglês John Hobson. Ryan formou um grupo chamado National Catholic Welfare Council, que foi utilizado pelos socialistas Fabianos para penetrar e permear as igrejas católicas em toda a América. Ryan tornou-se mais tarde o "padre do New Deal" e foi usado por Roosevelt para obter a "bênção da religião para as suas contas mais controversas do New Deal".

Mas o verdadeiro centro da actividade religiosa socialista nos Estados Unidos era a Igreja Riverside, uma igreja da "ciência social cristã" financiada pela Fundação Rockefeller em Nova Iorque. Nesta perspectiva, foram feitas incursões na vida política da nação, particularmente através da família Dulles, que dominou o Conselho Federal de Igrejas de Cristo na América (FCCA). O FCCA foi um dos primeiros 'grupos religiosos' a apoiar entusiasticamente o New Deal de Roosevelt.

Em 1935, o Serviço de Inteligência Naval dos EUA designou a FCCA como líder do pacifismo:

> "... É uma grande organização pacifista radical... a sua liderança consiste num pequeno grupo radical que é sempre muito activo em qualquer assunto contra a defesa nacional".

A Comissão de Mortes recebeu o testemunho juramentado de uma testemunha especializada que declarou o seguinte

> "Aparentemente, em vez de promover o cristianismo entre os seus muitos membros, ela (a FCCA) é mais uma enorme máquina política e parece estar envolvida na política radical. A sua liderança indica que tem relações com muitas das organizações mais radicais".

Em 1933, o Reverendo Albert W. Beaven e 44 co-patrocinadores escreveram uma carta a Roosevelt exortando-o a socializar a

América. Outro "homem do pano", o Reverendo Dr. Kirby Page, disse a Roosevelt para apoiar os bolcheviques.

> "O objectivo do proletariado na Rússia era estabelecer uma vida melhor... É difícil encontrar um jovem no mundo mais dedicado à causa de Cristo do que o jovem que encontrará na Rússia dedicado a Estaline...", disse Kirby.

O Dr. Harry F. Ward, outra figura importante da FCCA, demitiu-se efectivamente da União Americana das Liberdades Civis (ACLU) em 1925 porque excluiu os "totalitarianos" da sua filiação. No ano anterior, Ward - então presidente da ACLU - tinha saído em apoio a causas socialistas e comunistas. Isto foi quando Ward foi professor de ética cristã no Union Theological Seminary em Nova Iorque. Graças à sua excelência em tácticas de penetração e impregnação. Ward é capaz de subverter três gerações de futuros líderes da igreja americana e trazê-los para o campo socialista.

O Reverendo Niebuhr é outro socialista proeminente nomeado por um perito chamado pelas audições da Comissão de Mortos. Niebuhr ocupou o cargo de Professor de Cristianismo Aplicado e Decano do Seminário Teológico da União, e foi um dos primeiros Fabian Socialistas Americanos a promover o livro "A New Deal" de Graham Wallas, um dos principais escritores da Sociedade Fabian. Em 1938, Niebuhr juntou-se à Associação Fabian Socialista de Professores Universitários, que se autodenominava uma "organização educacional progressista". Como agora sabemos, "progressista" é apenas mais uma palavra para "socialista". Niebuhr é também identificada como a secretária da Liga dos Estudantes para a Democracia Industrial (SLID) (que mais tarde se tornou a Liga da Democracia Industrial), a organização estudantil ultra-socialista fortemente envolvida na política radical.

Muitos estudantes membros da EDLR aderiram então ao Partido Democrático, em vez de tentarem formar o seu próprio partido socialista. Foi a partir deste ponto que o Partido Democrata ficou infestado de socialistas, até hoje, de acordo com os meus contactos de inteligência, 86% do Partido Democrata são socialistas hardcore. Niebuhr iria mais tarde ter uma profunda influência sobre os irmãos Kennedy, com Robert a citar o livro de Niebuhr, "Children of Light, Children of Darkness" (um livro de culto pagão) como um dos livros que ele levaria à lua se alguma vez fosse.

A influência de Niebuhr espalhou-se por todo o lado, propagando a sua política "progressista" entre os membros socialistas da Acção Democrática dos Americanos (ADA) e da LID. Ao longo da sua vida política, Niehbur pregou o "Evangelho Social", mais tarde conhecido como teologia da libertação marxista. Tornou-se amigo íntimo de Arthur Schlesinger Jr., pregando que "o capitalismo era uma doença" e que a violência estava nos olhos de quem a observava. Schlesinger continuou a desempenhar um papel muito importante na socialização da América, provando que o socialismo religioso era uma arma devastadora nas mãos certas (ou erradas). Niehbur abraçou abertamente o marxismo (embora fosse um credo totalmente ímpio e uma crença estranha para um ministro que deveria ser um professor do Evangelho), afirmando que era

> "essencialmente uma teoria correcta e uma análise das realidades económicas da sociedade moderna".

Este chamado "teólogo" foi também activo no controlo da imprensa, tendo sido nomeado por Rockefeller para a "Comissão para a Liberdade de Imprensa". Inevitavelmente, Niehbur foi nomeado para o Conselho das Relações Exteriores (CFR) sob as instruções de David Rockefeller. Assim, no teatro religioso de operações socialistas, vemos que o socialismo Fabian tem estado muito ocupado nos Estados Unidos e aprendeu bem a lição de que o uso da religião como meio de penetrar e permear a sociedade como um todo, é muito importante. Fomos levados a acreditar que os bolcheviques e os seus primos socialistas eram contra todas as formas de religião. Na realidade, isto não é de todo verdade. O ódio socialista/bolchevique à religião visava mais o cristianismo do que qualquer outra religião.

Uma das formas pelas quais os socialistas têm conseguido manter o seu domínio sobre a religião organizada é através da Fellowship of Faiths, que foi estabelecida como organização socialista em 1921 e foi recentemente completamente reavivada em preparação para o advento de um governo mundial - a Nova Ordem Mundial. É uma organização concebida para controlar a religião - um objectivo de longa data do socialismo - que compreendeu que a religião nunca pode ser erradicada. O principal estadista do Comité de 300, Bertrand Russell, descreveu a atitude socialista em relação à religião da seguinte forma:

"Se não o podemos controlar, então temos de nos livrar dele.

Mas livrar-se da religião é mais fácil dizer do que fazer, por isso o método escolhido é o 'controlo'.

Todas estas guerras não foram capazes de livrar o mundo da religião. Outras tácticas tiveram de ser desenvolvidas, como a lavagem cerebral intensiva, utilizando a conhecida ideia relativista de que todas as religiões são iguais. As provas de que a guerra ao cristianismo está a crescer em ferocidade e intensidade podem ser encontradas no ataque à Constituição dos EUA por socialistas como Lloyd Cutler - conselheiro do Presidente Carter, do Presidente Clinton e da sua Procuradora-Geral, Janet Reno. O socialista Cutler procura enfraquecer a Constituição, a fim de reduzir a protecção e a liberdade de culto e religião de todos.

O chocante massacre de cidadãos americanos em Waco, Texas, é um exemplo recente de quão longe os socialistas estão dispostos a ir para suprimir a liberdade religiosa. Os acontecimentos que levaram ao assassinato de mais cidadãos cristãos-americanos do que estudantes chineses na Praça de Tiananmen são demasiado conhecidos para serem aqui relatados, mas alguns aspectos precisam de ser esclarecidos e amplificados.

O primeiro ponto a considerar é este: Onde diz a Constituição que o governo federal tem o direito de interferir nos assuntos religiosos de QUALQUER igreja, uma vez que interferiu e interveio nos assuntos da Igreja Cristã Davidiana Branch? Onde diz na Constituição que o governo federal tem o direito de decidir o que é um "culto" e o que não é? Que o Procurador Geral Reno nos mostre onde é dada essa competência às agências federais de aplicação da lei. A verdade é que não a conseguimos encontrar; não está na Constituição!

Em nenhuma parte dos poderes delegados ao Congresso no Artigo 1, Secção 8, Cláusulas 1-18 é dado o poder de atacar um "culto". Permitir que uma agência federal interfira com a Igreja Davidiana Branch e a ataque pela força das armas, como fizeram em Waco, exigiria uma emenda à Constituição dos EUA. O que aconteceu em Waco foi traição e sedição contra a Constituição e o povo americano. Ao utilizar veículos militares para atacar civis numa igreja cristã, devemos assumir que a intenção era aterrorizar e privar os cidadãos dos seus direitos.

O artigo 1 da Carta dos Direitos da Constituição dos Estados Unidos declara:

> "O Congresso não fará qualquer lei que respeite um estabelecimento religioso, ou que proíba o seu livre exercício, ou que abranja a liberdade de expressão, ou de imprensa, ou o direito do povo a reunir-se pacificamente, e a solicitar ao Governo uma reparação das queixas".

Note-se o uso da palavra "deverá", que é muito mais forte do que "vontade". Note-se também as palavras "relativas ao estabelecimento de uma religião". Implícito na palavra "estabelecimento" está o entendimento de que também se refere ao acto de estabelecer, ou em linguagem simples, uma ENTIDADE NOVEMENTE ESTABELECIDA. Neste caso, a entidade recém-criada foi a Igreja Davidiana Branch. Assim, o governo federal foi obrigado por lei a PROTEGER os Davidianos, NÃO ASSASSINÁ-LOS.

O governo federal entrou em Waco com a intenção expressa de proibir o livre exercício da religião pelos membros da Igreja Cristã Davidiana Branch. Proibiu os membros do ramo Davidian de se reunirem pacificamente. O que o governo federal disse foi "dizemos que é um culto e não gostamos da sua religião, por isso vamos fechar a sua igreja".

Para tal, o governo federal trouxe veículos militares que depois utilizou para atacar os edifícios da igreja e matar os membros do ramo Davidian. Na página E7151 da Acta do Congresso de 31 de Julho de 1968, o Juiz William O. Douglas afirmou:

> "... É impossível para o governo traçar uma linha entre o certo e o errado e ser fiel à Constituição, é melhor deixar todas as ideias de lado".

O governo dos Estados Unidos optou por ignorar esta decisão e tentou simplificar a religião, para a reduzir ao que é bom ou mau, tendo o governo federal como árbitro. O governo federal tentou fazer da religião uma questão simples quando se trata de um assunto muito complexo em que não deveria ter interferido sob quaisquer condições.

As primeiras dez emendas da Constituição dos EUA constituem

uma restrição ao governo federal. Além disso, a permissão para legislar sobre religião é também negada pelo Artigo 1, Secção 9 da Constituição. O governo federal não tem poderes absolutos. Os davidianos do ramo tinham direito à protecção policial ao abrigo dos poderes concedidos ao Estado na 10ª Emenda. O Xerife de Waco falhou no seu dever quando não respondeu ao pedido de ajuda de um membro da Igreja Davidiana de um ramo para cumprir o seu dever de defender os cidadãos do Estado do Texas de agentes federais maraudistas. Se o xerife tivesse cumprido o seu dever, ele teria levado os seus homens para o local e ordenado aos agentes federais que saíssem da propriedade e do estado do Texas, onde não têm jurisdição. Infelizmente, o xerife, ou por ignorância da Constituição ou por medo da sua própria segurança, não interceptou os agentes federais armados e perigosos, como era constitucionalmente obrigado a fazer.

Segundo a Constituição dos EUA, a responsabilidade pela protecção da "vida, liberdade e propriedade" cabe aos estados e não ao governo federal. O caso Emma Goldman resolveu isso para sempre. (O perpetrador foi julgado em tribunal estatal e executado pelo Estado pelo assassinato do Presidente McKinley, embora o assassinato de um presidente fosse, e ainda seja, um crime federal). A 14ª Emenda, embora não tenha sido ratificada, não tentou transferir a responsabilidade pela protecção policial dos estados para o governo federal. Assim, o que tivemos em Waco foi um ataque não autorizado a uma comunidade religiosa, agravado pelo fracasso abjecto do xerife em proteger os cidadãos do estado do Texas de uma agressão ilegal e ilegítima por agentes federais.

Como resultado, os cidadãos do ramo Davidiano do Estado do Texas foram ilegal e maliciosamente privados de vida, liberdade e propriedade, sem o devido processo legal, e negaram um julgamento por júri, enquanto que o Xerife de Waco, o principal oficial da lei do Estado, ficou parado e nada fez para impedir estes ataques. Espera-se que sejam apresentadas acusações de incumprimento de obrigações contra o Xerife de Waco. A cláusula de imunidade do Artigo IV, Parte I foi grosseiramente violada:

> "Os cidadãos de cada Estado têm direito a todos os privilégios e imunidades dos cidadãos dos vários Estados".

O governo federal, sob a Constituição dos EUA, não tem o poder de decidir o que é uma igreja e o que é um culto. O poder do governo federal para decidir o que é um culto e o que é uma religião é o poder de DESTROGAR TODAS AS RELIGIÕES como os socialistas prefeririam, que é o seu objectivo final. A 1ª Emenda à Constituição NÃO confere este poder e não o delega no Congresso. Em vez disso, tivemos a opinião pública feita pelos meios de comunicação social, com a repetição, durante dias e dias, de que a Igreja Branch Davidian era um "culto", como se isso fosse sanção legal suficiente para os agentes federais invadirem os edifícios da igreja.

Waco não é a primeira vez que o governo federal interfere em assuntos religiosos, e certamente não será a última. Nas páginas 11995-2209 da Acta do Congresso, Senado, 16 de Fevereiro de 1882, lemos com horror como o governo tentou impedir alguns mórmons de votar. Na página 1197, lemos parte do debate.

> "... Este direito (de voto) pertenceu à civilização e ao direito americano muito antes da adopção da Constituição. É como o direito de portar armas, como muitos outros direitos que aqui poderiam ser mencionados, que existiam em nome dos cidadãos na época colonial em todos os Estados; e as disposições que foram introduzidas na Constituição por emenda, bem como no instrumento original, que pretendem proteger estes direitos, eram apenas garantias de um direito existente, e não eram os criadores do direito em si".

Os mórmons foram então considerados como sendo a Igreja Davidiana do ramo pelo governo federal. Em 1882, o Senado tentou aprovar um projecto de lei que teria nomeado uma comissão de cinco pessoas para agir como juiz e júri sobre os Mórmons e impedi-los de votar. Para além de tudo o resto, isto foi uma violação da lei de alcance. Na página 1200 das páginas 1195-1209, o Senador Vest fez a seguinte declaração:

> "... Por exemplo, ninguém pode presumir, iremos sustentar, que o Congresso pode fazer qualquer lei em qualquer Território, respeitando o estabelecimento da religião, ou o livre exercício, ou restrição da liberdade de imprensa, ou o direito do povo do Território de se reunir pacificamente, e de peticionar ao governo uma reparação de queixas. O Congresso também não pode negar ao povo o direito de portar armas, ou o direito a julgamento pelo júri, ou obrigar qualquer pessoa a testemunhar contra si própria

em processos criminais. Estes poderes, e outros em relação aos direitos do povo, que não é necessário enumerar aqui, são, em termos expressos e positivos, negados ao governo geral; e os direitos de propriedade privada têm sido guardados com igual cuidado".

Depois de rever a declaração de factos acima referida sobre a protecção proporcionada pela Constituição e a sua Carta de Direitos, ficamos impressionados com o horror da situação em Waco; os davidianos do ramo não receberam qualquer protecção garantida pela Constituição. Os poderes policiais de protecção foram abandonados pelo Xerife de Waco, o governo federal atacou os membros da Igreja Davidiana do ramo, tirou-lhes a vida de uma forma irresponsável, selvagem e bárbara, e destruiu completamente os seus bens, desafiando os seus "direitos à propriedade privada guardados com igual cuidado". Podemos ver até que ponto regredimos desde 1882, quando a lei para impedir os mórmons de votarem foi derrotada.

Porque foram os davidianos do ramo privados de todos os direitos que lhes assistiam? Porque foram tratados como um inimigo tentando invadir as nossas costas; com equipamento militar, helicópteros, tanques, bulldozers, e finalmente, com tiros que os destruíram a todos? Foram respeitados os seus direitos a um julgamento pelo júri, se de facto o governo federal tivesse acusações legítimas contra eles antes de os seus agentes entrarem na propriedade da igreja, armas em chamas?

Tudo o que aconteceu foi que os perpetradores dizem, quase alegremente, que assumem a responsabilidade pelos actos bárbaros dos seus lacaios! O que vimos no brutal massacre de Waco foi socialismo/comunismo em acção. A religião pregada por David Koresh poderia um dia ter sido aceite como uma religião estabelecida, tal como a Ciência Cristã de Mary Baker Eddy e os Mórmons são hoje religiões aceites. Estas religiões poderiam ter sido classificadas como "um culto" nos seus primórdios, embora a palavra não tivesse a mesma conotação que tem hoje. Mas o governo federal socialista temia que isto acontecesse com Koresh, tal como aconteceu com Mary Baker Eddy, por isso interveio e cortou-o pela raiz.

O socialismo está determinado a controlar a religião, e isto é mais evidente em nenhum lugar do que na sua chamada "comunidade de fé". As guerras não conseguiram livrar o mundo da religião; os bolcheviques tiraram a vida a 60 milhões de russos, a grande maioria dos quais eram cristãos. Transformaram igrejas cristãs em casas de prostituição, despojaram-nas dos seus preciosos artefactos e venderam o seu espólio através dos escritórios de traidores como Armand Hammer. Os cristãos têm sido perseguidos e mortos em massacres terríveis, desde os Romanos até aos dias de hoje, como vimos em Waco.

Os socialistas, tendo compreendido que não podiam destruir a religião matando os seus crentes e seguidores, puseram-se a tentar controlá-la. Formaram o falso governo mundial "Fellowship of Faiths" para assumir o controlo de todas as religiões. A par do controlo religioso, é suposto acreditarmos que o comunismo está morto e que em breve será arcaico. Não é este o caso, o comunismo nunca mudará. Pode ser na superfície, mas no fundo haverá poucas mudanças. O que vai mudar é o socialismo, à medida que ganha poder, e depois, quando tiver assumido o controlo total do mundo, irá reintroduzir o comunismo como o mestre dos povos da terra.

Qual é o lugar da Aliança de Fés neste cenário? Como pode influenciar os acontecimentos políticos de uma forma profunda, como se espera e como os seus fundadores pretendem? A tarefa de unificar a religião, ou seja, "normalizá-la", foi dada ao socialista Keddrantah Das Gupta, membro executivo da Liga das Irmãs de Guerra e apoiante da revolução armada contra a nossa república. Embora concebida em 1910, a primeira sessão oficial da Fellowship teve lugar em Chicago em 1933. A sua verdadeira natureza foi exposta por Sir Rabindrath Tagore, fundador de um movimento político pró-comunista na Índia.

O Bispo Montgomery Brown, o orador principal no primeiro seminário FF, afirmou:

> "só haverá uma comunidade mundial de fé completa quando os deuses forem banidos dos céus e os capitalistas da terra".

É evidente que a Fellowship foi uma empresa socialista desde o seu início. Sir Rabinddrath, nos seus escritos e palavras, sublinhou a necessidade de educação sexual para crianças muito pequenas. Tendemos a pensar na educação sexual dos jovens como uma maldição que só recentemente se abateu sobre nós, mas que na realidade remonta até aos padres de Baal e do sacerdócio egípcio de Osíris.

Teria sido surpreendente encontrar ministros e líderes cristãos a aceitar a ideia de uma religião normalizada e a trabalhar com aqueles que odeiam o cristianismo, se a mesma coisa não tivesse acontecido na década de 1980-1990. Em 1910, a Irmandade Mundial das Religiões foi promovida por Sir Francis Younghusband, que salientou que a ideia de uma união de religiões Leste-Oeste deveria ser alcançada. Sir Francis não disse que o autor desta ideia, Das Gupta, era um comunista raivoso, procurando promover esta vil doutrina. Sir Francis deu a história da religião "normalizada" da seguinte forma:

> "A ideia chegou ao Sr. Das Gupta que trabalhou nela durante 25 anos e encontrou um cooperador cordial num americano, o Sr. Charles F. Weller. Na América, um Parlamento de Religiões reuniu-se em 1893. Na América, um Parlamento de Religiões reuniu-se em 1893. Em Paris, em 1904, teve início uma série de sessões do Congresso Internacional de História das Religiões. Outras sessões foram realizadas em Basileia, Oxford e Leiden.

(Todos os centros para a "normalização" da religião e promotores actuais da doutrina marxista da Teologia da Libertação).

> "Em Londres, em 1924, realizou-se uma Conferência de Religiões Vivas do Império (o Império Britânico). Em 1913 em Chicago, continuou em 1934 em Nova Iorque, um Congresso Mundial da Amizade de Fés, convocado sob a presidência do honorável Herbert Hoover e Miss Jane Addams".

A presença de Miss Addams nestas reuniões foi um sinal de que o socialismo raivoso estava a funcionar sob o disfarce da religião. A história de Miss Addams é contada nos capítulos sobre as mulheres socialistas. A ideia era submergir o cristianismo numa maré de outras religiões. Mas o cristianismo não pode ser "estandardizado", é único e mantém-se por si só. Os seus ensinamentos são a base do capitalismo que desde então foi substituído pelo babilonianismo, e hoje o capitalismo tem sido tão prostituído e degradado que é irreconhecível como o sistema original.

Sem o cristianismo, o mundo será mergulhado numa nova era negra, muito pior do que tudo o que já existiu antes. Isto deve ajudar a explicar porque é que os detractores do cristianismo estão tão interessados em destruí-lo, ou pelo menos controlá-lo, para que seja diluído, apagado e depois tornado inútil. A Fellowship of Faiths tem procurado fundir o cristianismo com outras religiões e assim causar a perda da sua identidade única. A ideia de uma "doutrina de separação da igreja e do estado" é o trabalho dos socialistas no governo dos EUA. O que deve ser definido é A APRESENTAÇÃO DO CRISTIANISMO NO ESTADO.

A juntar-se ao empreendimento de "normalização" da religião estavam Keith Hardie, membro socialista do Partido Trabalhista Britânico, Felix Adler, fundador da Leftwing Ethical, Culture Society of New York, H.G. Wells, o famoso autor socialista, que representou Lord Bertrand Russell. Wells era membro da sociedade maçónica secreta Kibbo Kift Kindred, "Clarte", que estava sedeada na Loja das Nove Irmãs do Grande Oriente em Paris, uma loja que desempenhou um papel de liderança na sangrenta Revolução Francesa.

Moses Hess, um dos comunistas mais revolucionários da época, juntou-se a Wells no apoio à Sociedade para as Relações Culturais com a Rússia soviética. Foi na Loja das Nove Irmãs que Wells fez uma declaração que o faria parecer um odiador do cristianismo:

> "De agora em diante, o novo governo mundial não tolerará a concorrência de sistemas religiosos rivais. Não haverá lugar para o cristianismo. Agora só pode haver uma fé no mundo, a expressão moral da comunidade mundial".

Annie Besant, membro proeminente da Sociedade Fabian, deu um passo em frente para acrescentar o seu nome à lista de opositores do cristianismo. Besant foi a sucessora espiritual de Madame Blavatsky, fundadora da Sociedade Teosófica e amiga de H.G. Wells. O Sr. Charles Wells, da Aliança Capitalista-Comunista, era um milionário de direito próprio numa altura da história em que o termo "milionário" realmente significava algo.

A tarefa de organizar um capítulo americano da Fellowship of Faiths foi dada ao Sr. Weller, que rapidamente recebeu a bênção de Samuel Untermeyer, um importante sionista mundial e confidente do Presidente Wilson, que a aprovou imediatamente depois de lhe ter sido apresentada na Sala Oval. Como disse o Sr. Samuel Landman, dos sionistas de Nova Iorque

> "O Sr. Woodrow Wilson, por boas e suficientes razões, sempre atribuiu a maior importância aos conselhos de um sionista muito proeminente".

As "boas e suficientes razões" a que o Sr. Landmann se refere são um pacote de cartas de amor escritas por Wilson a uma Sra. Peck, que, em troca da prometida ajuda de Untermeyer para tirar o seu filho de uma situação criminosa, entregou o pacote de cartas atadas com uma fita cor-de-rosa, quer a Untermeyer, quer a Baruch. Wilson tinha uma grande paixão por negócios com mulheres casadas, sendo o romance com Peck particularmente longo e tórrido. Tolo, Wilson deu a conhecer os seus sentimentos amorosos à Sra. Peck, por escrito. É esta indiscrição que é citada como o método utilizado para chantagear Wilson, levando-o a comprometer os Estados Unidos na I Guerra Mundial, que enterrou a flor da virilidade cristã americana nos campos da Flandres e praticamente arruinou aquela nação. Mais tarde, o apoio a Wilson pela Liga de Vizinhos, uma frente "igreja" socialista, quase levou à criação da Liga das Nações.

O Presidente do Comité Executivo Provincial para os Assuntos Gerais Sionistas, Justice Brandeis, foi substituído pelo rabino Stephen Wise, que por acaso era membro da frente pró-socialista da Federação de Emergência para a Paz e dezanove outras frentes. Brandeis foi também membro da Sociedade Fabian em Londres. Muitas das antigas organizações "socialistas religiosas" ainda hoje existem, embora tenham mudado os seus nomes para se adaptarem à evolução dos tempos e das circunstâncias.

Upton Sinclair, um socialista raivoso que se tornou autor e escreveu para a Nova Enciclopédia da Reforma Social e foi membro fundador da Liga Fabiana Americana, apoiou fortemente a Aliança das Religiões. Sinclair tem dado constantemente ao cristianismo um passe ao longo da sua carreira. O que nem Sinclair, Wise, Addams, nem mesmo muitos apoiantes da Fellowship disseram ao público foi que se tratava de um movimento de inspiração maçónica através e através. Em 1926, a Fellowship of Faiths era um amigo estabelecido da revolução mundial, dominado por Rosacruzes no conselho e comités.

O Threefold Movement, iniciado em 1924 por Charles Weller e Das Guptas, realizou reuniões em todos os Estados Unidos e Grã-Bretanha. Em 1925, tinham organizado 325 reuniões deste tipo. Entre os líderes do Movimento Tríplice estavam M.S. Malik, um membro da seita Beni-Israel, Dr. A.D. Jilla, representando a Parsis, M.A. Dard, representando o Mahometismo, Sir Arthur Conon Doyle (o autor do famoso Sherlock Holmes), representando o Espiritismo (nota: esta é a primeira vez que é apresentada como uma religião), Budismo, representado por Angarika Dharmapala: Teosofia representada por Annie Besant. O ponto importante a ter em conta em tudo isto é que todas estas religiões eram, e são, essencialmente anti-cristãs. Outro ponto é que a literatura da Fellowship of Faiths foi vendida em livrarias comunistas na Grã-Bretanha, na Europa Ocidental e nos Estados Unidos.

O primeiro Congresso Mundial da Fellowship of Faiths foi aberto em Chicago em 1933, organizado pela Miss Jane Addams. Um dos principais oradores foi o Bispo Montgomery Brown, presidente nacional da Assistência aos Trabalhadores Comunistas, e membro de cinquenta outras organizações da frente comunista. No seu discurso de abertura, disse Brown:

> "Há um lugar na terra onde as pessoas ousaram pôr fim à exploração do homem: a Rússia! A URSS é o precursor do comunismo internacional que irá gradualmente absorver todos os estados capitalistas que se estão a decompor gradualmente. Se qualquer governo, igreja ou instituição se opuser ou obstruir este estado comunista, este deve ser impiedosamente derrubado e destruído. Se se pretende alcançar a unidade mundial, esta deve ser alcançada pelo comunismo internacional, o que só pode ser alcançado com o slogan: "Banir os deuses do céu e os capitalistas da terra". Então, e só então, existirá uma comunidade mundial de fé completa".

Weller e Brown foram muito elogiosos ao Bispo Brown, tendo Das Gupta declarado:

> "Tenho a certeza que há outras pessoas que sentem como eu, que têm as mesmas crenças que o Bispo Brown, mas não tiveram a coragem de o dizer e de o admitir. Gostaria de dizer que concordo plenamente com os sentimentos do Bispo".

Brown escreveu uma série de livros, incluindo um intitulado

"Marx's Teachings for Boys and Girls", mais dezassete pequenos livros sobre sexo para crianças, que foram amplamente distribuídos. Uma investigação das autoridades revelou que todos os envolvidos na estrutura e pertença à Fellowship of Faiths eram também Maçons Livres.

Os Maçons criaram uma organização de fachada para cobrir as suas actividades na conferência da Liga das Nações em Paris, sendo a organização denominada Liga das Nações da União. Desempenhou um papel importante nas deliberações da Conferência de Paz de Paris, que praticamente garantiu que haveria outra guerra mundial. Como disse Sir Francis Younghusband:

> "Estamos aqui para fornecer uma base espiritual sólida para a Liga das Nações."

Podemos julgar melhor o TIPO de base espiritual que tem sido fornecido, simplesmente estudando a estrutura das Nações Unidas, o sucessor da Sociedade. É no seio das Nações Unidas e do seu órgão executivo religioso, o Conselho Mundial de Igrejas (CMI), que a renovação do Pacto de Religiões está a ter lugar.

Nós nos Estados Unidos e no Ocidente em geral não podemos dar-nos ao luxo de fechar os olhos a este renascimento. Ou acreditamos que a religião cristã é o fundamento da Constituição dos Estados Unidos, e mantemo-nos fiéis a isso, ou perecemos. Tolerância" e "compreensão" não nos devem cegar para a verdade, e se não tomarmos uma posição agora, pode muito bem ser tarde demais amanhã. Esta é a gravidade da situação para o futuro da nação. Ou o cristianismo é a verdadeira religião declarada por Jesus Cristo, ou é totalmente desprovida de substância. Tolerância" e "compreensão" não devem obscurecer este importante princípio.

O cristianismo trouxe ao mundo um sistema económico perfeito que foi deliberadamente prostituído, de modo que hoje é quase irreconhecível. Socialistas, marxistas e comunistas far-nos-iam acreditar que o seu sistema é superior, mas quando olhamos para os países que eles controlaram - Rússia, Grã-Bretanha, Suécia - vemos a ruína e a miséria a uma escala maciça. Os socialistas estão a esforçar-se poderosamente para impor o seu sistema, o que conduzirá à escravatura. A religião é uma das áreas mais importantes em que penetraram, e portanto a mais perigosa. Não é apenas uma questão religiosa, mas também uma questão de sobrevivência da República, baseada nas leis de Deus, que incluem leis políticas e económicas imutáveis, e não uma questão de "democracia" baseada nas leis do homem. Devemos ter isto em mente: todas as democracias puras da história do mundo falharam.

É importante juntar estas coisas, especialmente desde que descobri que os membros da Faith Alliance votaram em bloco a favor do bilhete socialista nas eleições de 1932, que viram o sucesso de Roosevelt, o seu ídolo socialista. Isto foi particularmente verdade em Nova Iorque e Chicago. A cruzada anti-cristã intensificar-se-ia à medida que a grande mentira espalhada por todo o mundo de que o comunismo estava morto. Embora seja verdade que o comunismo está em baixa, o SOCIALISMO é galopante, especialmente nos Estados Unidos, onde as nossas igrejas têm sido profundamente penetradas e permeadas por agentes socialistas de mudança. Para aceitar o Governo Mundial Único - Nova Ordem Mundial, teríamos de sacrificar o cristianismo.

Uma revolução muito séria está a ter lugar nos Estados Unidos. A revolução de Weishaupt contra a Igreja Cristã atingiu novos níveis de bestialidade com a promoção da homossexualidade e do lesbianismo, do "amor livre" (aborto) e de uma diminuição geral dos padrões morais da nação. Um dos principais líderes desta revolução é o Conselho Mundial de Igrejas (CMI), o braço religioso das Nações Unidas. As actividades do CMI provocaram mudanças profundas na vida política, religiosa e económica da nação. O CMI sempre soube que a religião não se detém à porta da igreja.

O Conselho Federal de Igrejas (FCC), precursor do CMI, teve como objectivo penetrar e permear o governo civil, particularmente nas áreas da educação e das relações laborais. Mark Starr, o socialista britânico nomeado por Roosevelt para vários cargos governamentais, foi utilizado pelo CCF para visitar fábricas e distribuir a publicação da Sociedade Fabian, "What the Church Thinks of Labor", uma profunda diatribe marxista contra o capitalismo. A FCC foi gerida segundo linhas socialistas radicais, de acordo com os métodos estabelecidos por Sydney e Beatrice Webb, os seus fundadores, e a sua filiação na Terceira Internacional mostra sem margem para dúvidas que a FCC/WCC era, e é, anti-cristã.

A FCC/WCC era gerida por pagãos para pagãos, como revela a sua história passada, e como vemos hoje em dia. Um desses pagãos foi Walter Rauschenbach que visitou Sydney e Beatrice Webb e depois trouxe as suas ideias, mais o que tinha aprendido ao ler Marx, Mazzini e Edward Bellamy, para a Segunda Igreja Baptista em Nova Iorque. Em vez do Evangelho de Cristo, Rauschenbach pregou o Evangelho do socialismo de acordo com Marx, Engels, Ruskin e o socialismo maçónico de Mazzini.

A FCC/WCC reivindicou vinte milhões de membros, mas a investigação mostra que os seus membros eram e continuam a ser consideravelmente mais pequenos. Quanto ao apoio financeiro que a FCC recebeu e que o CMI recebe hoje, as pesquisas mostram que ele veio de muitas organizações pró-comunistas tais como o Laura Spellman Fund, o Carnegie Endowment Fund e a Rockefeller Brothers Foundation.

A FCC preparou o cenário para o flagelo da homossexualidade e do lesbianismo, para não mencionar o "amor livre" sem responsabilidade (aborto) que desceu sobre a nação. A FCC foi, e o CMI é, o mais forte apoiante da homossexualidade e do lesbianismo, e tem apoiado fortemente a chamada protecção "constitucional" destes grupos. A homossexualidade não é mencionada como um "direito" em qualquer parte da Constituição dos EUA, e é, portanto, uma proibição. Os "direitos homossexuais" são fruto da imaginação dos legisladores socialistas e de alguns juízes do Supremo Tribunal.

Nisto, o CMI foi apoiado pela União Americana das Liberdades Civis (ACLU), que tentou torcer e espremer a Constituição para criar "direitos" inexistentes para aqueles que escolheram o estilo de vida homossexual. Como veremos nos capítulos sobre a lei, os tribunais e o Congresso, quem se levantou e protestou contra a aceitação destes "direitos" inexistentes rapidamente se viu em apuros.

A Fellowship of Faiths foi formada para consolidar pontos de vista sobre questões religiosas coloridas com o socialismo reunido de todo o mundo. O Baha'i foi iniciado na Pérsia em 1844 (agora conhecido como Irão), por Mirza Ali Muhammad, também conhecido como "Rab" ou "Gate". Infelizmente para "Rab", ele foi morto pelas forças de segurança em Tabriz. Baha'ism ensina que Zoroastro, Buda, Confúcio e Jesus Cristo foram líderes que prepararam o caminho para a vinda do poderoso professor mundial, Baha u'lla (a Glória de Deus), cujo precursor, Abdul Baha, morreu em 1921.

O movimento Baha'i é muito forte no Irão e na Austrália, e em menor grau em Inglaterra. Uma vez que a Maçonaria e a Teosofia são praticamente indistinguíveis uma da outra, e têm elementos que se encontram na fé Baha'i, não é surpreendente que a religião Baha'i se tenha espalhado tão rapidamente. Madame Petrova Blavatsky, uma Maçonaria Livre, Vice-Presidente do Conselho Supremo e Grande Mestre do Conselho Supremo da Grã-Bretanha, e a criadora da Teosofia, promoveu grandemente o movimento Baha'i, que é uma convergência destas três correntes.

O que aconteceu ao Movimento dos Crentes? Pouco antes da Primeira Guerra Mundial, quase se fundiu com o Sionismo Mundial e depois emergiu na Liga das Nações. Depois, pouco antes da Segunda Guerra Mundial, surgiu como o movimento Baha'i em Inglaterra, e foi formado em Inglaterra como o Grupo Oxford, que foi sucedido pelo Rearmamento Moral. Após o fim da Segunda Guerra Mundial, desempenhou um papel fundamental na formação das Nações Unidas (ONU) e entrou no coração da política americana através de organizações socialistas tão francas como as seguintes:

- Associação Americana de Professores Universitários
- União Americana das Liberdades Civis (ACLU)
- Americanos pela Acção Democrática (ADA)
- Hull House Economic Development Committee (centro do feminismo radical)
- Conselho Nacional das Mulheres
- A Liga para a Democracia Industrial
- Social-democratas EUA
- Instituto de Estudos Políticos da OTAN, ala política do Clube de Roma
- A Fundação Cini
- Instituto de Estudos Políticos de Cambridge

- Comité para uma Maioria Democrática
- Lucius Trust
- Nova coligação democrática
- Instituto Aspen da Liga dos Resistentes de Guerra
- Investigação em Stanford
- Organização Nacional da Mulher

A Fellowship of Faiths é um projecto "olímpico" (Comité de 300), o que garante que as pessoas mais ricas e poderosas do mundo irão promover os seus objectivos, como vimos na "reunião de classe" da Fellowship of Faiths em Chicago em 1993. O povo americano terá de escolher entre deixar os princípios cristãos ir para o muro ou arriscar-se a uma revolução mundial. Foi isto que Mikhail Gorbachev sugeriu quando se encontrou com o Papa João Paulo II. Gorbachev sugeriu uma "convergência de ideais religiosos" que seria o primeiro passo para um renascimento da Irmandade das Fés no seu nome original.

Mas o Papa João Paulo II lembrou-lhe que "o cristianismo trazido a este continente pelos Apóstolos, penetrado em várias partes pela acção de Bento, Cirilo, Matusalém, Adalbert e inúmeros santos, está na própria raiz da cultura europeia". O Papa não estava a falar de outra religião que tenha conferido à Europa os benefícios da civilização: ele estava a falar do cristianismo. Ele não disse que o crescimento de uma grande cultura europeia se devia aos cátaros ou aos albigenses; foi apenas o cristianismo, disse ele, que trouxe a civilização à Europa.

Esta é a fonte do ódio sentido pelos comunistas, marxistas e socialistas contra o cristianismo, que temem que a força unificadora do cristianismo seja a pedra de tropeço sobre a qual o seu governo de um mundo pode descansar - a Nova Ordem Mundial irá tropeçar e cair. Por conseguinte, o desejo dos socialistas de negar e, em última análise, aniquilar o cristianismo é uma questão de necessidade urgente. O mandato de Lord Bertrand Russell ao socialismo para assumir a religião ou destruí-la é a base da campanha mundial do socialismo para penetrar e permear a religião cristã em particular e, à maneira de Weishaupt, para a roer por dentro, até que tudo o que resta seja uma estrutura frágil, escavada, que irá ruir com alguns golpes estratégicos no momento apropriado.

O modelo mais bem sucedido desta táctica encontra-se na África do Sul, onde o chamado líder da igreja, Reverendo Heyns, ficou aborrecido com o interior da Igreja Reformada Holandesa, enquanto um chamado "bispo" anglicano, Desmond Tutu, lançou um assalto frontal à Igreja Anglicana. Ajudada pelos Maçons livres em altos cargos no governo sul-africano que estavam preparados para trair o seu povo, a África do Sul foi derrubada e forçada a submeter-se ao domínio comunista na pessoa de Joe Slovo, um antigo coronel do KGB que usa Nelson Mandela como fantoche da frente. O velho ditado "cuidado com os gregos portadores de presentes" pode ser modificado para "cuidado com os padres e clérigos portadores de promessas socialistas fraudulentas". O uso bem sucedido da religião para levar o socialismo ao poder foi amplamente demonstrado na Nicarágua, Peru, Filipinas, Rodésia, África do Sul. Os Estados Unidos são os próximos.

Capítulo 8

A DESTRUIÇÃO PLANEADA DOS ESTADOS UNIDOS PELO COMÉRCIO LIVRE

Não há maior cavalo de Tróia dentro da nossa República do que "comércio livre". Noutro lugar, já o mencionámos muitas vezes de passagem. Nesta secção gostaríamos de entrar nos detalhes deste plano monstruoso para provocar a destruição dos Estados Unidos, um sonho há muito acarinhado pelos Socialistas Fabianos de Inglaterra e os seus convertidos em casa. A destruição socialista da nossa República está a ser feita em muitas frentes, mas nenhuma tão venenosa, sediciosa, sub-reptícia e traiçoeira como o chamado "comércio livre".

Quem acredita no "comércio livre" deve ser desprogramado e libertado da propaganda socialista e da lavagem ao cérebro. Voltar ao início desta nação: Cláusula 1 da Secção 8 do Artigo 1:

> "Cobrar impostos, direitos, importações e impostos especiais sobre o consumo. Pagar as dívidas e assegurar a defesa comum e o bem-estar geral dos Estados Unidos, mas todos os direitos, importações e impostos especiais de consumo serão uniformes em todo o território dos Estados Unidos".

O Governador Morris escreveu a Secção 8 e é interessante notar que ele deu a entender que os deveres estão ligados ao pagamento das contas do país. Não há qualquer menção de impostos progressivos sobre o rendimento para este fim.

Os socialistas apresentaram os seus planos de traição e tentaram anular e revogar esta secção da Constituição através da 16ª Emenda não ratificada à Constituição dos EUA. Sabiam que o Artigo I, Secção 8, Cláusula 1 da Constituição se destinava a evitar que os britânicos infligissem "comércio livre" aos colonos. Se lermos os

Anais do Congresso e os Globos do Congresso do final do século XVII e início do século XVIII, rapidamente se tornará evidente que uma das principais causas da Revolução Americana foi uma tentativa da British East India Company (BEIC) de impor o "livre comércio" de Adam Smith às colónias.

O que é "comércio livre"? É um eufemismo para despojar e saquear o povo americano da sua riqueza, em violação da Constituição dos EUA. É o velho jogo dos tolos, actualizado! O "comércio livre" era o jogo de conchas que a British East India Company (BEIC) utilizava para privar os colonos americanos da sua riqueza, disfarçando as suas tácticas de roubo com belas frases económicas, que em si mesmas não faziam sentido.

Os Pais Fundadores não tiveram o benefício da experiência directa para os avisar das guerras de "comércio livre" que se abateriam sobre as colónias, mas tiveram a perspicácia e a previsão de saber que, se permitido, o "comércio livre" iria destruir a jovem nação. Foi por esta razão que o Presidente George Washington, depois de testemunhar a terrível devastação causada em França pela causa do "comércio livre" e apelidada de "Revolução Francesa", declarou em 1789 que era necessário e adequado que a jovem República se protegesse das maquinações do governo britânico:

> "Um povo livre deve promover tais manufacturas como tendem a torná-las independentes de outros para fornecimentos essenciais, especialmente militares". - George Washington, Primeiro Congresso dos Estados Unidos, 1789.

Os Pais Fundadores viram desde o início que a protecção do nosso comércio era primordial, e fizeram dela praticamente a primeira ordem de trabalhos. Nenhuma nação que leve a sério a sua soberania e a protecção do bem-estar do seu povo permitiria o "comércio livre". Como disse Joseph Chamberlain, no seu prefácio a "O Caso Contra o Comércio Livre" em 1911:

> "O comércio livre é a negação da organização, da política estabelecida e coerente. É o triunfo do acaso, a concorrência desordenada e egoísta de interesses individuais imediatos sem ter em conta o bem-estar permanente como um todo".

Alexander Hamilton e os Pais Fundadores compreenderam que a nação tinha de proteger o seu mercado interno se quisesse permanecer soberana e independente. Isto foi o que tornou a América grande em primeiro lugar: a explosão do progresso industrial na nação, independente de qualquer "comércio mundial" externo. Washington e Hamilton sabiam que ceder os nossos mercados internos ao mundo significaria renunciar à nossa soberania nacional.

Os socialistas sabiam da importância de se livrarem das barreiras comerciais de protecção às nações independentes, em vez de as derrubar gradualmente, e esperaram pela sua oportunidade de eleger Woodrow Wilson para o fazer. Como novo presidente, a primeira ordem de trabalhos de Wilson foi tomar medidas activas para derrubar as barreiras pautais erguidas por Washington e depois expandidas e mantidas por Lincoln, Garfield e McKinley.

Como vimos anteriormente, a primeira tarefa do socialista Fabiusian que colocou o Presidente Woodrow Wilson no cargo foi derrubar as barreiras comerciais e as tarifas de protecção que tinham feito dos Estados Unidos uma grande nação num período de tempo relativamente curto, ou seja, em comparação com a era das grandes potências europeias. A NAFT e o GATT retomam onde Wilson e Roosevelt pararam. Ambos os acordos violam a Constituição dos EUA e são obra da Sociedade Fabian e dos seus primos americanos.

O Acordo de Comércio Livre Norte-Americano é um projecto do Comité de 300 e uma extensão natural da guerra à indústria e agricultura americanas, tal como estabelecido nos documentos de política de Crescimento Zero Pós-industrial de 1969 do Clube de Roma, liderado por Cyrus Vance e uma equipa de um Governo Mundial e cientistas da Nova Ordem Mundial. O desmantelamento das barreiras comerciais erguidas por Washington, Lincoln, Garfield e McKinley tem sido, desde há muito tempo, um objectivo acarinhado da Sociedade Fabian. O NAFTA é a sua invenção, a sua grande oportunidade de abrir os mercados dos EUA ao "comércio livre" unidireccional e, no processo, dar um golpe fatal à classe média americana.

O NAFTA é outro triunfo para Florence Kelley, na medida em que contorna a Constituição através da acção legislativa. Como disse Justice Cooley no seu livro sobre direito constitucional, página 35:

> "A própria Constituição nunca cede a um tratado ou a uma peça

> de legislação. Não muda com os tempos, nem se curva à força das circunstâncias.

Portanto, nem o NAFTA nem qualquer outro tratado pode alterar a Constituição. O NAFTA não é mais do que um esquema distorcido, mentiroso e desleal para contornar a Constituição, que é também uma descrição exacta do GATT.

O primeiro ataque conhecido contra os EUA por "comércio livre" data de 1769, quando a Townsend Act foi inventada por Adam Smith para extrair receitas das colónias dos EUA. O acordo NAFTA foi concebido para extrair mais rendimentos dos trabalhadores americanos ou, se não o quiserem, para os deslocalizar para o estrangeiro onde os salários e os custos de vida são geralmente mais baixos. De facto, o NAFTA tem muito em comum com a luta dos colonos entre 1769 e 1776. Tragicamente, nos últimos anos, vários presidentes afastaram-se das políticas comerciais que protegiam a indústria norte-americana e fizeram dos EUA a maior nação industrializada do mundo.

O globalismo não tem ajudado a tornar a América grande. Globalismo é uma palavra de ordem das lavadoras de cérebros dos meios de comunicação da Madison Avenue para mascarar o facto de que a chamada economia global tocada por Wilson, Roosevelt, Bush e Clinton acabará por reduzir o nível de vida dos americanos para o dos países do terceiro mundo. Aqui temos um caso clássico em que, através do socialismo, os americanos estão novamente a combater a Revolução Americana de 1776 para libertar a nação das fraudes chamadas NAFTA, com uma fraude ainda maior chamada GATT à espera de se renderem no campo de batalha.

Em 1992, Bush pegou na bola do NAFTA e começou a correr com ela. O Canadá foi utilizado como bastão de medição para ver como o NAFTA seria bem recebido pelo povo canadiano. Ao fazê-lo, Bush foi habilmente assistido pelo ex-Primeiro Ministro Brian Mulroney. O objectivo do NAFTA é destruir as bases industriais e agrícolas de ambos os países e assim derrubar a classe média. Os planos pós-industriais do Comité dos 300 não progrediram suficientemente depressa. A situação é bastante semelhante ao que Bertrand Russell descreveu no seu desejo de matar milhões de "comedores inúteis". O plano de Russell apelava ao regresso da Peste Negra para livrar o mundo do que ele chamou de "excesso de população".

O NAFTA representa o culminar do realinhamento das políticas transnacionais e a reeducação dos futuros líderes da indústria e comércio dos EUA que acabam de sair das nossas instituições de ensino. O NAFTA pode ser comparado com o Congresso de Viena (1814-1815) que foi dominado pelo Príncipe Klemmens von Metternich. Será recordado que Metternich desempenhou um papel de liderança nos assuntos europeus. Foi responsável pelo casamento da Arquiduquesa Marie Louise com Napoleão, que moldou os acontecimentos políticos e económicos na Europa durante pelo menos 100 anos. Na essência, Clinton "casou" os Estados Unidos com "comércio livre", o que também terá um efeito profundo sobre esta nação durante mais de 1000 anos.

O Congresso de Viena foi marcado por festas luxuosas e eventos brilhantes, com uma série de presentes deslumbrantes para aqueles que estavam dispostos a cooperar com Metternich em vez de lutarem pelos melhores interesses do seu país. Tácticas semelhantes foram utilizadas para empurrar o NAFTA através da Câmara e do Senado, e tal como os debates de tomada de decisão realizados à porta fechada em Viena (as quatro grandes potências nunca permitiram a participação de pequenas nações), todos os acordos, todas as grandes decisões sobre o NAFTA foram feitas em segredo, à porta fechada. O NAFTA terá um efeito profundamente deletério nos Estados Unidos, cuja extensão e profundidade ainda temos de perceber.

O NAFTA é um ponto de viragem na história da América do Norte, um ponto de viragem para a classe média americana e canadiana. Quando for combinada com os países da CE, a segunda fase da estratégia socialista para assumir o controlo total do comércio terá sido concluída. O NAFTA significará 100 mil milhões de dólares em receitas para o México; devastará a economia dos EUA com um grande declínio na sua base industrial. Espera-se que 100.000 empregos americanos se percam nos primeiros dois anos de plena implementação do NAFTA, causando a queda do nível de vida da classe média de uma forma nunca antes vista. A poluição será reexportada para os EUA através de produtos e alimentos provenientes do México.

Os produtos alimentares do México conterão níveis de todos os tipos de venenos tóxicos que são proibidos pelos regulamentos do USDA que abrangem os produtos americanos. Tudo dito, o montante de dinheiro gasto em lobbying para o NAFTA está próximo dos 150 milhões de dólares. O lobby do NAFTA foi o mais concentrado da história dos EUA, envolvendo um verdadeiro exército de peritos e advogados que inundaram a Câmara para votar a favor do chamado acordo.

O Acordo Geral sobre Pautas Aduaneiras e Comércio (GATT) é um instrumento concebido pelos EUA com base nos princípios socialistas Fabianos. Não me consigo lembrar da última vez que algo foi tão mal compreendido pelos legisladores como este acordo insidioso. Contactei dezenas de legisladores, e sem excepção, nenhum deles me pôde dar uma explicação, ou dar-me os factos que eu procurava. O GATT foi elaborado na Conferência das Nações Unidas sobre Comércio e Emprego, realizada em Cuba a 24 de Março de 1948. As pessoas elegantes da conferência estavam a defender o "comércio livre" de Adam Smith, que acreditavam que faria do mundo um lugar melhor para as pessoas comuns. Embora o título, GATT, tenha vindo mais tarde, as fundações desta fraude socialista foram lançadas em Cuba em 1948.

Quando o acordo cubano foi apresentado à Câmara e ao Senado, foi aprovado, simplesmente porque não foi compreendido. Geralmente, quando a Câmara e o Senado não compreendem uma medida que lhes é apresentada, ela é aprovada o mais rapidamente possível. Foi o caso da Lei da Reserva Federal, do tratado das Nações Unidas, do tratado do Canal do Panamá e do NAFTA.

Ao votar a favor do NAFTA, a Câmara transferiu a soberania dos EUA para o governo de um mundo em Genebra, Suíça. Este acto sedicioso tinha um precedente. Em 1948, uma Câmara e um Senado dominados pelos Republicanos aprovou a Lei dos Acordos Comerciais, que resultou da reunião das Nações Unidas em Cuba. Até esse momento, o Partido Republicano tinha-se apresentado como o protector da indústria e dos empregos americanos, mas acabou por ser tão falso como a posição democrática, e a favor do "comércio livre" socialista de Adam Smith. Um grande golpe foi infligido contra a indústria e o comércio americanos pelos socialistas Fabianos na Grã-Bretanha e os seus primos americanos nos Estados Unidos. O facto de a Lei do Acordo Comercial ter sido

100% inconstitucional, e ainda assim aprovada, foi uma causa de doce satisfação para a Sociedade Fabiana.

Em 1962, o Presidente John F. Kennedy chamou à venda do povo americano "uma abordagem completamente nova, um novo e ousado instrumento da política comercial americana". Na sua avaliação fatalmente incorrecta da direcção que os socialistas Fabian estavam a tomar ao povo americano, Kennedy tinha sido totalmente apoiado pelo líder trabalhista George Meaney na convenção AFL-CIO na Florida no início desse ano. O Congresso aprovou devidamente a legislação, aparentemente inconsciente da sua inconstitucionalidade.

Foi inconstitucional porque deu ao presidente poderes que pertenciam ao Congresso, poderes que não podiam ser transferidos entre os três ramos do governo. A administração Kennedy instituiu de imediato cortes tarifários abrangentes, alguns até 50% numa vasta gama de mercadorias importadas. Vimos as mesmas acções inconstitucionais de Bush e Clinton com a NAFTA. Ambos os presidentes se envolveram inconstitucionalmente no ramo legislativo. O suborno pode também ter sido um factor. Isto é traição.

Quando os Estados Unidos entraram no século XX, o país estava no caminho do sucesso como nenhum outro país tinha estado desde a antiguidade. Mas os espoliadores, os socialistas e os seus primos próximos, os comunistas, estavam à espreita na América. Os Estados Unidos foram construídos sobre uma base sólida de proteccionismo, dinheiro sólido; havia uma base industrial em rápido crescimento, e graças à mecanização, a agricultura estava pronta para alimentar o nosso povo durante séculos, por mais que a população crescesse.

A medida de protecção comercial, a Lei Tarifária de 1864, que Lincoln assinou, aumentou as tarifas em mais de 47%. Em 1861, as receitas aduaneiras representavam 95% do total das receitas dos EUA. Lincoln, com a guerra em mãos, estava determinado a reforçar a protecção pautal tradicional e a protegê-la a todo o custo. As suas acções em matéria de protecção pautal, mais do que qualquer outra coisa, colocaram os Estados Unidos no caminho para duas décadas de progresso na indústria, agricultura e comércio, progresso que atordoou a Inglaterra e fez dos Estados Unidos um objecto de inveja

- e de ódio. Não há dúvida de que a conspiração para assassinar Lincoln envolveu Benjamin Disraeli, o Primeiro-Ministro inglês, e que a decisão de assassinar Lincoln foi tomada em Inglaterra devido à forte posição do Presidente contra a redução das tarifas sobre os bens provenientes daquele país.

Os Estados Unidos estão empenhados numa guerra até à morte. Não o saberiam, porque não há grandes tambores de patriotismo, não há bandeiras hasteadas, não há desfiles militares e, talvez a chave para tudo, os chacais da imprensa apresentam o "comércio livre" como um benefício, não como o inimigo mortal dos EUA. Esta é uma guerra em muitas frentes; quase todo o mundo está alinhado contra os EUA. É uma guerra que estamos a perder rapidamente, graças a planos engenhosamente elaborados pelo Comité dos 300 e confiados aos Socialistas para a levar a cabo. Lincoln foi uma das primeiras vítimas da guerra comercial.

Em 1873, os banqueiros e financeiros de investimento da cidade de Londres juntaram-se aos seus aliados de Wall Street para causar o pânico inteiramente devido a causas artificiais. A depressão prolongada que se seguiu causou muitos danos à agricultura, como os nossos inimigos pretendiam. A maioria dos historiadores concorda que a acção anti-americana de 1872 foi tomada para enfraquecer o proteccionismo. O caminho do jornalismo amarelo para culpar o proteccionismo pela depressão estava aberto e nunca foi fechado. Através de mentiras caluniosas na imprensa, os agricultores foram levados a acreditar que os seus problemas se deviam a barreiras comerciais que impediam o fluxo do "comércio livre".

Agentes da City of London e de Wall Street, ajudados por uma imprensa já bem abastecida, começaram a bater o tambor da opinião pública e, em resposta à pressão de um público desinformado, em 1872 foi feita uma brecha na barreira tarifária dos EUA. Os direitos aduaneiros foram reduzidos em 10% numa vasta gama de artigos importados e em 50% no sal e carvão. Como qualquer economista sabe, e como qualquer licenciado devidamente formado saberia, uma vez que isto acontece, rapidamente se segue que a actividade industrial começa a declinar, à medida que os investidores deixam de investir na riqueza real - plantas industriais, implementos agrícolas, máquinas-ferramentas.

Mas os invasores foram parcialmente repelidos pelos anos 1900, e os danos limitaram-se a uma brecha no nosso reduto, sem qualquer oportunidade para as forças inimigas se expandirem para o interior. Depois veio Wilson e o primeiro assalto maciço e de grandes proporções das tropas de protecção anti-tarifária que não só quebrou os nossos redutos, como também colocou os filisteus mesmo no meio do nosso campo.

Quando o Presidente Roosevelt chegou à Casa Branca, foi lançado o segundo grande assalto às nossas protecções tarifárias. Wilson tinha liderado o caminho para Roosevelt, e tinha conseguido abrir uma brecha que conduzia directamente ao objectivo final. Embora Wilson tivesse causado muitos danos, que foram ampliados por Roosevelt, demasiadas das barreiras pautais ainda permaneceram no lugar para o gosto dos socialistas Fabian, Ramsey McDonald, Gunnar Myrdal, Miss Jane Addams, Dean Acheson, Chester Bowles, William C. Bullitt, Stuart Chase, J. Kenneth Galbraith, John Maynard Keynes, Professor Harold Laski, Walter Lippmann, W. Averill Harriman, Senador Jacob Javitts, Florence Kelley e Trances Perkins.

Quando George Bush foi nomeado pelo CFR para se sentar na Sala Oval, ele iniciou a sua missão "Um Mundo - Nova Ordem Mundial" com energia e entusiasmo, tornando o acordo do NAFTA uma das suas principais prioridades. Mas será que Wilson, Roosevelt e Bush tinham o direito de negociar tratados sobre questões comerciais por si próprios sem seguir o processo de notificação e consentimento da Constituição? Claramente não.

Vejamos então a Constituição e vejamos o que ela tem a dizer sobre esta questão vital: Artigo VI, Secção 2

> "... Esta Constituição e as leis dos Estados Unidos que serão feitas em sua aplicação, e todos os tratados feitos, ou que serão feitos, sob a autoridade dos Estados Unidos serão a lei suprema da terra...".

As palavras, "Esta Constituição e as leis dos Estados Unidos", dizem que um tratado é apenas uma lei. A "lei da terra" refere-se à Carta Magna, "e os juízes de cada Estado ficarão vinculados por ela, sem prejuízo de qualquer disposição contrária da Constituição ou das leis de qualquer Estado.

A palavra "supremo" na segunda parte NÃO é "supremo" mas pertence ao direito comum. Para compreender isto, é preciso conhecer a Constituição dos EUA e o seu contexto histórico, que só pode ser encontrado nos Anais do Congresso, nos Globos do Congresso e nos Registos do Congresso. Um estudo completo e correcto destes documentos é um pré-requisito para compreender o que é um tratado. Infelizmente, os nossos legisladores nunca se dão ao trabalho de se educarem estudando estes maravilhosos documentos. Os professores de direito sabem ainda menos sobre estes tesouros de informação e, como resultado, ensinam frequentemente o direito constitucional que está muito longe da realidade. É o cego que conduz o cego.

A palavra "supremo" foi inserida para assegurar que os governos francês, britânico e espanhol não poderiam renegar os acordos feitos em territórios cedidos aos EUA. Esta foi uma forma suficiente para impedir futuros governos destes países de renegar os acordos, mas infelizmente também levou muitos americanos a compreender que um tratado é uma lei "suprema". É impossível que um tratado seja 'supremo' quando está apenas em implementação. A prole pode ser maior do que o progenitor? A Constituição dos EUA é sempre SUPREME, em todos os momentos e em todas as circunstâncias. As leis nunca podem ser "supremas" porque são mutáveis e podem ter sido aprovadas erroneamente. A criança não pode ser maior do que o pai ou a mãe.

Apesar do que a Juiz Ruth Ginsberg disse sobre a flexibilidade da Constituição, a Constituição dos EUA não é flexível, é IMUTÁVEL. Sabemos que a primeira regra de qualquer tratado é a autopreservação. Também sabemos agora, que nos Estados Unidos, TODOS OS TRATADOS SEM EXCEPÇÃO SÃO LEIS ORDINÁRIOS E PODEM SER REVOGADOS A QUALQUER HORA. Qualquer tratado que prejudique gravemente os Estados Unidos viola a regra da autopreservação e pode ser revogado, mesmo que apenas através do corte do dinheiro que o financia. É por isso que tratados como a ONU, NAFTA, GATT, ABM, o Tratado do Canal do Panamá, são VOID E UNFAIR, e deveriam ser revogados pelo Congresso; de facto, seriam revogados se o Congresso não fosse dominado pelos socialistas.

Os leitores são convidados a pegar numa cópia da "Lei das Nações" de Vattel, a "Bíblia" utilizada pelos nossos Pais Fundadores, e serão rapidamente convencidos de que um tratado é meramente uma lei que pode ser alterada pelo Congresso. De facto, um tratado poderia ser descrito como uma "lei precária" porque, na sua essência, é sem substância. Thomas Jefferson disse que

> "ter o poder de fazer tratados sem limites é fazer da Constituição um papel em branco por construção". Registo do Congresso, Casa, 26 de Fevereiro de 1900.

Além disso, a Constituição dos EUA proíbe expressamente a transferência de poder de um ramo do governo para outro. Este tem sido o caso ao longo das guerras de comércio livre e continua a ser o caso. A lenta e muitas vezes despercebida entrega do poder legislativo ao executivo é o que tem minado a força dos defensores da guerra comercial. Tais acções são inconstitucionais e equivalem a sedição e traição contra o povo americano.

A renúncia de poderes que pertencem exclusivamente ao ramo legislativo do governo começou com a Lei Tarifária Payne Aldrich, e a criatura deformada começou a crescer como uma árvore de louro verde. Embora a Lei Payne Aldrich não tenha conseguido atingir o seu primeiro objectivo, conseguiu mais do que atingir o segundo: a transferência de poderes legislativos para o executivo. Deu ao presidente poderes que eram constitucionalmente proibidos na medida em que ele podia agora controlar as taxas pautais sobre as importações. A Câmara deu um golpe fatal às próprias pessoas que devia proteger e permitiu que o "comércio livre" tirasse os empregos dos nossos trabalhadores, uma vez que as fábricas incapazes de lidar com as políticas de dumping e de redução de preços de produtos estrangeiros foram forçadas a fechar.

A traição e sedição cometidas por aqueles que aceitaram a Lei Tarifária Payne Aldrich de 1909 como "lei" é hoje evidente nos acordos do NAFTA e do GATT. O artigo 1, Secção 10 da Constituição dos EUA confia claramente as questões comerciais à Câmara dos Representantes. A secção 10 reforça o controlo da Câmara sobre questões comerciais. Os poderes da Câmara não eram e não são transferíveis! É tão simples quanto isso. Todas as "leis", todas as "ordens executivas", todas as decisões presidenciais sobre comércio, todos os acordos internacionais, são nulas e têm de ser eliminadas logo que o governo seja devolvido a Nós, o Povo.

Veremos os enormes danos causados pela usurpação de poderes comerciais por parte do Presidente à medida que avançarmos.

A Lei Tarifária Payne Aldrich é típica da forma como o socialismo Fabian opera, escondendo sempre as suas verdadeiras intenções por detrás de uma fachada de mentiras. Como já disse antes, o povo americano é o povo mais enganado do mundo, e a Lei Tarifária Payne Aldrich foi o culminar das mentiras do dia. Apresentado à Câmara como uma medida de protecção pautal, o verdadeiro significado da Lei foi exactamente o oposto: foi um passo gigantesco para os inimigos do povo americano, os "comerciantes livres" e os seus aliados na City de Londres - ou será que os senhores são uma melhor descrição da sua associação?

A Lei Tarifária Payne Aldrich transferiu ostensivamente poderes para o executivo, uma transferência que não poderia e não deveria ter acontecido sem uma emenda constitucional. Desde que isso não aconteceu, todos os acordos comerciais desde 1909 têm sido ultra-vires. Se tivéssemos um Supremo Tribunal que não estivesse nas mãos dos filisteus, poderíamos ter-lhe pedido ajuda, mas não podemos.

Desde os dias de Brandeis e "Fixer" Fortas, o Supremo Tribunal tornou-se um tribunal cheio de socialistas que não têm ouvidos para ouvir os apelos de Nós, o Povo. Com a aprovação do Payne Aldrich Tariff Act, os Estados Unidos sofreram um grave revés nas guerras comerciais das quais nunca se recuperaram. A medida Payne Aldrich foi o "gradualismo" socialista nas melhores tradições dessa entidade política desonesta.

Estes ataques furtivos ao povo dos Estados Unidos tiveram lugar numa altura em que éramos relativamente inocentes. Sabíamos pouco sobre o socialismo Fabian ou sobre o seu modus operandi. O livro "The Case Against Socialism: A Handbook for Conservative Speakers" é um guia para os truques sujos que o socialismo usa para fazer aprovar as suas leis e não há maior trapaceiro socialista do que o Presidente Clinton.

Os cidadãos deste grande país, os Estados Unidos, foram enganados pelos seus líderes - a começar pelo Woodrow Wilson - a acreditar que o "comércio triangular" é benéfico para todas as nações. Dir-nos-ão que esta foi uma ideia de Adam Smith e que David Ricardo, o economista preferido dos socialistas, refinou os limites e o significado do comércio livre. Mas tudo isto é fumo e espelhos. A mitologia do "comércio livre" está tão enraizada na mente do povo americano que este acredita que é realmente benéfica! Os líderes da nação, a começar pelo Presidente, enganaram grosseiramente o povo, levando-o a cair nesta terrível armadilha.

AS PERDAS DESTA GUERRA SÃO JÁ MUITO MAIORES DO QUE OS TOTAIS COMBINADOS DAS DUAS GUERRAS MUNDIAIS. Milhões de vidas americanas já foram arruinadas. Milhões vivem em desespero à medida que esta guerra implacável continua a bater no nosso povo. O "comércio livre" é a maior ameaça às infra-estruturas da nação - uma ameaça maior do que qualquer ataque nuclear.

Algumas estatísticas

Setecentos e cinquenta mil trabalhadores siderúrgicos americanos perderam os seus empregos desde que o Comité de 300 abandonou o Conde Etienne Davignon nesta frente específica em 1950.

A morte da indústria siderúrgica significou a perda de um milhão e um quarto dos empregos industriais mais bem pagos e estáveis ligados aos produtos siderúrgicos e baseados nos mesmos. Isto não se deve ao facto de os trabalhadores siderúrgicos americanos não serem bons trabalhadores; de facto, dadas as antigas siderurgias com que alguns deles tinham de trabalhar, eles resistiam muito bem a práticas comerciais desleais. Mas não podiam competir com as importações "livres" que subcotam os produtos de fabrico americano porque os governos estrangeiros os subsidiaram fortemente. Muitas siderurgias estrangeiras foram mesmo construídas com dinheiro do "Plano Marshall"! Em 1994, um total de quarenta milhões de americanos tinham perdido os seus empregos devido aos ataques de "comércio livre" às suas fábricas, fábricas têxteis e locais de produção.

A América tornou-se um gigante industrial e na década de 1880 já estava à frente da Inglaterra como a nação industrial líder mundial. Isto deveu-se inteiramente à protecção proporcionada à indústria local por barreiras comerciais. Na altura do início da Guerra Civil, e até ao final do século XIX, existiam 140.000 fábricas que produziam bens industriais pesados com uma mão-de-obra de 1,5 milhões de americanos, provavelmente a mais bem remunerada do mundo em qualquer altura da história ocidental.

Nos anos 50, a indústria e a agricultura tinham criado o melhor nível de vida para a grande classe média americana, estável e bem paga, a maior do seu género no mundo. Tinha também criado um vasto mercado para os seus produtos, um mercado doméstico que a sua classe média bem remunerada, em empregos com segurança de emprego garantida para toda a vida, apoiou e ajudou a expandir-se e desenvolver-se. PROSPERIDADE E SEGURANÇA DE EMPREGO NA AMÉRICA NÃO SÃO O RESULTADO DO COMÉRCIO GLOBAL. Os Estados Unidos não precisavam de mercados globais para prosperar e crescer. Esta foi uma falsa promessa vendida ao povo americano, primeiro por Wilson, depois entusiasticamente por Roosevelt, Eisenhower, Kennedy, Johnson, Bush e Clinton.

Graças à traição e sedição cometidas por estes presidentes e pelo Congresso, as importações continuaram a aumentar, até hoje, em 1994, mal conseguimos manter a cabeça acima das águas das cheias de mercadorias importadas por mão-de-obra barata. No próximo ano (1995), veremos as perdas dispararem à medida que a investida de "comerciantes livres" dizimar os meios de subsistência de mais milhões de americanos. Não há fim à vista, no entanto os nossos legisladores continuam a recuar, deixando milhões e milhões de vidas destruídas. Esta questão, mais do que qualquer outra, prova que o governo não está a levar a sério a protecção da nossa soberania nacional, QUE É O PRIMEIRO DIREITO DE QUALQUER GOVERNO.

Neste capítulo poderemos examinar apenas alguns dos mais importantes tratados comerciais, cartas e "acordos" impostos aos Estados Unidos pelas práticas coniventes, enganosas, desleais, mentirosas e sediciosas dos socialistas britânicos e americanos. Começaremos com os chamados "acordos comerciais". A constituição proíbe a transferência de poder de um ramo do governo para outro. Isto chama-se a doutrina da separação de poderes e é sacrossanta e imutável, ou seja, foi escrita pelos Pais Fundadores. É ilegal, até mesmo traição, transferir poderes, mas é suposto acreditarmos que era legal para Bush consultar o México e o Canadá e pôr em prática o acordo NAFTA. É suposto acreditarmos que, do mesmo modo, Clinton tinha todo o direito de interferir com o NAFTA e agora com o GATT. Errado em ambos os casos! Nem Bush nem Clinton tinham o direito de se imiscuir em assuntos comerciais que são da responsabilidade da Câmara.

Só por essa razão, o NAFTA e o GATT são ilegais, e se tivéssemos um Supremo Tribunal que não fizesse as suas próprias predilecções em vez de defender a Constituição, este seria declarado como tal. Uma das tácticas mais comuns utilizadas pelos generais de "comércio livre" para atacar os Estados Unidos é culpar as "barreiras comerciais" pelas dificuldades económicas. Isto é manifestamente falso. Ao rever artigos no "New York Times", no "Washington Post" e noutros jornais, descobri que eles nunca, jamais, retrataram com precisão os graves danos que o "comércio livre" estava a infligir ao nosso país. Os liberais inflamados nunca sugeriram que os Estados Unidos tivessem sido sistematicamente sangrados desde que Wilson lançou o primeiro assalto às nossas defesas comerciais.

O muito anunciado "Plano Marshall", que supostamente salvou a Europa da ruína, foi na realidade um esquema de "comércio livre". O povo britânico, cansado do criminoso de guerra Winston Churchill, votou no líder do Partido Trabalhista Clement Attlee, vice-primeiro-ministro de Churchill e elitista socialista Fabian, para lhe suceder. Foi Attlee quem sucedeu a Ramsey McDonald, que foi enviado para "espionagem no terreno" do socialismo nos EUA no final da década de 1890. Attlee estava na lista de estrelas Fabian ao lado do Professor Harold Laski e Hugh Gaitskell, este último um dos favoritos dos Rockefellers, que escolheram Gaitskell para ir à Áustria em 1934 para ver o que Hitler estava a fazer.

Quando Chamberlain foi deposto por se recusar a seguir os planos de guerra do Comité, Attlee esperou nas asas, e chegou a sua vez quando foi chamado a substituir Churchill. Nessa altura, a Grã-Bretanha ainda não tinha reembolsado os seus empréstimos da Primeira Guerra Mundial aos Estados Unidos, como tinha acordado fazer na conferência de Lausanne. No entanto, apesar desta enorme dívida pendente, a Grã-Bretanha tinha incorrido em milhares e milhares de milhões de dólares de dívida que Roosevelt queria esquecer: "Esqueçamos esses pequenos sinais tontos de dólar", declarou Roosevelt, ao mesmo tempo que exortava a nação a recorrer à liberdade condicional.

Com a chegada dos Trabalhistas ao poder em Inglaterra, a elite da Sociedade Fabian pôs imediatamente em prática os seus acarinhados planos socialistas, nacionalizando indústrias-chave e prestando serviços sociais "desde o berço até à sepultura". É claro que o Tesouro britânico não poderia cumprir as enormes novas obrigações financeiras que lhe foram impostas pelos Fabianos sem aumentar os impostos de forma acentuada. Attlee e o seu colega socialista John Maynard Keynes recorreram assim aos EUA em busca de ajuda. A primeira barragem de artilharia sobre o contribuinte americano veio sob a forma de um empréstimo de 3,75 mil milhões de dólares, que Roosevelt concedeu pronta e alegremente.

Os 3,75 mil milhões de dólares em empréstimos dos EUA foram utilizados para pagar as dívidas contraídas pelo governo socialista na sua louca busca de gastos socialistas ilimitados e programas de transferência socialista. Ainda não se tinham apercebido da realidade, e quando os Trabalhistas ainda não tinham dinheiro suficiente para cumprir as suas obrigações, os Fabian Brain Trusters reuniram-se e conceberam o Plano Marshall.

Apropriadamente, o Plano Marshall foi revelado na Universidade de Harvard - aquele viveiro do socialismo nos Estados Unidos - pelo general socialista George Marshall. Custo para o contribuinte americano? Um espantoso montante de 17 mil milhões de dólares ao longo dos próximos cinco anos, grande parte do qual foi para países europeus para financiar as suas indústrias subsidiadas pelo Estado, para que pudessem despejar os seus produtos estrangeiros mais baratos no mercado dos EUA, resultando na perda de milhões de empregos industriais a longo prazo e bem remunerados.

Isto foi antecipado pelos planificadores socialistas Fabian, que precisavam da Woodrow Wilson para abrir as portas das barreiras comerciais dos EUA, para que os produtos fabricados no estrangeiro pudessem inundar o mercado americano nos anos imediatamente a seguir à Segunda Guerra Mundial, ajudando a França, a Polónia, a Hungria e o Reino Unido a estabilizar os seus rendimentos nacionais à custa do trabalhador americano!

É possível um governo como o nosso fazer uma coisa tão terrível ao seu próprio povo? Não só é possível, como de facto o nosso governo virou-se contra o seu próprio povo, enviando milhões deles para se alinharem para a alimentação, sem emprego e sem esperança. Os nossos trabalhadores foram transformados numa fila de mendigos, tentando desesperadamente descobrir o que aconteceu aos seus empregos, e como aconteceu que, em vez de trabalharem nos seus empregos antigos, estavam agora em filas de pão ou a mendigar por empregos inexistentes, num ou noutro centro de emprego.

Os Pais Fundadores devem ter-se virado nas suas sepulturas! Se tivessem estado por perto, teriam provavelmente perguntado como é que os descendentes dos colonos, que tanto lutaram para se livrarem dos impostos impostos impostos impostos pelo Rei Jorge III (incluindo um imposto de um cêntimo por libra sobre o chá), poderiam agora sentar-se e mansamente deixar-se tributar e ver os seus rendimentos nacionais provenientes das receitas aduaneiras secarem. Provavelmente também recuariam horrorizados com a perda de cerca de 17 mil milhões de dólares em dívidas de leasing, que o Congresso, controlado pelos socialistas, apagou dos livros para salvar os seus colegas socialistas britânicos e manter o governo mundial único, a nova ordem mundial, o sonho Fabiano e socialista.

Anteriormente, chamámos a atenção para os grandes danos causados ao nosso coração industrial pela transferência de poderes comerciais da Câmara para o ramo executivo do governo. Alguns exemplos concretos irão ajudar a reforçar as nossas conclusões. Mas antes de entrar em detalhes, vale a pena notar que três presidentes dos EUA, Lincoln, Garfield e McKinley, todos firmes defensores das barreiras pautais e comerciais, foram assassinados pela sua posição contra os inimigos do "comércio livre" desta nação. Isto é bem conhecido, mas o que é menos conhecido é que o Senador Russell B. Long, um dos homens mais proeminentes da nação, foi assassinado. Longamente, um dos homens mais brilhantes de sempre a servir no Senado, opôs-se veementemente aos "comerciantes livres".

O Presidente Gerald R. Ford tentou curar as feridas graves sofridas pela indústria quando produtos importados de todos os tipos começaram a inundar os mercados do país. Para isso, foi retratado pelos chacais da imprensa como um vagabundo, um vagabundo que não podia controlar o seu próprio orçamento, quanto mais liderar a nação. Os inimigos do "comércio livre" asseguraram que o tempo da Ford na Casa Branca era breve, especialmente depois de a Ford ter assinado o Trade Act de 1974, que foi o culminar dos esforços do Senador Huey Long para travar a maré crescente de bens importados.

Long, Presidente da Comissão de Finanças do Senado, propôs medidas para reforçar a protecção pautal existente através da Secção 201. Ao abrigo da "cláusula de isenção" de Long (Secção 201), as empresas prejudicadas pelas importações já não tinham de provar o seu caso. Mas ainda tinham de demonstrar que "o prejuízo substancial, ou ameaça de prejuízo, para os seus negócios era causado pelas importações". Antes da entrada em vigor da Secção 201 da Lei do Comércio de 1974, a natureza pesada, morosa e dispendiosa das provas fez com que muitas fábricas fechassem em vez de se submeterem a um procedimento que favorecia fortemente os governos estrangeiros. Uma vergonha e um escândalo? Sim, mas são os nossos legisladores que são responsáveis por este incrível estado de coisas, não um governo estrangeiro ou um conjunto de governos.

O facto odioso é que desde a presidência de Wilson, os governos estrangeiros têm tido mais influência na lei americana do que os nossos próprios donos de fábricas e as suas forças de trabalho em questões de direito comercial. Em antecipação da mudança para o "comércio global", o governo dos EUA mudou mesmo o nome da agência que supervisiona as questões comerciais da Comissão Tarifária para a Comissão de Comércio Internacional dos EUA (ITC). Ninguém protestou contra este pequeno passo no sentido de vender o que restava das nossas indústrias ao rio do comércio mundial. Porque o Presidente Ford assinou o Trade Act de 1974, ele foi vilipendiado como "anti-livre comércio" e o seu mandato foi encurtado.

Na prática, a Cláusula 201 não trouxe o alívio prometido. Quando o Senado, cheio de socialistas disfarçados de "democratas liberais", terminou de considerar o projecto de lei, o já desigual campo de jogo tinha-se transformado numa encosta íngreme contra os fabricantes locais. Apesar da linguagem do Long Act em contrário, verificou-se na prática que uma indústria só podia apresentar uma queixa DEPOIS de ter sido lesada durante algum tempo, e mesmo assim não havia garantias de sucesso, uma vez que o ITC poderia não decidir contra as importações ofensivas. Pior ainda, mesmo que o ITC decidisse a favor da indústria local, o Presidente ainda poderia vetar a medida.

Entretanto, centenas de empresas americanas foram forçadas a fechar devido à concorrência desleal de produtos estrangeiros.

É difícil acreditar que um presidente deste país colocaria os interesses estrangeiros à frente dos do seu próprio povo, mas foi isso que aconteceu, vez após vez, e ainda hoje acontece com os socialistas Clinton no poder. A Constituição dos EUA, Artigo 11, Secção 3, diz: "Ele (o presidente) cuidará para que as leis sejam fielmente executadas...". Nenhum dos presidentes de Wilson a Clinton teve o cuidado de executar as leis que protegem o nosso ofício, e para isso deveriam ter sido destituídos.

Depois de ter sido acusada de ser "anti-comércio livre", a Ford recuou na sua proposta de defesa da indústria do calçado, que tinha demonstrado que o calçado importado era um problema evidente. Durante as administrações Johnson, Ford, Carter, Reagan e Bush, centenas de recursos ao abrigo do Trade Act de 1974 foram rejeitados, incluindo representações de fabricantes de automóveis, calçado, vestuário, computadores e televisão, bem como de aço. Clinton está a provar ser um inimigo ainda pior do seu próprio povo do que Wilson e Roosevelt. O Congresso e os presidentes atiraram nas costas das suas tropas.

Um caso em particular que vale a pena relatar é na indústria do calçado, e há literalmente dezenas de casos semelhantes noutros sectores. Na altura em que Lincoln chegou à Casa Branca, os sapatos e as botas eram feitos em pequenas indústrias caseiras familiares espalhadas por todo o país. Isto mudou com o advento da Guerra Civil, mas milhares de pequenos produtores que não conseguiram cumprir os contratos do exército mantiveram-se em actividade e saíram-se muito bem. Não havia claramente necessidade de importar sapatos.

Os "comerciantes livres" fixaram o seu olhar na indústria do calçado, que nas pequenas cidades era frequentemente o único empregador. Através do Congresso, as barreiras comerciais contra o calçado importado começaram a ser atacadas. Os fabricantes locais foram acusados de causar "inflação" pelo aumento dos preços. Isto era totalmente falso. A indústria do calçado estava a fazer um bom produto a um preço muito competitivo. Mas quando Lyndon Johnson veio para a Casa Branca, os "comerciantes livres" tinham assegurado 20% do mercado local. Assim, as Indústrias de Calçado da América, alarmadas, apresentaram uma queixa junto do ITC pedindo alívio imediato, mas, como mencionado anteriormente. A Ford não lhes deu descanso.

Quando Carter subiu ao palco, recebeu também uma petição das Indústrias do Calçado da América. O que está errado aqui, é claro, é que o presidente NUNCA deveria ter tido uma palavra a dizer em assuntos comerciais que pertencem legitimamente ao Congresso. Mas, tendo já violado a Constituição de uma centena de maneiras, não havia como parar Carter. Em vez de ajudar o seu próprio povo, Carter fez um acordo com Taiwan e a Coreia que deveria limitar as suas exportações de sapatos para os EUA, mas que na prática não melhorou a situação. O mercado do calçado para importações subiu para 50% do mercado dos EUA. Carter era surdo, cego e mudo quando se tratava de proteger a subsistência de centenas de milhares de americanos. No entanto, este é o mesmo Carter que se dirigiu à nação na televisão a 15 de Julho de 1979:

> "A ameaça é quase invisível de uma forma vulgar. É uma crise de confiança. É uma crise que atinge o próprio coração, alma e espírito da nossa vontade nacional. Podemos ver esta crise na crescente dúvida sobre o significado das nossas próprias vidas e na perda da unidade de propósito para a nossa nação".

De facto, ao encorajar o "comércio livre", Carter foi responsável pela crise.

Nunca houve uma mensagem mais hipócrita a sair da Sala Oval. Na Guerra da Coreia, o General Douglas MacArthur foi traído por Dean Acheson e Harry Truman. Na guerra do comércio livre, a batalha do sapato perdeu-se porque fomos traídos por Jimmy Carter e Robert Strauss.

Depois veio o Presidente "conservador" Ronald Reagan, que nada fez para evitar a inundação do mercado com enormes quantidades de sapatos importados da Coreia e de Taiwan, dois países que nunca importaram um único par de sapatos fabricados nos Estados Unidos! Lá se vai a "livre troca". Devido à negligência estudada de Reagan, as importações de calçado atingiram um novo máximo em 1982, totalizando 60% do nosso mercado. De grande importância nacional, isto também aumentou o défice comercial em cerca de 2,5 mil milhões de dólares e pôs mais de 120.000 trabalhadores do calçado sem trabalho. As indústrias de apoio perderam 80.000 empregos, num total de 200.000 trabalhadores atirados para o monte de sucata.

Como é habitual na propaganda socialista, aqueles que chamavam a atenção para a difícil situação da indústria do calçado eram constantemente vilipendiados. "Eles querem aumentar a inflação - porque é que a indústria local do calçado não se torna competitiva", ecoou o *Wall Street Journal*, o *New York Times* e o *Washington Post*. Esta é, evidentemente, a função dos chacais na imprensa: proteger o decisor socialista no governo e difamar como "fascistas" ou pior, qualquer pessoa que chame a atenção para a traição dos políticos.

A verdade é que a indústria americana do calçado era muito competitiva e produzia produtos de boa qualidade. O que a indústria não podia competir eram os produtos inferiores e fortemente subsidiados de Taiwan e da Coreia, cujos governos estavam a bombear milhares de milhões de dólares em subsídios para a sua indústria de calçado. A isto chama-se "comércio livre". A única coisa "gratuita" é que os fabricantes estrangeiros são autorizados a despejar gratuitamente os seus produtos subsidiados no mercado dos EUA, mas os nossos fabricantes são excluídos dos mercados estrangeiros por leis e restrições - neste caso, não havia uma esperança no inferno de que os fabricantes de calçado dos EUA pudessem vender a Taiwan e à Coreia. Até hoje, nenhum sapato de fabrico americano é vendido em Taiwan ou na Coreia. A isto chama-se "comércio livre".

Apesar de cinco apelos bem sucedidos ao ITC, que constatou que a indústria de calçado dos EUA estava a ser irremediavelmente prejudicada por uma avalanche de importações da Coreia e Taiwan, Reagan recusou-se a fazer qualquer coisa para conter a maré que estava agora a afogar trabalhadores e empregadores. A indústria do calçado foi deixada indefesa. Não podia recorrer ao Congresso, pois o Congresso tinha transferido a sua soberania para o executivo, e Reagan, sob o domínio dos seus conselheiros socialistas, virou as costas às suas tropas e deixou que as tropas inimigas do "comércio livre" as esmagassem.

A batalha da indústria do calçado é apenas mais uma batalha perdida pelo nosso povo na guerra comercial em curso, e não vai demorar muito até sermos inundados pelo GATT e pelo NAFTA. O cavalo de Tróia do "livre comércio" no Congresso terá feito as forças inimigas felizes. As nossas tropas maltratadas não terão outro recurso senão retirar, deixando para trás milhões de vidas destroçadas. E toda esta devastação está a ser feita em nome do "comércio mundial".

Vale a pena salientar a semelhança dos métodos utilizados para aprovar a Lei de Expansão do Comércio de 1962 e o NAFTA em 1993. Além da interferência do Presidente no departamento legislativo, foi montada uma enorme campanha de relações públicas com a ajuda do cr de la cr de Madison Avenue. Uma barragem de imprensa foi apoiada por Howard Peterson da Casa Branca, do Senado e do Departamento de Comércio. O padrão foi repetido com o NAFTA em 1993. O NAFTA está ao nível da traição de Carter ao Acto de Controlo Monetário de 1980.

O NAFTA é um "acordo" ilegal que não pode passar num teste constitucional. Páginas 2273-2297, Registo do Congresso, Casa, 26 de Fevereiro de 1900 dão a posição constitucional sobre "acordos" tais como o NAFTA, o Canal do Panamá, o GATT, etc:

> "O Congresso dos Estados Unidos retira o seu poder de legislar da Constituição, que é a medida da sua autoridade. Qualquer acto do Congresso que se oponha às suas disposições, ou que não esteja dentro dos poderes por ele concedidos, é inconstitucional, e portanto não é uma lei, e não é vinculativo para nenhuma pessoa...".

O juiz Cooley, um importante académico constitucional, afirmou:

> "A própria Constituição nunca cede a um tratado ou a uma peça de legislação. Não muda com os tempos nem se curva à força das circunstâncias".

O Congresso não tem autoridade constitucional para transferir os seus poderes de tratamento para o Presidente, como foi feito com o NAFTA. Isto é pura sedição. As negociações comerciais pertencem à Câmara: Artigo 1, Secção 8, Cláusula 3, "para regular o comércio com nações estrangeiras, e entre os vários Estados, e com as tribos indianas". Claramente, nem Bush nem Clinton tinham o direito constitucional de se imiscuírem no NAFTA. Isto é certamente traição e sedição.

Nas páginas 1148-1151, Registo do Congresso, Casa, 10 de Março de 1993, "Foreign Policy or Trade, the Choice is Ours",[15] em que os males do "comércio livre" são postos a nu. Os socialistas levaram 47 anos a derrubar as sábias barreiras comerciais erguidas por Washington, Lincoln, Garfield e McKinley. A causa da Revolução "francesa" foi o "comércio livre". Os socialistas britânicos causaram depressão e pânico em França, o que abriu as portas aos sedicionistas e traidores, Danton, Marat, o Conde de Shelburne e Jeremy Bentham.

Na página 1151 do ficheiro do Congresso acima mencionado, lemos:

> "Em 1991, os trabalhadores americanos ganhavam um salário semanal médio 20% mais baixo do que em 1972. Entretanto, as indústrias têxtil e do vestuário perderam mais de 600.000 empregos, enquanto que o aço e os automóveis sacrificaram outros 580.000. Medido em termos de rendimentos e empregos em declínio, o fardo da liderança global recaiu assim fortemente sobre os trabalhadores americanos pouco qualificados. Os empregos de mão-de-obra intensiva na indústria transformadora mudaram-se para países do Terceiro Mundo de baixo custo, deixando uma casta de trabalhadores americanos pouco qualificados"...

O objectivo socialista de reduzir o nível de vida da classe média americana para o de um país do terceiro mundo está cerca de 87% completo e, se tudo correr como planeado, a administração Clinton irá em breve dar os retoques finais na guerra comercial, à custa de apunhalar o povo americano pelas costas. Como tenho dito frequentemente, o Presidente Clinton foi escolhido para cumprir um mandato socialista Fabiano, e o "comércio livre" é apenas uma das

---

[15] "Política externa ou comércio, a escolha é nossa.

políticas de traição que lhe foi ordenado para implementar.

> "Todos sentimos o quanto precisamos das Nações Unidas se queremos realmente avançar para um Novo Mundo e os tipos de relações no mundo que são do interesse de todos os países. A União Soviética e os Estados Unidos têm mais do que uma razão para estarem envolvidos na sua construção, no desenvolvimento de novas estruturas de segurança na Europa e na região da Ásia-Pacífico. E também na construção de uma economia verdadeiramente global, na verdade, na criação de uma nova civilização". - Mikhail Gorbachev, discurso na Universidade de Stanford, 1990.

Substituir a União Soviética por "socialistas" e é fácil de ver que nada mudou.

O plano de longo prazo do socialismo para quebrar a Constituição dos EUA através da adesão de entidades estrangeiras está bastante bem registado, em parte alguma mais do que nos escritos dos socialistas Fabian e dos socialistas internacionais. Sabemos que os socialistas esperam estabelecer uma ditadura mundial através das acções do comunismo e do socialismo, uma por métodos abertos e directos, e a outra por meios mais subtis e ocultos. Eles esperam triunfar através da ditadura financeira do Fundo Monetário Internacional (FMI), que pode controlar os governos forçando os países livres, através da sabotagem das suas estruturas monetárias, a juntarem-se a organismos internacionais tais como a Liga das Nações de curta duração, a sua sucessora as Nações Unidas, e uma série de organizações internacionais periféricas.

Todos têm um objectivo comum: destruir a soberania da nação alvo - vitimizada pela suspensão do crédito, a falta de emprego, a estagnação da indústria e da agricultura e a sobreposição das leis de um organismo internacional às leis de nações individuais. Neste livro só podemos lidar com as Nações Unidas como um exemplo de superprodução socialista do sangue vital dos Estados-nação independentes.

Está para além do âmbito deste livro examinar como surgiu a Carta da ONU, excepto que se trata de uma empresa socialista desde o início até ao fim. Alguns vêem-na como uma empresa comunista. Embora seja verdade que os redactores do projecto da ONU foram dois cidadãos soviéticos, Leo Rosvolsky, Molotov e um cidadão socialista americano, Alger Hiss, a carta é socialista, uma grande vitória para a Sociedade Fabian e os seus primos americanos. A Carta da ONU está em conformidade com o Manifesto Comunista de 1848.

Se o tratado/acordo/carta da ONU tivesse sido apresentado como um documento comunista, não teria sido aceite pelo Senado dos EUA. Mas os socialistas conhecem o seu jogo, e assim foi apresentado como uma organização concebida para "manter a paz". Já disse noutro lugar que quando vemos a palavra "paz" num documento governamental mundial, devemos reconhecer que é de origem socialista ou comunista. Esta é precisamente a natureza da Carta das Nações Unidas. É uma organização comunista/socialista. Além disso, a ONU faz a guerra, não mantém a paz.

Embora a carta tenha sido assinada por uma maioria de senadores americanos e assinada em lei, os EUA não são membros deste organismo da Nova Ordem Mundial - One World Government - e não o são há um minuto. Há uma série de razões imperiosas para que isto seja assim: A "Lei das Nações" de Vattel, a "Bíblia" que forneceu a soma e a substância em que se baseou o direito internacional dos nossos pais fundadores, aplica-se neste caso e ainda é válida. Volta ao direito romano e grego e é em si mesmo um estudo vitalício. Quantos dos nossos chamados senadores e representantes sabem alguma coisa sobre estes assuntos? O inestimável livro de Vattel não faz parte do currículo escolar de Direito e não consta dos manuais escolares das escolas secundárias e universidades. O Departamento de Estado ignora singularmente este livro inestimável, razão pela qual está a fazer uma confusão atrás da outra, tentando organizar os assuntos desta nação sem qualquer conhecimento da Lei das Nações de Vattel. A Constituição dos Estados Unidos é suprema em todos os tratados, cartas e acordos de qualquer tipo e não pode ser substituída por uma acção do Congresso ou do executivo.

Para que os Estados Unidos fossem membros das Nações Unidas, uma emenda à Constituição dos EUA teria de ser adoptada por todos os 50 Estados. Como isto não aconteceu, não somos membros da ONU e nunca fomos. Tal emenda teria retirado o poder de declarar a guerra à Câmara e ao Senado e tê-la-ia dado a um organismo internacional. Porque o ex-Presidente Bush tentou fazer isso na altura da Guerra do Golfo, deveria ter sido destituído por traição contra os Estados Unidos e por não ter cumprido o seu juramento de posse.

O segundo ponto digno de nota é que não mais do que cinco senadores leram os documentos da Carta das Nações Unidas, e muito menos tiveram um debate constitucional adequado sobre a questão. Um tal debate constitucional teria levado pelo menos dois anos, enquanto esta monstruosidade foi adoptada em 1945, em três dias! Quando tal acordo ou projecto de lei ou o que quer que venha a ser apresentado ao Senado e aos Senadores não o debatam devidamente, representa um exercício de poder arbitrário. Páginas 287-297, Senado, Registo do Congresso, 10 de Dezembro de 1898:

> "Os Estados Unidos são soberanos, a soberania e a nacionalidade são termos correlativos. Não pode haver nacionalidade sem soberania, e não pode haver soberania sem nacionalidade. Em todos os assuntos, os Estados Unidos, enquanto nação, possuem poder soberano, excepto nos casos em que a soberania tenha sido reservada aos Estados e/ou ao povo".

Também, de Pomeroy, (sobre a Constituição) página 27:

> "Não pode haver nação sem soberania política e não pode haver soberania política sem nação. Não posso, portanto, separar estas ideias e apresentá-las como distintas umas das outras"...

Continua na página 29 :

> "Esta nação possui a soberania política. Pode ter qualquer organização, desde a democracia mais pura até à monarquia mais absoluta, mas considerada nas suas relações com o resto da humanidade e com os seus próprios membros individuais, deve existir, ao ponto de promulgar leis para si própria como uma sociedade soberana integral e independente entre as outras nações semelhantes da terra".

O Dr. Mulford, um dos melhores historiadores e constitucionalistas, afirmou no seu livro sobre a soberania de uma nação, na página 112:

> "A existência da soberania de uma nação, ou soberania política, é indicada por certos sinais ou notas que são universais. Estes são independência, autoridade, supremacia, unidade e majestade. A soberania de uma nação, ou soberania política, implica independência. Não está sujeita a qualquer controlo

> externo, mas a sua acção está de acordo com a sua própria determinação. Implica autoridade. Tem a força inerente à sua própria determinação de a afirmar e manter. Implica supremacia. Não presume a presença de outros poderes inferiores..."

Como o falecido Senador Sam Ervin, um dos grandes estudiosos da Constituição deste século, tem dito repetidamente

> "É impossível que tivéssemos podido aderir às Nações Unidas em boa consciência.

Olhando para as condições de soberania acima delineadas, é evidente que as Nações Unidas não são uma nação e são totalmente desprovidas de soberania. Não faz leis individuais para a nação, porque não é uma nação. Não tem território próprio, não tem unidade e majestade. Está sujeita a controlo externo.

Além disso, o tratado das Nações Unidas não pode ser defendido porque as Nações Unidas não são soberanas. De acordo com a "Lei das Nações" de Vattel, a "Bíblia" que os nossos Pais Fundadores usaram para escrever a Constituição, os Estados Unidos estão proibidos de entrar num tratado com QUALQUER PESSOA, QUALQUER ENTIDADE que não seja soberana. Ninguém contestaria que as Nações Unidas não são soberanas, pelo que o "tratado" da ONU aprovado pelo Senado em 1945 é nulo e sem efeito, ultra vires. Como instrumento jurídico, não é nem um tratado nem uma carta, e como tal, não tem absolutamente nenhum valor, nem mais do que um pedaço de papel em branco.

As Nações Unidas são um organismo estrangeiro mantido por uma colecção de leis ersatz, que não pode ter precedência sobre as leis dos Estados Unidos. Manter uma posição de que as leis das Nações Unidas prevalecem sobre as leis dos Estados Unidos é um acto de sedição e traição. Um estudo da Lei das Nações de Vattel e do Direito Internacional de Wheaton em conjunto com a Constituição não deixará dúvidas quanto à exactidão disto. Qualquer congressista, senador ou funcionário do governo que apoie as Nações Unidas é culpado de sedição.

Nas páginas 2063-2065, Registo do Congresso, Casa, 22 de Fevereiro de 1900, encontramos esta autoridade: "Um tratado não é superior à Constituição. Nas trocas diplomáticas entre o embaixador dos EUA em França e a então Secretária de Estado Marcy, é de novo claramente afirmado:

> "A Constituição deve prevalecer sobre um tratado quando as disposições de um conflito com o outro..."

Quando John Foster Dulles, um agente profundamente socialista da coroa britânica, foi forçado a comparecer perante uma Comissão de Inquérito do Senado dos EUA nas Nações Unidas, tentou, como o socialista escorregadio que era, fazer bluff ao sugerir que o "direito internacional", tal como o direito nacional, poderia ser aplicado nos Estados Unidos. A aplicação do "direito internacional" é a própria fundação das Nações Unidas, mas não pode ser aplicada aos Estados Unidos.

A nossa afirmação de que os Estados Unidos não é membro das Nações Unidas é reforçada pela leitura da Acta do Congresso, Senado, 14 de Fevereiro de 1879 e páginas 1151-1159, Acta do Congresso, Senado, 26 de Janeiro de 1897. Não vamos encontrar este material essencial em NENHUM livro de Direito. Os professores de direito marxista de extrema-esquerda de Harvard não querem que os seus alunos saibam sobre estas questões vitais.

O facto de o Senado dos EUA "ratificar" o "tratado" da ONU, o acordo da Carta, não faz qualquer diferença. O Congresso não pode aprovar leis que sejam inconstitucionais, e vincular a lei dos EUA à subjugação do tratado da ONU é manifestamente inconstitucional. Qualquer acto do Congresso (Câmara e Senado) que subordine a Constituição a qualquer outro órgão ou entidade não tem força de lei e não tem qualquer efeito. É evidente que, com base unicamente no Artigo 25 do tratado da ONU, os EUA não poderiam ter celebrado tal acordo.

Os Anais do Congresso, os Globos do Congresso, e o Registo do Congresso estão repletos de informação sobre soberania, e um exame detalhado deste material, muito do qual provém da "Lei das Nações" de Vattel, deixa bem claro que os Estados Unidos nunca foram membros das Nações Unidas, e nunca poderão sê-lo, a menos que a votação do Senado de 1945 seja sujeita a uma emenda constitucional e depois ratificada por todos os 50 Estados. Para confirmação adicional de que os Estados Unidos não é membro das Nações Unidas, remetemos os leitores para as páginas 12267-12287 do Registo Civil, Casa 18 de Dezembro de 1945.

O que foi aprovado para um debate constitucional sobre o Tratado da ONU em 1945 pode ser encontrado na Acta do Congresso, Senado, páginas 8151-8174, 28 de Julho de 1945 e nas páginas 10964-10974 Acta do Congresso, Senado, 24 de Novembro de 1945. Um estudo destes registos dos "debates" da ONU convencerá até os mais cépticos da incrível ignorância da Constituição demonstrada pelos senadores americanos que "ratificaram" o Tratado da ONU.

O juiz Cooley, um dos maiores estudiosos da Constituição de todos os tempos, disse:

> "O Congresso dos Estados Unidos retira o seu poder de legislar da Constituição, que é a medida da sua autoridade. E qualquer acto do Congresso que se oponha às suas disposições, ou que não esteja no âmbito dos poderes por ele conferidos, é inconstitucional e, portanto, não tem força de lei, e não é vinculativo para nenhuma pessoa".

O voto do Senado de 1945 a favor da adesão à ONU é "portanto sem força de lei e sem obrigação para ninguém".

A votação de 1945 sobre o acordo da ONU foi um exercício arbitrário de poder e é, portanto, nula, uma vez que não foi debatida constitucionalmente antes de ser aprovada pelo Senado em três dias:

> "Nenhum tratado/acordo pode enfraquecer ou intimidar a Constituição dos Estados Unidos, cujos acordos/tratos não são mais do que leis, e como qualquer outra lei, podem ser revogados".

Assim, longe de ser um documento imutável, a Carta/Acordo das Nações Unidas (os nossos legisladores não tiveram a coragem de lhe chamar tratado) é nula, sem qualquer consequência, e não vincula ninguém. Os militares estão especificamente proibidos de obedecer às leis de qualquer entidade, agência ou organização estrangeira, e os nossos líderes militares têm o dever de cumprir o seu juramento de proteger os cidadãos dos Estados Unidos da América. Não podem fazer isso, e obedecem às leis das Nações Unidas.

De todas as agências internacionais de governo mundial no estrangeiro actualmente, nenhuma é mais insidiosamente má do que o FMI. Temos tendência a esquecer que o FMI é o filho bastardo das Nações Unidas, sendo ambos extensões do Comité de 300, e o FMI, tal como o Conselho de Relações Externas (CFR), está a tornar-se cada vez mais ousado quanto aos seus verdadeiros objectivos e intenções. As mesmas forças sinistras que impuseram o bolchevismo à Rússia cristã estão por detrás do FMI e dos seus planos para assumir a chamada "economia mundial".

Capítulo 9

UMA NAÇÃO DERROTADA

A grande maioria do povo americano não sabe que a nação está em guerra desde 1946, nem que a estamos a perder. No final da Segunda Guerra Mundial, o Tavistock Institute for Human Relations da Universidade de Sussex e o Tavistock Center em Londres voltaram a sua atenção para os Estados Unidos. O seu presidente é a Rainha Isabel II e a sua prima, o Duque de Kent, também faz parte da direcção. Os antigos métodos utilizados contra a Alemanha durante a Segunda Guerra Mundial estão agora virados contra os Estados Unidos. Tavistock é o centro reconhecido de "lavagem ao cérebro" no mundo e, na sua essência, tem conduzido e está a conduzir uma enorme operação de lavagem ao cérebro contra o povo dos Estados Unidos desde 1946.[16]

O principal objectivo desta empresa é apoiar as agendas socialistas a todos os níveis da nossa sociedade, abrindo assim o caminho para a nova era negra de um governo mundial e para a nova ordem mundial. Tavistock é activo na banca, comércio, educação, religião e, em particular, procura quebrar a Constituição dos EUA. Nestes capítulos vamos examinar alguns dos programas concebidos para fazer da América um estado escravo. Aqui estão algumas das principais organizações e instituições socialistas que lutam contra o povo americano:

---

[16] Ver *Instituto Tavistock de Relações Humanas - Moldando o declínio moral, espiritual, cultural, político e económico dos Estados Unidos da América*, John Coleman, Omnia Veritas Ltd, www.omnia-veritas.com.

POLÍTICAS BANCÁRIAS E ECONÓMICAS :

O CONSELHO FEDERAL DE RESERVA

> *"Sr. Presidente, temos neste país uma das instituições mais corruptas que o mundo alguma vez viu. Estou a falar do Conselho da Reserva Federal e dos Bancos da Reserva Federal. O Conselho da Reserva Federal, um conselho estadual, defraudou o governo dos Estados Unidos e o povo dos Estados Unidos de dinheiro suficiente para pagar a dívida nacional... Esta instituição perversa empobreceu e arruinou o povo dos Estados Unidos. Estes 12 monopólios de crédito privados foram impostos de forma enganosa e injusta a este país por banqueiros da Europa que nos agradeceram a nossa hospitalidade, minando as nossas instituições americanas...* "Discurso na Câmara pelo Congressista Louis T. McFadden, Presidente do Comité Bancário da Câmara, Sexta-feira, 10 de Junho de 1932.

Como tem sido dito com frequência, o maior triunfo dos socialistas veio com o monopólio bancário da Reserva Federal. Os socialistas-bancários vieram da Europa e da Inglaterra para arruinar o povo deste país, penetrando e permeando habilmente todas as facetas do nosso sistema monetário. Estes agentes socialistas da mudança nada poderiam ter conseguido sem a plena cooperação dos traidores dentro das nossas fronteiras, e encontraram-nos às centenas, homens e mulheres que estavam dispostos a trair o povo americano. Um traidor notável foi o Presidente. Woodrow Wilson, que fez buracos nas barreiras comerciais erguidas pelo Presidente Washington e mantidas intactas por Lincoln, McKinley e Garfield. Em 1913, Wilson introduziu o sistema Marxista de imposto progressivo sobre o rendimento para substituir as receitas tarifárias perdidas e abriu as portas para permitir aos banqueiros filisteus da Europa a entrada na nossa cidadela através da aprovação da Lei da Reserva Federal de 1913.

Poucas pessoas se dão conta de que o sistema bancário dos EUA foi SOCIALIZADO com a aprovação da Lei da Reserva Federal de 1913. Os bancos comerciais (não temos bancos comerciais no sentido britânico da palavra) foram postos a funcionar desde que os ladrão-banqueiros socialistas conseguiram tomar o controlo dos mesmos nesse ano. O que temos neste país é um sistema bancário de assistência social, quase idêntico ao sistema bancário que os bolcheviques instituíram na Rússia. Os bancos da Reserva Federal criam títulos de dívida, a que se chama "dinheiro". Este dinheiro não regressa à Reserva Federal através do comércio, mas sim através do roubo do povo. O dinheiro fictício é roubado directamente ao povo. O dinheiro que os bancos da Reserva Federal controlam não é dinheiro honesto, mas sim dinheiro imaginário, sempre inflacionário.

Quem podemos responsabilizar? Quem podemos culpar por roubar o nosso dinheiro? Ninguém sabe quem são os accionistas do maior sistema bancário do mundo. Dá para acreditar? Infelizmente, é tudo demasiado verdade, no entanto, permitimos que esta situação perversa continue ano após ano, em grande parte por ignorância de como o sistema funciona. A nós, o povo, é dito para deixarmos o dinheiro em paz porque é demasiado complicado para o compreendermos. "Deixem isso para os peritos" dizem os ladrões.

O que é que a Reserva Federal Socialista faz com o nosso dinheiro roubado? Uma das coisas que eles fazem é fazer-nos pagar usualmente, o que o sistema chama de dívida nacional, que eles transformam em obrigações a 30 anos. Estes banqueiros socialistas NÃO FAZEM PARA criar riqueza, são parasitas que vivem de comer a substância do povo americano. Estes parasitas têm o "direito" de criar dinheiro do nada e depois emprestam-no aos bancos comerciais com usura e fazem-no a crédito do povo.

Isto é uma servidão involuntária, pois o crédito pessoal do cidadão pertence ao cidadão, não à Reserva Federal. Ao alegadamente conceder à Reserva Federal o direito de se apropriar do crédito pessoal do cidadão, o Governo dos Estados Unidos está a permitir que esta organização parasitária viole os 5 direitos de emenda do povo, os direitos constitucionalmente garantidos de "vida, liberdade e propriedade".

Além disso, o Conselho da Reserva Federal destruiu a Constituição. Lembre-se, um ataque a uma parte da Constituição é um ataque a toda a Constituição. Se uma parte da Constituição é destruída, todas as partes da Constituição são profanadas. Poderes delegados ao Congresso, por Nós, o Povo: Secção 8, Artigo 5: "Moedar dinheiro, regular o seu valor e o das moedas estrangeiras, e fixar o padrão de pesos e medidas". Este artigo encontra-se nos 17 poderes numerados delegados ao Congresso pelo povo. Em parte alguma demos ao Congresso o direito de transferir este poder para uma instituição bancária privada.

No entanto, foi exactamente isso que o Congresso fez em 1913. A lei foi introduzida para discussão apenas alguns dias antes das férias de Natal. Consistia em 58 páginas em três colunas e 30 páginas de material impresso de qualidade, rigorosamente impresso. Ninguém o poderia ter lido, muito menos compreendido, nos poucos dias em que estava para ser discutido. Assim, a Lei da Reserva Federal foi aprovada pelo Congresso e tornou-se um acto de poder arbitrário - é o que se chama um projecto de lei que não foi devidamente debatido e se torna lei sem ser totalmente debatido.

Centenas de excelentes livros foram escritos para demonstrar a inconstitucionalidade da Lei da Reserva Federal de 1913, pelo que não vale a pena revisitá-la neste livro. Basta dizer que apesar deste acto, a maior vigarice da história, os Bancos da Reserva Federal permanecem firmemente no lugar como se a sua história ainda fosse um segredo. Porque é que isto acontece? Provavelmente por causa do medo. Aqueles que procuraram desafiar esta monstruosa criação socialista de qualquer forma significativa, foram brutalmente assassinados. Os membros da Câmara e do Senado sabem que a Reserva Federal é O assalto do século 20 , mas nada fazem para agitar as coisas por medo de serem expulsos do Congresso, ou pior.

Os bancos da Reserva Federal foram modelados no Banco de Inglaterra, uma instituição socialista Rothschild que conseguiu ligar-se aos Estados Unidos após a Guerra Civil, durante a qual financiou ambas as partes em conflito. O sistema monetário desenvolvido para a jovem nação americana por Jefferson e Hamilton era um sistema de bimetalismo, 16 onças de prata a 1 onça de ouro. Foi o nosso sistema monetário CONSTITUCIONAL, descrito no Artigo I, Secção 8, Cláusula 5, e deu a este país uma prosperidade incalculável até que as prostitutas do banco central europeu o pudessem subverter. Fizeram-no através da desmonetização de dinheiro em 1872, o que levou ao pânico de 1872, tudo planeado pelos Socialistas.

Os socialistas conseguiram desvalorizar o nosso sistema monetário até o seu valor ser zero, depois imprimiram dinheiro socialista (keynesiano) com o qual compraram todos os principais negócios e bens imobiliários. Nas aulas de economia universitária, os professores de Marx da extrema esquerda ensinam que o Congresso dirige o nosso sistema monetário, mas não o faz, o Congresso abdicou dessa responsabilidade e colocou-a nas mãos dos banqueiros internacionais tipo Shylock- para criar um sistema bancário de bem-estar comercial na América. Os Rothschilds e os seus colegas socialistas no banco internacional Shylock, colocaram o povo americano em dívida para sempre - a menos que encontremos o líder certo para quebrar esta camisa-de-forças.

Os banqueiros internacionais de Shylock, muito antes do advento do Conselho da Reserva Federal, consideravam a riqueza desta nação com grande luxúria e estavam determinados a prosseguir até que a controlassem. Os banqueiros internacionais de Shylock impediram o banco nacional, durante o mandato do Presidente Andrew Jackson, de pagar a dívida da Guerra Civil, a fim de manter o povo americano preso de mãos e pés, o que ainda somos. Está bem estabelecido que os Serviços Secretos Britânicos fomentaram e processaram a Guerra Civil Americana, que deveria ter sido chamada a Guerra Internacional dos Banqueiros Tortos. Os Serviços Secretos Britânicos tinham os seus agentes nos Estados do Sul, penetrando e permeando todos os aspectos da vida.

Quando o Presidente Jackson fechou o banco central, o serviço secreto britânico estava pronto. A Lei Bancária de 1862 era uma "proeza" Rothschild que fazia parte do plano a longo prazo para manter o povo americano em eterna penúria. Embora o Congresso e um Tribunal Supremo patriótico tenham repelido os vigaristas Rothschild, o adiamento foi de curta duração.

Graças ao cavalo de Tróia Wilson, eles tomaram o poder em 1913 e mergulharam esta nação na escravatura financeira, que é o estado em que nos encontramos hoje. Como dissemos nos nossos capítulos sobre educação, os socialistas usaram a educação para mentir ao público americano sobre os bancos da Reserva Federal, o que é uma razão pela qual ainda é tolerada. Os seus grosseiros excessos e crimes contra o povo americano não são conhecidos, embora sejam detalhados nas centenas de excelentes livros sobre o assunto.

Mas estes livros não estão disponíveis para aqueles sem um certo nível de educação, governados pelo controlo socialista da indústria dos livros escolares, razão pela qual milhões de americanos de todas as idades encontram consolo na televisão. Agora, se Larry King fizesse discursos francos e abertos sobre os males da Reserva Federal Socialista, e se os apresentadores de talk shows mais populares na rádio e na televisão fizessem o mesmo, poderíamos apenas entusiasmar o nosso povo o suficiente para fazer algo sobre o encerramento do sistema da Reserva Federal.

O público americano aprenderia que o primeiro dever do Congresso é fornecer e manter um sistema monetário sólido para os Estados Unidos. O público ficaria a saber que não temos um único dólar honesto em circulação. Ficariam a saber que a British East India Company e o Banco de Inglaterra conspiraram com Adam Smith para retirar todo o ouro e prata das colónias, a fim de derrotar os colonos numa guerra económica que precedeu a guerra armada.

O público americano ficaria a saber que para que o Conselho da Reserva Federal e os Bancos da Reserva Federal fossem constitucionais, uma emenda constitucional teria de ser redigida e ratificada por todos os 50 estados.

Eles vão começar a fazer perguntas: "Porque é que isto não foi feito? Porque é que continuamos a permitir que os particulares que são proprietários da Reserva Federal nos atirem enormes quantias de dinheiro? "Podem até exercer pressão suficiente sobre o Congresso para o forçar a abolir a Reserva Federal. O povo americano poderia aprender no Larry King Show, ou no Phil Donahue Show, que os bancos da Reserva Federal não pagam imposto sobre o rendimento, nunca foram auditados, e pagam apenas $1,95 por cada mil dólares que recebem do Tesouro do We the People. "Que pechincha", podemos uivar de raiva.

Uma população desperta e enfurecida pode até forçar o Congresso a agir e forçar o encerramento desta besta de Mammon. O povo americano ficaria a saber que o maior período de prosperidade foi entre o encerramento do banco central de Shylock[17] por Andrew Jackson e o início da Guerra Civil. Ficariam a saber que os Bancos

---

[17] Referência repetida ao usurário em *O Comerciante de Veneza* de Shakespeare, o termo "comerciante" na realidade refere-se ao judeu na famosa peça. Nde.

da Reserva Federal socializaram a banca comercial neste país e que os nossos bancos trabalham com base no sistema descrito no "Merchant of Venice" de Shakespeare.

O Presidente Roosevelt disse ao povo americano que era amigo da classe pobre e média da América, mas que era um agente dos bancos internacionais Shylock e do socialismo Fabian desde o primeiro dia. Conseguiu enormes empréstimos para apoiar o governo socialista de Inglaterra, falido pelas políticas socialistas fracassadas daquele país, enquanto o seu próprio povo fazia fila para obter alimentos. Em 1929, os mesmos interesses estrangeiros manipularam o crash do mercado bolsista que fez cair milhares de milhões de dólares do preço das acções, que os predadores podiam então comprar de volta a 10 cêntimos do dólar. Os Bancos da Reserva Federal orquestraram a queda através do Banco da Reserva Federal de Nova Iorque. Nas páginas 10949-1050 do Registo do Congresso, Casa, 16 de Junho de 1930, encontramos o seguinte:

> "Mais recentemente, o Conselho da Reserva Federal fez da indústria americana a vítima de uma única série de manipulações no interesse do crédito europeu, que causaram o colapso do mercado bolsista e a actual depressão industrial. Estas manipulações começaram em Fevereiro de 1929 com a visita a este país do Governador do Banco de Inglaterra e as suas consultas com o chefe do Conselho da Reserva Federal, sendo o tema destas conferências a preocupação com a situação financeira da Grã-Bretanha (abalada pelos programas socialistas que tinham falido o país) e a queda da libra esterlina.
>
> Os britânicos e franceses tinham investido 3 mil milhões de dólares na bolsa de valores dos EUA, e o objectivo era parar a fuga de ouro para os EUA através da quebra dos títulos americanos. O seu primeiro esforço em Março de 1929, motivado por proclamações públicas da Reserva Federal (da sua sucursal em Nova Iorque) calculadas para assustar os investidores, causou um pequeno pânico em Março. O segundo esforço, de Agosto de 1929, foi feito pela venda e encurtamento de investidores britânicos e franceses por banqueiros americanos e pelo pânico de Outubro de 1929"...

Os Bancos da Reserva Federal foram responsáveis pelo colapso de 1929 e pela subsequente depressão.

Hoje, em 1994, o Conselho da Reserva Federal, sob a presidência do socialista Alan Greenspan, está a sufocar a vida da fraca economia americana, porque os mestres de Greenspan em Londres lhe disseram para manter a inflação em 1,5%, mesmo que isso signifique a perda de 50 milhões de empregos. Hoje, a nossa adesão ao Banco Mundial, ao Banco de Pagamentos Internacionais e a nossa vontade de comprometer a nossa soberania, submetendo-nos aos ditames do Fundo Monetário Internacional (FMI), é um mau presságio para o futuro e indica que o Comité dos 300 está a preparar-se para uma nova guerra mundial.

Em nenhuma parte da Constituição existe um poder que autorize o governo dos EUA a financiar os chamados bancos internacionais, tais como o Banco Mundial e o FMI. Para encontrar este poder, deve-se procurar no Artigo 1, Secção 8, Cláusulas 1-18, mas seria fútil procurá-lo porque não está lá. Não temos qualquer poder constitucional para permitir o financiamento de bancos estrangeiros, pelo que tal acção é ilegal.

Liderado por socialistas ingleses, o Presidente George Bush empurrou as leis comerciais do NAFTA e do GATT, que retiram aos EUA a sua soberania e destroem empregos industriais e agrícolas, colocando milhões de americanos sem trabalho. O "comércio mundial" é um antigo objectivo do socialismo Fabiano, pelo qual tem lutado desde 1910, no seu esforço para quebrar a posição comercial favorável dos EUA e reduzir o nível de vida dos americanos de colarinho azul e branco para o dos países do terceiro mundo.

No entanto, Bush ficou sem tempo e por isso o bastão da corrida de estafetas foi passado ao Presidente Clinton, que conseguiu passar o "tratado" do NAFTA com a ajuda de 132 "membros progressistas (socialistas) do Partido Republicano". Em 1993, o sonho dos socialistas Fabianos de "comércio mundial" deu um enorme passo em frente com a passagem do NAFTA e a assinatura do Acordo Geral sobre Tarifas e Comércio (GATT), que pôs fim à posição única da América de poder proporcionar um bom nível de vida e emprego à sua classe média única.

Seria necessária uma emenda à Constituição dos EUA para tornar legais os tratados do NAFTA e do GATT. Em primeiro lugar, não há nenhuma disposição ou poder na Constituição que permita aos

Presidentes Bush e Clinton agirem 100% inconstitucionalmente, envolvendo-se nos detalhes destes tratados, que estão exclusivamente no âmbito do ramo legislativo. Existe uma proibição constitucional contra a delegação de poderes entre os três ramos do governo, Páginas 108-116, Congressional Globe, Dez. 10, 1867:

> "Concordamos com a proposta de que nenhum departamento do governo dos Estados Unidos, nem o Presidente, nem o Congresso, nem os tribunais, tem qualquer poder não atribuído pela Constituição".

A Constituição não prevê a rendição da soberania dos EUA, mas foi isso que os nossos inimigos do cavalo de Tróia fizeram quando negociaram directamente com estes fornecedores do NAFTA e do GATT de um governo mundial e da nova ordem mundial como parte da sua agenda socialista internacional.

AJUDA EXTERNA

A "vaca sagrada" dos socialistas Fabian era conseguir o dinheiro de outras pessoas (OPM) para financiar os seus excessos socialistas. Conhecemos o empréstimo de 7 mil milhões de dólares, concebido por John Maynard Keynes para salvar a falhada socialização do povo britânico através do Partido Trabalhista. Também conhecemos o plano socialista de financiar outros países estrangeiros através da Foreign Assistance Appropriations Bill, um evento que custa ao povo americano quase 20 mil milhões de dólares por ano, onde jogamos Pai Natal a algumas das nações menos merecedoras do mundo, cujas políticas socialistas falhadas continuamos a apoiar. A Câmara e o Senado não fingem sequer verificar a constitucionalidade dos projectos de lei antes de os deixar passar no chão. Se estivessem a fazer o seu trabalho correctamente, as facturas de ajuda externa nunca chegariam ao piso da Câmara e do Senado. Este é um crime contra o povo americano, que poderia ser descrito como sedição.

A ajuda externa serve dois objectivos; desestabiliza a América e ajuda o Comité dos 300 a obter o controlo dos recursos naturais dos países financiados pela coacção dos contribuintes americanos. Claro que há países que não possuem recursos naturais, como Israel e o Egipto, mas nestes casos, a ajuda estrangeira torna-se uma consideração geopolítica, mas ainda permanece, servidão involuntária ou escravatura. A ajuda externa começou a sério com o Presidente Roosevelt quando ele deu cerca de 11 mil milhões de dólares à Rússia bolchevique e 7 mil milhões de dólares ao governo do Partido Trabalhista Britânico.

A Constituição dos Estados Unidos prevê alguma atribuição de poder para este espantoso presente anual?

A resposta é "NÃO" e seria necessária uma emenda constitucional para tornar legal a ajuda estrangeira, mas é duvidoso que tal emenda pudesse ser devidamente redigida, uma vez que a ajuda estrangeira viola a cláusula de proibição da escravatura (servidão involuntária). Dito sem rodeios, a ajuda estrangeira é traição e sedição. Os membros da Câmara e do Senado sabem-no, o presidente sabe-o, mas isso não impede o roubo anual de milhares de milhões de dólares dos trabalhadores americanos. A ajuda estrangeira é roubo. A ajuda externa é uma servidão involuntária. A ajuda externa é o socialismo em acção.

A CLASSE MÉDIA

De todas as pessoas mais odiadas pelos socialistas/comunistas marxistas/fabianos e seus primos americanos, nenhuma ultrapassa a única classe média americana, que há muito tempo tem sido a banalidade da existência do socialismo. Foi a classe média que fez da América a poderosa nação em que se tornou. As guerras comerciais foram e são dirigidas contra a classe média, personificada pela chamada "economia global". Os esforços criminalmente degenerados dos Presidentes Wilson e Roosevelt, e mais tarde Carter, Bush e Clinton, para derrubar as barreiras comerciais que se desenvolveram e protegeram a classe média, são relatados noutros pontos deste livro. O que queremos fazer neste capítulo é examinar a situação da classe média em meados de 1994.

A classe média é o maior triunfo social do século XX para a nossa República Confederada, que foi correcta e bem gerida até 1913. Nascida de políticas monetárias sólidas, barreiras comerciais e proteccionismo, a classe média foi o baluarte contra todas as esperanças de Karl Marx de trazer a revolução à América, que foram frustradas. A expansão da classe média, que começou a sério entre o tempo em que Andrew Jackson proibiu o banco central e a Guerra Civil, continuou durante as duas guerras mundiais. Mas, desde 1946, algo correu mal. Explicamos noutros locais a guerra travada na classe média americana desde 1946 pelo Instituto Tavistock, uma guerra que estamos a perder com mão de ferro.

A igualdade dos trabalhadores de colarinho azul em empregos industriais bem remunerados com um futuro seguro foi o primeiro alvo do plano de crescimento zero pós-industrial do Clube de Roma para a destruição da nossa base industrial. Os trabalhadores de colarinho azul beneficiavam de um rendimento igual ao dos trabalhadores de colarinho branco e juntos formavam uma formidável classe média, não a "classe trabalhadora" dos países socialistas europeus. Este foi O facto político reconhecido pelos socialistas como um grande obstáculo aos seus planos de arruinar a América. Assim, a indústria, que apoiava a classe média, teve de ser eviscerada, e foi, e ainda é, cortada, secção a secção, com o NAFTA e o GATT a fazer o trabalho sujo de desmembramento.

Uma coisa que eu sempre sublinhei é que os socialistas nunca desistem. Uma vez estabelecidos os seus objectivos, perseguem-nos com uma tenacidade quase assustadora. Rastreei o declínio do poder económico e político da classe média até ao início dos anos 70, após a implementação do plano de crescimento zero pós-industrial do Clube de Roma. Em 1973, as fundações sobre as quais a classe média foi construída começaram a mostrar sérios sinais de colapso à medida que as perspectivas de emprego e de rendimento se desmoronavam. Tanto que em 1993, pela primeira vez, a perda de emprego entre os trabalhadores de colarinho branco igualou a perda de emprego entre os trabalhadores de colarinho azul. Desde a década de 1970, e particularmente em 1980, o Gabinete de Estatística tem relatado que os rendimentos da classe média estavam a entrar em colapso.

O que o socialismo conseguiu através da destruição das barreiras comerciais, do aumento dos impostos e de um assalto contínuo ao local de trabalho foi a emergência de uma nova classe na América, os trabalhadores pobres. Milhões e milhões de antigos operários de colarinho azul e de colarinho branco caíram literalmente através das fissuras que se abrem nas suas bases outrora sólidas de comércio protector de classe média, industrial e baseado no emprego. A classe média acabou por ser os 60+ milhões de americanos, ou cerca de 23% da população, que podem ser descritos com precisão como os trabalhadores pobres, aqueles cujos rendimentos são insuficientes para cobrir o custo das necessidades básicas da vida (no entanto, podemos dar 20 mil milhões de dólares em "ajuda estrangeira" aos estrangeiros).

Um dos golpes mais destrutivos para a classe média na guerra comercial foi a chamada escassez de petróleo gerada pelo conflito israelo-árabe deliberadamente planeado de 1973, combinado com a guerra às centrais nucleares. Os socialistas encerraram a energia nuclear - a forma de energia mais barata, mais segura e menos poluente - e fizeram o nosso coração industrial bater no petróleo - melhor ainda, o petróleo importado. Se o programa de energia nuclear deste país não tivesse sido completamente destruído pelas tropas de choque "verdes" controladas pelos socialistas, o país já não precisaria de importar petróleo, que é tão prejudicial para a nossa economia em geral e para a nossa balança de pagamentos em particular. Além disso, ao encerrarem centrais nucleares, os socialistas eliminaram cerca de um milhão de empregos por ano.

O custo crescente do petróleo, alimentado pela guerra israelo-árabe e pela perda de energia nuclear, diminuiu a produtividade, o que por sua vez levou a uma queda considerável dos salários, com um impacto na economia, uma vez que os salários mais baixos desencorajam as despesas. A partir de 1960, vemos que o rendimento familiar médio aumentou quase 3% por ano até à guerra árabe-israelita em 1973. Não há dúvida de que era isto que Kissinger queria dizer quando disse que a guerra teve um impacto muito maior na economia dos EUA do que se pensava inicialmente.

Desde 1974, os salários reais dos trabalhadores de colarinho azul e branco diminuíram 20%. Em 1993, o número de trabalhadores forçados a aceitar empregos a tempo parcial, tendo anteriormente tido empregos a tempo inteiro de colarinho azul, quase duplicou em comparação com o ano anterior. Do mesmo modo, os trabalhadores de colarinho branco em empregos estáveis relacionados com a indústria tornaram-se "permanentes temporários" em número cada vez maior. O número de antigos trabalhadores temporários de colarinho azul é agora de cerca de 9%, e os trabalhadores de colarinho branco na mesma categoria representam cerca de 10% da mão-de-obra total. As fundações sobre as quais descansou a classe média não só racharam e afundaram, como começaram a desintegrar-se por completo.

Embora as estatísticas governamentais admitam apenas uma taxa média de desemprego entre 6,4% e 7%, a taxa real está mais próxima dos 20%. Com a redução dos contratos de defesa, a perda estimada de 35 milhões de postos de trabalho é a realidade da situação quando se tem em conta o impacto do NAFTA e do GATT no mercado de trabalho. Espera-se que a indústria têxtil da Carolina do Norte perca dois milhões de empregos no segundo ano de um GATT plenamente operacional.

Irving Bluestone do Institute for Policy Studies afirma que o seu inquérito sobre empregos estáveis relacionados com a indústria, a única fonte de salários para apoiar uma família de classe média, descobriu que 900.000 empregos industriais bem pagos foram perdidos todos os anos de 1978 a 1982, ou quase 5 milhões de empregos de colarinho azul de qualidade em cinco anos. Não existem outras estatísticas de natureza semelhante abrangendo o período de 1982 a 1994, mas se tomarmos o mesmo número, 900.000 - e sabemos que o número é mais elevado - então é razoável assumir que ao longo de 12 anos o número destes empregos perdidos, que nunca mais voltarão, ascendeu a 10 milhões de empregos industriais bem remunerados a longo prazo. Estamos agora a começar a obter os números reais do desemprego, e não só isso, temos o quadro real dos empregos de QUALIDADE perdidos para sempre, graças ao ataque do Clube de Roma e do Instituto Tavistock ao local de trabalho americano.

O Presidente Clinton pagará um preço pela sua guerra comercial contra o povo americano, e esse preço incluirá um único mandato. Clinton optou por uma economia global, o que significa inevitavelmente insegurança no emprego na América. A remoção da última barreira comercial pelo GATT enviou a nossa economia para o turbilhão da diminuição das despesas como causa do aumento do desemprego. Clinton está a aprender da maneira difícil que não se pode ter o bolo e comê-lo também. Economia global + redução do défice = PERDAS DE EMPREGO ENORME. Não há maneira de o país aguentar mais quatro anos de administração socialista de Clinton, com uma maré crescente de empregos temporários e mal pagos a inundar os velhos empregos industriais bem pagos e a longo prazo.

A classe média está a desaparecer, mas a sua voz ainda pode ser ouvida, e a sua mensagem deve ser "para o inferno com a economia global e a redução do défice". QUEREMOS EMPREGOS BEM PAGOS, ESTÁVEIS E A LONGO PRAZO!

Embora os EUA só recentemente tenham sido forçados a integrar-se numa economia global, os danos são claramente visíveis: centenas de empresas fortes e estáveis foram forçadas a despedir em massa pessoal qualificado.

O que temos hoje em 1994 - e isto tem-se desenvolvido desde a guerra israelo-árabe - é uma economia de Wall Street/Las Vegas. O stock de McDonald's é elevado, mas a venda de hambúrgueres não substitui um trabalho industrial bem remunerado e a longo prazo. Então, enquanto as acções do McDonald's se estão a sair bem em Wall Street, poderão os Estados Unidos contentar-se com uma economia em que os empregos bem pagos se estão a tornar numa espécie ameaçada de extinção? Segundo um artigo do *Los Angeles Times*, em 1989, um em cada quatro empregos americanos era a tempo parcial, um aumento assustador em relação aos números de 1972, mas em 1993 a proporção era de um em cada três, ou um terço de todos os empregos nos EUA. O resultado final é que nenhuma nação industrial pode sobreviver à taxa de desgaste de empregos industriais bem remunerados sem mergulhar num abismo de destruição.

Os EUA estão a perder a batalha contra as forças do socialismo lideradas pelo Instituto Tavistock. Nos próximos dois anos vamos enfrentar um aumento dramático da concorrência imposta pela "economia global", onde nações com milhões de pessoas semi-alfabetizadas aprenderão a produzir bens a preços de escravidão. O que fará então a força de trabalho dos EUA? Recordemos que este é o resultado lógico das políticas implementadas pela Woodrow Wilson, políticas que foram concebidas para destruir o mercado interno dos EUA. A nossa qualificada mão-de-obra industrial de colarinho azul será muito em breve assombrada pelo espectro do desemprego total, e veremos estes trabalhadores agarrarem-se a qualquer tipo de trabalho para impedir que o seu nível de vida caia, ou, na verdade, simplesmente para manter o pão sobre a mesa.

Clinton fez campanha sobre promessas à classe média. Quantos desempregados se lembram do seu discurso "Os ricos têm a mina de ouro e os trabalhadores a árvore"? Isso foi antes de receber ordem para se encontrar com Jay Rockefeller e Pamela Harriman, que lhe disseram muito francamente: "Está a transmitir a mensagem errada. DEFICIT é a mensagem a ser entregue". Então Clinton começou subitamente a pregar o evangelho socialista da redução do défice, para não mencionar que isso só poderia ser feito à custa de milhões de empregos.

Depois Clinton fez a outra coisa que os socialistas sabem fazer: prometeu que o governo iria remodelar tudo. Mas a ansiedade cresceu; Clinton não conseguiu convencer os trabalhadores de que um défice mais baixo é melhor do que o pleno emprego. Uma sondagem recente mostrou que 45% a 26% dos americanos pensavam que o desemprego era um problema maior do que o défice. Clinton também nos disse que estávamos a desfrutar de uma recuperação, mas isso não corresponde à realidade, porque ao contrário da tendência normal, quando a recuperação significa menos pessoas a trabalhar em empregos a tempo parcial involuntários e de menor remuneração, desta vez a percentagem AUMENTOU. Em 1993, havia mais de 6,5 milhões de pessoas a trabalhar em empregos temporários com salários mais baixos.

Quanto à tão apregoada alegação de que a administração Clinton criou 2 milhões de empregos no ano passado, é de notar que 60% desses empregos foram em restaurantes, cuidados de saúde, bares, hotéis (campainhas, porteiros, porteiros). O impulso para 'globalizar' (leia-se: destruir) o mercado doméstico dos EUA, iniciado por Woodrow Wilson, avançou com Clinton para uma velocidade alta. Os resultados dramáticos deste programa destrutivo podem ser medidos da seguinte forma:

- No sector automóvel, as importações aumentaram de 4,1% para 68% entre 1960 e 1986.
- As importações de vestuário aumentaram de 1,8% em 1960 para 50% em 1986.
- As importações de máquinas-ferramentas aumentaram de 3,2% em 1960 para 50% em 1986.
- As máquinas-ferramentas são O indicador mais importante

da economia real de uma nação industrial.

- As importações de produtos electrónicos aumentaram de 5,6% do mercado em 1960 para 68% do mercado em 1986.

Os socialistas Fabianos, com as suas falsas promessas de uma "economia global", minaram completamente os Estados Unidos, a maior nação industrial que o mundo alguma vez conheceu. A tragédia contida nestes números traduz-se em MILHÕES de empregos estáveis, duradouros e bem pagos, agora perdidos para sempre, sacrificados no altar do sonho do socialismo Fabiano de um governo mundial - a ditadura da Nova Ordem Mundial. O trabalhador americano foi enganado pelos presidentes Wilson, Roosevelt, Kennedy, Johnson, Bush e Clinton, que cometeram conjunta e solidariamente alta traição contra os Estados Unidos. Como resultado desta política de traição por uma sucessão de presidentes, o investimento doméstico, público e privado, caiu para metade entre 1973 e 1986, eliminando milhões de empregos a longo prazo e bem remunerados.

Actualmente, em meados de 1994, para além dos slogans patéticos oferecidos pelos candidatos de ambos os partidos, a crise da classe média não foi e não está a ser abordada. Isto não significa que os políticos não estejam cientes disso. Pelo contrário, ouvem diariamente os seus eleitores, cada vez mais irritados com problemas que não compreendem, uma raiva que os deixa com pouca paciência pela incapacidade do governo de Washington em controlar os problemas que os afectam tão drasticamente. Os políticos não farão nada para encontrar soluções para as crises, porque as soluções disponíveis são contrárias ao ditatorial plano de crescimento zero pós-industrial do Clube de Roma. Qualquer esforço para chamar a atenção nacional para a catástrofe da classe média será asfixiado antes mesmo de poder começar.

Não há outra crise que se compare com a crise da classe média. A América está a morrer. Aqueles que poderiam mudar as coisas não estão dispostos ou têm medo de o fazer, e a situação continuará a deteriorar-se até o doente terminal, um ponto que será atingido em breve, provavelmente em menos de 3 anos. No entanto, não está a ser dada atenção a esta mudança, que é a mais importante e que se compara realmente com as mudanças maciças provocadas pela guerra civil. As últimas eleições reflectiram a situação de participação; as pessoas estavam cansadas de votar e de não ver resultados. O estado de crise nos Estados Unidos permanece, por isso, porquê dedicar tempo e trabalho ao voto? Não há confiança no futuro da América - é isso que estar sem emprego ou sem emprego significativo faz ao espírito humano.

Desde a década de 1930, os famintos de poder têm continuado a tomar cada vez mais poder. O Partido Comunista Americano, também conhecido como o "Partido Democrático", conseguiu que o seu presidente socialista Roosevelt enchesse o Supremo Tribunal com juízes que viam a Constituição como um mero instrumento a ser torcido e espremido para se adequar às agendas socialistas. A 10ª Emenda tornou-se o seu futebol, o qual eles podiam dar pontapés por aí. Analisei as principais decisões do Supremo Tribunal desde a criação desta "casa de embalagem" e descobri que o tribunal nunca impediu, num único caso, os famintos de poder de tirarem o que querem.

Os direitos dos Estados foram espezinhados pela correria de Roosevelt e continua até hoje. Começando pela administração Roosevelt, o governo expandiu e contratou a Constituição como um acordeonista a tocar a melodia certa. O que o Supremo Tribunal fez, e continua a fazer, é redistribuir os direitos e poderes investidos em nós, o povo, em favor do governo federal. É por isso que enfrentamos a morte iminente da classe média e a destruição da Constituição dos EUA.

O que é necessário é um programa urgente que dê a volta ao país e salve a classe média. Tal programa exigiria a derrota total do Partido Democrata, que tem mentido e enganado o povo americano desde a administração Wilson: um programa educativo que aboliria o socialismo na sua totalidade, aboliria a falsa "separação inconstitucional da igreja e do estado", limparia o Supremo Tribunal (que poderia ser encerrado no processo), encerraria a Reserva Federal, e eliminaria a dívida nacional.

Quando Warren G. Harding foi eleito para a Casa Branca, os Estados Unidos estavam num caos como estão hoje. O crédito estava excessivamente alavancado, a Reserva Federal estava a manipular a moeda e a causar inflação com as suas consequentes falhas de negócio. Os preços das mercadorias tinham sido artificialmente deprimidos por pressões estrangeiras, e o desemprego era galopante.

A dívida nacional criada pela Reserva Federal disparou. Ainda estamos em guerra com a Alemanha, um estratagema para extorquir mais "reparações" àquele país. Os impostos de Wilson estão a um nível sem precedentes.

Ao tomar posse, Harding elaborou uma lista dos problemas da América e obrigou o Congresso a permanecer em sessão durante dois anos para os resolver. Harding contratou os banqueiros internacionais Shylock e os seus aliados de Wall Street. Ele disse o que Jesus Cristo antes dele tinha dito: "Expulsar-vos-ei do templo". Harding disse aos banqueiros de Shylock que não haveria mais envolvimentos estrangeiros, nem mais guerras estrangeiras, nem mais dívidas nacionais, "a última das quais quase destruiu a República".

Harding facilita a contracção do crédito e implementa novos impostos tarifários que protegem as indústrias locais. Os funcionários públicos são reduzidos ao mínimo indispensável e é estabelecido um orçamento. A imigração é limitada para proteger as nossas fronteiras das hordas de anarquistas que chegam da Europa de Leste e para proteger o nosso mercado de trabalho. Harding instituiu novos regulamentos fiscais que reduzem os impostos sobre o rendimento em centenas de milhões de dólares por ano, assinou um tratado de paz com a Alemanha, e disse à Liga das Nações que dobrasse a sua tenda e deixasse as nossas costas.

Mas Harding não viveu para desfrutar das suas brilhantes vitórias sobre os filisteus, que tinha expulsado do nosso campo em total desordem.

A 20 de Junho de 1923, numa viagem política ao Alasca, adoeceu e morreu. A sua morte foi causada por insuficiência renal, a indicação mais clara de que um veneno poderoso lhe tinha sido de alguma forma administrado. Precisamos de um homem como Warren Harding, cuja coragem não conhecia limites. Temos de procurar e encontrar o "novo Warren Harding" que irá restaurar os programas que teriam salvo a América do domínio monstruoso dos socialistas malvados.

A absurda noção de "redução do défice é rei" deve ser posta em perspectiva. Se o défice fosse zero amanhã, a crise da classe média não seria atenuada. Até o programa de investimento público de

Clinton, no valor de 50 mil milhões de dólares, foi esquecido. A evisceração das nossas indústrias por Wall Street deve ser interrompida, o que significa desmascarar os gnomos do mercado obrigacionista. As barreiras comerciais erigidas por Washington e mantidas por Lincoln, Garfield e McKinley devem ser restauradas. Deve ser feito um esforço para educar o público sobre os efeitos na nossa economia das importações ilimitadas e não tributadas de bens, também conhecidas como "comércio livre". Isto permitiria um regresso dramático ao pleno emprego: também colocaria a nação em confronto directo com as potências estrangeiras que dirigem este país.

O "admirável mundo novo" de Clinton é sem substância. Não existem mercados estrangeiros para produtos americanos, e sempre existiram. A única coisa que mudou com a "economia global" é que as nossas defesas foram violadas e os bens importados entraram por buracos nos diques. Esta é a causa raiz da crise da classe média. Embora os fabricantes americanos tivessem sempre sido capazes de satisfazer a crescente procura local com empregos estáveis de colarinho azul e branco, a nossa posição tornou-se insustentável quando Wilson declarou que não devíamos ter medo da "concorrência! "Em 1913, os EUA tinham um mercado fechado com pleno emprego, uma economia em crescimento e prosperidade a longo prazo, as receitas aduaneiras pagavam as contas do governo até 1913, quando os socialistas conseguiram que Wilson derrubasse os diques que protegiam o nosso nível de vida.

Num mercado fechado, os nossos fabricantes podiam dar-se ao luxo de pagar bons salários: ao fazê-lo, criavam poder de compra e procura efectiva dos seus produtos, o que significava pleno emprego, segurança de emprego permanente a longo prazo. Todos os presidentes socialistas (Democratas) de Wilson a Clinton ofereceram ao trabalhador americano uma pequena oportunidade de vender alguns produtos à China, Japão ou Inglaterra, em troca de algum tipo de trabalho mal pago, para que, pouco a pouco, especialmente com a implementação do NAFTA e do GATT, aceitem um declínio constante no seu nível de vida e estejam gratos pela oportunidade de trabalhar em qualquer emprego, seja ele qual for. A isto chama-se "comércio livre". É o futuro da classe média americana.

O efeito líquido do "comércio livre numa economia global" será o desaparecimento da classe média americana (trabalhadores de escritório, operários de colarinho azul e de colarinho branco), a classe que tornou a América grande. As empresas da Fortune 500 despediram mais de 5 milhões de trabalhadores de classe média nos últimos 13 anos. Pode ser que um futuro líder reaja de uma forma alarmante quando a extensão da devastação da classe média se tornar mais aparente. Nessa altura, a única alternativa para o líder dessa nação será travar a maré do "comércio livre", o que significa um regresso a barreiras comerciais difíceis. Esta será uma derrota humilhante para os socialistas que dirigem o Partido Democrático, mas que terão de aceitar para que a América não se torne como a Rússia: os possuídos e despossuídos.

Para resumir a tragédia que se abateu sobre a América: Uma sociedade global significa uma sociedade sem classe média na América. O "comércio livre" já corroeu o nível de vida da classe média ao ponto de já não ser comparável com o que era em 1969. A classe média americana não foi criada pelo "comércio livre" ou por uma "economia global". A classe média foi criada por barreiras comerciais e um mercado protegido e seguro para os bens produzidos localmente. As barreiras comerciais não criaram inflação. Desde Woodrow Wilson, uma sucessão de presidentes tem mentido ao povo americano e geralmente conseguiu que esta mentira gritante fosse aceite como verdade.

O socialismo é um fracasso abismal. Deixando de lado as piedosas banalidades de enriquecer a vida das pessoas comuns, o único objectivo do socialismo tem sido sempre o de escravizar as pessoas e de gradualmente fazer surgir a nova era negra de um governo mundial - A Nova Ordem Mundial. Mesmo quando estava sob o controlo total do governo britânico, e apesar dos milhares de milhões de dólares de "ajuda estrangeira" pagos pela América ao tesouro britânico para apoiar programas socialistas, o socialismo provou ser um fracasso colossal.

A Suécia é um dos países que escolheu seguir o caminho de Fabian. Já conhecemos os idealistas socialistas, Gunnar Myrdal, e a sua esposa, ambos desempenharam um papel importante no desmantelamento da educação na América. Durante mais de 50 anos, Estocolmo tem sido o orgulho dos socialistas em todo o mundo. Myrdal foi ministro no gabinete sueco durante muitos anos e desempenhou um papel de liderança na introdução do socialismo na Suécia, os seus líderes satisfeitos por terem provado que o socialismo funciona.

A partir da década de 1930, a Suécia foi sinónimo de socialismo. Todos os políticos, independentemente do partido, eram socialistas convictos, sendo as suas diferenças apenas em grau e não em princípio. Socialistas franceses, britânicos, indianos e italianos reuniram-se em Estocolmo para estudar o 'milagre' no trabalho. A fundação do Estado socialista sueco foi o seu programa de bem-estar social. Mas onde está hoje o orgulho do socialismo sueco, em 1994? Bem, não é exactamente de pé, mais como a Torre de Pisa, inclinando-se cada vez mais para o capitalismo a cada mês que passa.

Os políticos suecos estão a aprender que os eleitores não votam altruisticamente, e que a era do socialismo ideal está morta e só precisa de ser enterrada. Os socialistas suecos que interferiram descaradamente na política sul-africana e se manifestaram contra o envolvimento dos EUA no Vietname estão a descobrir que o seu vocabulário socialista está desactualizado num país onde tudo está a ir para o inferno. Os socialistas suecos sentaram-se para discutir o socialismo internacional, apenas para descobrir que o seu convidado tinha partido com os talheres de prata. A Suécia tem sido vítima das mentiras e falsas promessas do socialismo. Actualmente, o país está em desordem económica e a Suécia levará cinquenta anos a recuperar, assumindo que lhe é permitido fazê-lo. A Grã-Bretanha foi destruída pelo socialismo há muito tempo. Agora é a vez da América. Poderão os Estados Unidos sobreviver a uma overdose quase fatal de veneno socialista, administrada pelo Partido Socialista Comunista Democrático dos EUA? Só o tempo dirá, e o tempo é o que a classe média americana de colarinho azul, colarinho branco e trabalhadores de escritório já não têm.

Está implícito em todos os programas das presidências Wilson, Roosevelt, Kennedy, Johnson, Carter, Bush e Clinton, embora não explicitamente, que a socialização dos Estados Unidos é o grande objectivo para o qual o socialismo se dirige. Isto será conseguido através de novas formas de propriedade, o controlo da produção - o que significa que a escolha de destruir instalações industriais é deles

- é essencial se os socialistas quiserem avançar com o seu plano de deslocar os Estados Unidos, e depois o resto do mundo, cada vez mais rápida e seguramente para um governo mundial único, uma nova ordem mundial da nova era negra da escravatura total.

O quadro totalmente falso que os socialistas pintaram de si próprios como uma organização benigna e amistosa cujo único interesse é melhorar o lote de pessoas comuns não é correcto... O socialismo tem outra face brutal e viciosa, que a história revela não hesitará em matar se for isso que é preciso para socializar os Estados Unidos.

Nada pode descrever melhor o lado vicioso do socialismo do que a declaração de Arthur Schlesinger: "Não sei porque é que o Presidente Eisenhower não liquida Joe McCarthy como Roosevelt fez a Huey Long. O "crime" de Huey Long era que ele amava verdadeiramente a América e todo o seu povo, o primeiro político americano a compreender plenamente o que Roosevelt estava a fazer à América. Huey Long falou em nome da classe média, que ele via com razão como alvo do socialista, e falou contra o socialismo em todas as oportunidades possíveis.

A máquina socialista/marxista/comunista nos Estados Unidos expressa um grande ódio por Long, chamando-o "a personificação da ameaça fascista - o homem mais susceptível de se tornar o Hitler ou Mussolini da América". O povo americano estava tão ansioso por um porta-voz para a sua situação que se pensava que Long receberia até 100.000 cartas por dia. Roosevelt ficou furioso com a menção do nome de Huey Long e temia que Long o sucedesse como o próximo Presidente dos Estados Unidos.

Uma nevasca de propaganda socialista desceu sobre Huey Long. Nunca antes uma campanha de ódio total sem precedentes tinha sido dirigida contra um único indivíduo; foi assustadora, foi impressionante. Roosevelt foi agarrado com ataques epilépticos próximos cada vez que Huey Long revelou novas verdades sobre os programas socialistas que Roosevelt estava prestes a impor. Huey Long ataca os "acordos" socialistas britânicos de Roosevelt Fabian, exortando o povo a fazê-lo: "Desafie este tipo de autocracia, desafie a tirania". Roosevelt tenta ter Long impeached por evasão fiscal, mas Long sai impune.

O acampamento Roosevelt ficou apenas com uma opção:

"Assassinar o Huey Long". O motivo de profunda preocupação foi o movimento de Long de reivindicar os direitos dos Estados. Recusou o chamado "dinheiro federal" e disse a uma audiência entusiasta na Louisiana que iria processar o governo federal e obter uma injunção para retirar todas as agências federais e os seus escritórios das linhas estaduais da Louisiana. Roosevelt assustou-se; esta foi uma acção da qual o governo federal vivia diariamente com medo, uma acção que poderia varrer os estados e reduzir as funções do governo federal até que este operasse dentro dos limites das primeiras 10 emendas à Constituição dos EUA, as suas asas cortadas, as suas agências confinadas ao Distrito de Columbia.

"Desafia esse tipo de autocracia, desafia esse tipo de tirania", gritou Long quando descobriu que o governo federal estava a tentar bloquear a venda de títulos do estado da Louisiana, títulos que forneceriam as receitas de que o estado necessitava para substituir os "fundos federais" que ele tinha ordenado ao estado que não aceitasse. Em 1935, quando Roosevelt estava tão nervoso como um gato numa árvore, Long foi a Baton Rouge para visitar o seu amigo, o Governador Allen. Ao deixar o gabinete do governador, um homem dispara sobre ele. O agressor, um grande amigo de Roosevelt, foi o Dr. Carl Weiss, que foi baleado pelos guardas de Long, demasiado tarde para o salvar, e Weiss jazia morto.

Huey Long foi levado para o hospital, onde pairou entre a vida e a morte. No seu estado de quase morte, Long teve uma visão de americanos de todos os sectores da vida que precisavam da sua liderança. Ele gritou a Deus: "Oh Senhor, eles precisam de mim". Por favor, não me deixem morrer. Tenho tanto para fazer, Deus, tenho tanto para fazer". Mas Long morre, abatido por um assassino socialista. Lincoln, Garfield, McKinley, todos tentaram proteger a América contra a devastação dos socialistas, todos pagos com as suas vidas. Como o congressista L.T. McFadden, Senador William Borah, Senador Thomas D. Schall e Presidente Kennedy, depois de renunciar ao socialismo.

O socialismo é muito mais perigoso do que o comunismo, devido à sua lentidão inerente e maléfica na imposição de mudanças drásticas e indesejáveis ao povo dos Estados Unidos. Só há uma forma de ultrapassar esta ameaça violentamente perigosa, e que é a de todo o povo ser educado ao ponto de reconhecer o que está a enfrentar e rejeitar o socialismo, ombro a ombro. Isto pode e DEVE ser feito. "Há força nos números". Há mais dos nossos patriotas do que dos nossos socialistas. Só precisamos de liderança e de um povo educado para nos mantermos firmes contra a tirania viciosa que todos os presidentes desde Woodrow Wilson têm ajudado a atar à volta do nosso pescoço. Os socialistas não nos podem matar a todos! Levantemo-nos e batamos nos filisteus num espectáculo de grande unidade. Temos o poder constitucional para o fazer.

EPILOGUE

Os americanos e o mundo esperaram pelo martelo do comunismo para atacar, não se apercebendo que o socialismo representava um perigo maior para um Estado-nação republicano como o nosso. Quem, na época da Guerra Fria, temia o socialismo? O número de escritores, comentadores e analistas que o disseram poderia ser contado por um lado. Ninguém pensava que o socialismo fosse algo com que se preocupar.

Os comunistas pregaram-nos uma grande partida ao manterem os nossos olhos colectivos fixos em Moscovo enquanto os danos mais terríveis estavam a ser feitos em casa. Nos vinte e cinco anos que tenho vindo a escrever, sempre defendi que o maior perigo para o bem-estar futuro da nossa nação reside em Washington, não em Moscovo. O "império do mal" mencionado pelo ex-presidente Reagan não é Moscovo mas sim Washington e a camarilha socialista que o controla.

Os acontecimentos no final do século XX confirmam a exactidão desta afirmação. Em 1994, temos um socialista ao leme dos assuntos da nação, habilmente assistido por um Partido Democrata que abraçou o comunismo/socialismo em 1980, e com mais de 87% dos Democratas na Câmara e no Senado a mostrarem as suas cores socialistas, as tentativas do povo para mudar o curso da nação através das urnas não vão a lado nenhum.

A população "excedente" do mundo - incluindo os Estados Unidos - já está a ser dizimada por vírus mutantes feitos em laboratório que estão a matar centenas de milhares. Este processo será acelerado, de acordo com o plano genocida do Clube de Roma Global 2000, quando as multidões tiverem cumprido a sua missão. As experiências iniciadas em Sierre Leone com a febre mutante Lassa e os vírus visna media são concluídas nos laboratórios da Universidade de Harvard em Agosto de 1994. Um novo vírus, ainda mais mortal do que a SIDA, está prestes a ser libertado.

Os novos vírus da gripe já foram libertados e são mortalmente eficazes. Diz-se que estes vírus da gripe mutante são 100% mais eficazes do que os vírus da "gripe espanhola" testados nas tropas francesas em Marrocos nos últimos dias da Primeira Guerra Mundial. Tal como os vírus da febre de Lassa, o vírus da "gripe espanhola" saiu de controlo e, em 1919, varreu o mundo e matou mais pessoas do que o total de baixas militares de ambos os lados da Primeira Guerra Mundial. Nada poderia impedi-lo. Nos Estados Unidos, as perdas foram terríveis. Uma em cada sete pessoas nas principais cidades americanas foram mortas pela "gripe espanhola". As pessoas adoeceram de manhã, sofrendo de febre e fadiga debilitante. No espaço de um dia ou dois, morreram - aos milhões.

Quem sabe quando os novos vírus da gripe mutante irão atacar? Em 1995 ou talvez no Verão de 1996? Ninguém sabe. O Ebola, cujo nome correcto é "Ebola Zaire", depois do país africano do Zaire, onde apareceu pela primeira vez, está também à espera nas asas. O Ébola não pode ser detido; é um assassino impiedoso, agindo rapidamente e deixando as suas vítimas horrivelmente deformadas e a sangrar de todos os orifícios do corpo. Recentemente, o Ebola Zaire apareceu nos Estados Unidos, mas tem sido pouco mencionado nos meios de comunicação social ou nos Centros de Controlo de Doenças. Foram realizadas experiências de investigação com o Ébola no Instituto de Investigação Médica do Exército dos Estados Unidos sobre este e outros germes muito perigosos.

Qual é o objectivo de desencadear estes terríveis vírus assassinos? A razão dada é o controlo da população, e se lermos as declarações de Lord Bertrand Russell, Robert S. McNamara e H.G. Wells, os novos vírus assassinos são exactamente o que estes homens disseram que seriam. Aos olhos do Comité dos 300 e da camarilha socialista, há simplesmente demasiadas pessoas indesejáveis na terra.

Mas essa não é a história completa. A verdadeira razão para o genocídio em massa planeado à escala global é criar um clima de instabilidade. Para desestabilizar as nações, para fazer o coração das pessoas correr de medo. A guerra faz parte deste plano, e em 1994, a guerra está em todo o lado. Não há paz na terra. Pequenas guerras enfurecem no que era a União Soviética; na ex-Jugoslávia, a guerra continua entre facções originalmente criadas artificialmente pelos socialistas britânicos. A África do Sul nunca mais será a terra da paz que outrora foi; a Índia e o Paquistão não estão muito atrasados. Este é o resultado de anos e anos de cuidadoso planeamento socialista.

Existem hoje mais 100 nações do que em 1945. A maioria deles são construídos sobre uma aliança solta de divisões étnico-tribais com diferenças religiosas e culturais. Eles não sobreviverão, tendo sido criados e arquivados para aguardar o processo de desestabilização. Os Estados Unidos estão a ser empurrados para divisões semelhantes através de um planeamento socialista inteligente a longo prazo. Em 1994, a América está pronta para ser dividida por diferenças raciais, étnicas e religiosas. A América há muito que deixou de ser "uma nação sob a mão de Deus". Nenhuma nação pode sobreviver a diferenças culturais, especialmente quando a língua e a religião desempenham um papel crucial.

Os socialistas estão a avançar através do Presidente Clinton para explorar esta realidade, que tentamos esconder a cada 4 de Julho. A próxima década será uma década de divisões em explosão. A América será dividida por rendimento, estilo de vida, opiniões políticas, raça e geografia. Um enorme muro, que os socialistas têm vindo a construir desde que puseram em funções o Presidente Woodrow Wilson, está quase completo. Este muro dividirá a América entre os que têm e os que não têm - com a classe média na última categoria. A América tornar-se-á como qualquer outro país do terceiro mundo. As belas cidades serão arruinadas pela falta de serviços sociais e de protecção policial, uma vez que os governos locais e estatais, deliberadamente esfomeados de receitas, não conseguem fazer face ao aumento dos custos dos serviços e da protecção.

O crime irá alastrar aos subúrbios. Os subúrbios, outrora seguros, tornar-se-ão subúrbios infestados de crime. Faz tudo parte do plano socialista de dividir as grandes cidades e dispersar os grupos populacionais - mesmo nos seus bairros seguros, que dentro de dez anos ou mais serão provavelmente tão infestados pelo crime e pelos gangues como as grandes cidades do interior da América são hoje.

As taxas de ilegitimidade não serão controladas pelo aborto, porque o aborto tem como objectivo reduzir a taxa de natalidade da classe média. O aborto socialista e o amor gratuito da Sra. Kollontay sempre tiveram como objectivo evitar que a classe média se tornasse demasiado poderosa. A taxa de natalidade ilegítima vai crescer e crescer entre os trabalhadores pobres. Há agora uma explosão demográfica de bebés ilegítimos crescendo sem pai com mães que não podem ou não querem cuidar deles. Este é o socialismo Fabian em acção, o lado negro e maléfico do socialismo Fabian que sempre esteve escondido.

A nova subclasse emergente na América será composta por milhões de desempregados e desempregados, o que significa uma enorme população flutuante e instável que só pode recorrer ao crime para sobreviver. Os subúrbios serão inundados com esta subclasse e com os seus bandos de rua. A polícia não poderá detê-los - e durante algum tempo eles ficarão livres para fazer o trabalho de desestabilização do socialismo.

O belo subúrbio onde vive agora será provavelmente o gueto de 2010, povoado por milhares de gangues cujos membros vivem pela espada. "Going to Mayberry" tornar-se-á mais comum à medida que estes jovens bandidos viciosos expandem as suas áreas de operação.

A grande maioria dos americanos está completamente despreparada para o que se avizinha. Estão a ser embalados por promessas socialistas que nunca poderão ser cumpridas. À medida que a América enfrenta o seu "Dunquerque", o nosso povo procura cada vez mais o governo para resolver os problemas que foram criados pelo socialismo em primeiro lugar, problemas que nem o Presidente Clinton nem os seus sucessores têm qualquer esperança de resolver, simplesmente porque é considerado necessário DESTABILIZAR a América.

Tempos difíceis e amargos pela frente, todas as promessas do Partido Democrata são apenas címbalos a soar. Por falta de educação, formação, emprego - com empregadores industriais ou eliminados ou deslocados para países estrangeiros - multidões de desempregados vaguearão pelas ruas em busca da vida prometida pelos socialistas. Quando tiverem feito o seu trabalho, e a América estiver desestabilizada, a "população excedentária" será dizimada por doenças virais mutantes, mais rapidamente do que podemos imaginar.

Isto é o que os SOCIALISTAS previram fazer, mas poucos

prestaram atenção às promessas de Bertrand Russell e H.G. Wells. Os americanos estão mais preocupados com o basebol e o futebol, de tal forma que os futuros historiadores irão maravilhar-se com a forma como a psicologia política de massas não foi reconhecida pelo povo, e resistiram. "Devem ter estado a dormir profundamente para não o verem" será o duro julgamento dos historiadores do futuro.

Pode ser feito alguma coisa para parar a devastação desta nação? Creio que o que é necessário é acordar os super-ricos das fileiras conservadoras - e são muitos - e levá-los a apoiar uma fundação que daria um curso intensivo na Constituição dos EUA baseado unicamente na leitura dos Anais do Congresso, dos Globos do Congresso e do Registo do Congresso. Estes documentos contêm a melhor informação sobre a Constituição, bem como uma grande quantidade de informação sobre o socialismo e os seus planos para um governo mundial - a Nova Ordem Mundial, a nova era negra da escravatura.

Munidos desta informação, milhões de cidadãos poderiam desafiar os seus representantes que aprovassem medidas inconstitucionais. Por exemplo, se 100 milhões de cidadãos informados contestassem a inconstitucionalidade de um projecto de lei sobre um crime e fizessem saber que não obedeceriam às disposições dessa medida porque é 100% inconstitucional, nunca teria sido aprovada pela Câmara e pelo Senado. Esta é a única forma de o patriotismo se poder expressar. Pode, e deve.

A hora está atrasada. Àqueles que respondem aos planos dos socialistas para levar os Estados Unidos ao nível de qualquer país do terceiro mundo, "isto são os Estados Unidos, não pode acontecer aqui", eu diria, "É FELICITAMENTE FELICITADO". Quem teria pensado, há apenas alguns anos, que um governador desconhecido e obscuro de um estado relativamente pequeno se tornaria o Presidente dos Estados Unidos - embora 56% dos eleitores votassem CONTRA ele? Isto é SOCIALISMO EM ACÇÃO, forçando uma mudança impopular e indesejada nos Estados Unidos.

O LEGADO DO SOCIALISMO; UM ESTUDO DE CASO

Na sexta-feira, 30 de Setembro de 1994, às 9:40 da manhã, Richard Blanchard, um arquitecto de 60 anos, foi baleado no pescoço depois de parar num semáforo vermelho na orla do bairro de Tenderloin, em São Francisco. Enquanto Blanchard se sentava no seu carro em plena luz do dia, à espera que a luz mudasse, dois bandidos de 16 anos aproximaram-se dele, apontaram-lhe uma arma e exigiram dinheiro. Nessa altura, a luz mudou e Blanchard tentou fugir. Levou um tiro no pescoço e está agora totalmente paralisado e em suporte de vida no hospital.

No estado actual da lei, o bandido de 16 anos não pode ser nomeado e a sua fotografia não pode ser publicada. De acordo com um relatório no *San Francisco Examiner*, o amigo de Blanchard Alan Wofsy disse:

> "Significa que alguém em São Francisco não está seguro quando pára num sinal vermelho durante um dia normal de trabalho. Tira toda a inocência da vida. A ideia de que tem de estar vigilante na execução das suas tarefas diárias normais porque a sua vida pode ser-lhe tirada, significa que já não existem limites ao comportamento civilizado. Outra parte desta tragédia é que se trata de um homem cujas mãos eram tudo para ele. Por nenhuma razão, um homem deixou de ser um arquitecto maravilhoso para ser paraplégico".

A resposta da polícia a este pesadelo foi:

> "Enrole as suas janelas e tranque as portas do seu carro. Se alguém lhe apontar uma arma, dê-lhe o que eles querem. Não vale a pena perder a sua vida por causa de um relógio ou de uma carteira".

Este é o legado do socialismo:

> "Entreguem-se aos bandidos criminosos porque a polícia não vos pode proteger, e tendo sido desarmados por legislação socialista que é 100% inconstitucional, já não se podem proteger".

Após a partida dos arqui-socialistas Art Agnos e Diana Feinstein (ambos antigos presidentes de câmara de São Francisco), São Francisco foi o que eles fizeram, um pesadelo socialista. Se o Sr. Blanchard tivesse sido autorizado a exercer o seu direito constitucional de andar armado no seu carro, os bandidos, sabendo isto, provavelmente teriam pensado duas vezes em aproximar-se dele, ou de qualquer cidadão que andasse armado.

Mas graças às acções inconstitucionais de socialistas como Feinstein, os cidadãos da Califórnia e muitos outros estados foram desarmados e são agora aconselhados a "manterem-se firmes" perante os criminosos armados. O que pensariam os colonos, que se recusaram a pagar um imposto de um cêntimo por libra sobre o chá, da América moderna e de uma tal admissão oficial do total e abjecto fracasso do Estado em proteger os seus cidadãos?

A trágica história de Blanchard é repetida milhares de vezes por mês em todos os Estados Unidos. O que é necessário é um regresso à Constituição, com uma varredura de todas as leis sobre armas e leis socialistas brandas que protegem bandidos criminosos como aquele que alvejou Blanchard. Todo o cidadão tem o direito de manter e portar armas. Se os cidadãos exercessem este direito em grande escala e se fossem conhecidos por todos, a taxa de criminalidade despencaria. Nenhum bandido ousaria aproximar-se de um automobilista com uma arma à vista de todos.

A onda gigantesca do socialismo está a varrer tudo no seu caminho. Esta onda de maré deve ser enfrentada muito rapidamente e repelida, ou os Estados Unidos estão condenados à extinção como a Grécia e Roma antigas. Os departamentos de polícia dizem-nos que têm falta de pessoal e de recursos financeiros para lidar com a vaga de crimes. No entanto, no mesmo fôlego, Clinton está a atravessar uma lei inconstitucional chamada "dura com o crime" que é em grande parte um programa de transferência socialista com muito pouca ajuda para a nossa polícia...

Em Washington D.C., a capital do crime da nação com leis mais restritivas de posse de armas do que qualquer outra cidade, o presidente da câmara pediu recentemente ao presidente para enviar a Guarda Nacional para lidar com a violência dos bandos negros. Clinton recusou, mas autorizou a utilização de fundos orçamentais para atribuir a polícia do parque e os Serviços Secretos às patrulhas de rua. Os resultados foram dramáticos: uma queda de 50% nos tiroteios relacionados com gangues.

Depois o dinheiro acabou e os Serviços Secretos e a polícia do parque foram retirados das ruas de Washington D.C. Os tiroteios e a violência recomeçaram. "Só não temos dinheiro para continuar este programa", disse um porta-voz da Casa Branca à televisão ABC. PORQUÊ NÃO? Como podemos dar 20 mil milhões de dólares em FOREIGN AID, que é 100% inconstitucional, e não ser capazes de financiar programas de prevenção de crimes críticos em Washington, D.C., o único local onde o governo federal tem jurisdição sobre a protecção policial? Este é o legado do socialismo, o caminho para a escravidão através do terror e da delinquência.

FONTES E NOTAS

"Negócios Estrangeiros". Jornal CFR, Abril de 1974. Gardner, R.

"Uma entrevista com Edward Bellamy" Frances E. Willard, 1889. "Boston Bellamy Club". Edward Bellamy, 1888.

"Fabianismo na vida política da Grã-Bretanha 1919-1931". John Strachey.

Ver também "Notícias da Esquerda", Março de 1938.

"Boletim da Escola de Estudos do Instituto Rand de 1952-1953". Upton Sinclair. "O Pensamento Económico de John Ryan". Dr. Patrick Gearty.

"Colaboração entre socialistas e comunistas". Zigmunt Zaremba, 1964. "Corrupção numa economia lucrativa". Mark Starr.

"Comissão Consultiva dos Estados Unidos". Mark Starr. "Americanos pela Acção Democrática". (ADA)

"O Caso Contra o Socialismo: Um Manual para os Oradores Conservadores". Rt. Hon A.J. Balfour, 1909.

O Fabian News de 1930 menciona Rexford Tugwell como associado de Roosevelt e do Governador Al Smith de Nova Iorque, e novamente no Who's Who de 1934. Tugwell foi também estreitamente associado a Stuart Chase, autor de "A New Deal". Tugwell trabalhou no Departamento de Economia da Universidade de Columbia.

"The Fabian Society". William Clarke, 1894.

"Novas Fronteiras". Henry Wallace.

"Um New Deal". Stuart Chase, 1932.

"Philip Dru, Administrador". Edward Mandell House, 1912.

"Grande Sociedade". Graham Wallace

"O Plano Beveridge". William Beveridge. Tornou-se o "plano" para a segurança social nos Estados Unidos.

"Socialismo, utópico e científico". Federick Engels, 1892.

"Bernard Shaw". Ervine St. John, 1956.

"O Supremo Tribunal e o Público". Felix Frankfurter, 1930.

"The Essential Lippmann-A Philosophy for Liberal Democracy". Clinton Rossiter e James Lare.

"John Dewey e David Dubinsky". Biografia em imagens, 1952.

"Hugo Black, os anos do Alabama". Hamilton e Van Der Veer, 1972.

"Uma História do Sionismo". Laca Walter.

"A sociedade próspera". John Galbraith, 1958.

"Os Pilares da Sociedade". A.G. Gardiner, 1914.

"Boletim da Escola de Ciências Sociais de Rand". 1921-1935.

"The Other America: Poverty in the United States" (A Outra América: Pobreza nos Estados Unidos). Michael Harrington, 1962

"História do Socialismo". Morris Hilquit, 1910.

"Cartas Holmes-Laski". A correspondência do Sr. Juiz Holmes e Harold Laski. De Wolfe, 1953.

"Colonel House's Private Papers" C. Seymour, 1962.

"As Consequências Económicas da Paz". John Maynard Keynes, 1925.

"Teoria Geral da Economia". John Maynard Keynes, 1930.

"The Crisis and the Constitution, 1931 and After". Harold J. Laski, 1932.

"Dos Diários de Felix Frankfurter". Joseph P. Lash, 1975.

"Harold Laski: Uma Memória Biográfica. Kingsley Martin, 1953. "Memórias de um snob socialista". Elizabeth Brandeiss, 1948.

"O Plano Nacional de Meios de Subsistência. Prestonia Martin, 1932.

"Reminiscências de Felix Frankfurter. Philip Harlan, 1960.

"Comentários sobre a Constituição dos Estados Unidos da América. Joseph Story, 1883.

Everson contra o Conselho de Educação. Este é o primeiro triunfo socialista na inversão dos casos escolares da cláusula religiosa. Não houve precedente legal para apoiar o argumento de Everson em tribunal. Não há nada na Constituição que apoie o chamado "muro de separação" descrito por Jefferson e não faz parte da Constituição. A Primeira Emenda NÃO se destinava a separar o Estado da religião, que o caso Everson subitamente considerou constitucional. Como é que uma simples figura de linguagem proferida por Jefferson - e mesmo assim apenas em relação ao estado da Virgínia - de repente se tornou lei? Por que mandato constitucional foi isto feito, e por que precedente? A resposta é NENHUMA em ambos os casos.

O "muro de separação" foi uma desculpa para Frankfurter exercer o seu preconceito contra a religião cristã e, em particular, contra a Igreja Católica. Repetimos, NÃO HÁ DISPOSIÇÃO CONSTITUCIONAL PARA ESTA MÍTICA "PAREDE DE SEPARAÇÃO ENTRE A IGREJA E O ESTADO". Nisto, Frankfurter foi grandemente influenciado pelo anticatólico Harold J. Laski e pelo Juiz Oliver Wendell Holmes, ambos socialistas endurecidos. Laski acreditava que "a educação que não é laica e obrigatória não é educação de todo... A Igreja Católica deve limitar-se ao Limbo... e, sobretudo, a Santo Agostinho... A incapacidade da Igreja Católica de dizer a verdade... torna impossível fazer as pazes com a Igreja Católica Romana. Ela é uma das inimigas permanentes de tudo o que é decente no espírito humano. Além disso, Black era um ávido leitor das publicações do Rito Escocês da Maçonaria, que condenava veementemente a Igreja Católica. No entanto, é suposto acreditarmos que a Justiça Negra não demonstrou extremo preconceito pessoal ao decidir pela Everson!

"Correspondência Seleccionada 1846-1895". Karl Marx e Frederich

Engels.

"Edward Bellamy". Arthur Morgan, 1944.

"Fabian Quarterly". 1948. A Sociedade Fabian.

"Um Dilema Americano". Gunnar Myrdal, 1944.

"Fabian Research". A Sociedade Fabian.

"Reflections on the end of an era" Dr. Reinhold Niebuhr, 1934.

"A História da Sociedade Fabiana". Edward R. Pease, 1916.

"O Roosevelt que eu conhecia. Frances Perkins, 1946.

"The Fabian Society, Past and Present". G.D.H. Cole, 1952.

"A Dinâmica da Sociedade Soviética".

"The United States in the World Arena". Walt W. Rostow, 1960.

"Labour in Britain and the World" Dennis Healey, Janeiro de 1964.

"A Era de Roosevelt". Arthur Schlesinger, 1957.

"4 de Julho de 1992". Edward Bellamy, Julho de 1982.

"Sr. House of Texas". A.D.H. Smith, 1940.

"Novos Padrões para Escolas Primárias". Sociedade Fabian, Setembro de 1964.

"A Vinda da Revolução Americana". George Cole, 1934.

"H.G. Wells e o Estado Mundial". Warren W. Wagner, 1920.

"Educação numa Sociedade de Classes". Edward Vaizey, Novembro de 1962.

"Socialismo em Inglaterra". Sydney Webb, 1893.

"A decadência da civilização capitalista". Beatrice e Sydney Webb, 1923.

"Ernest Bevin". William Francis, 1952.

"Segurança Social". The Fabian Society, 1943 (Adaptações do Plano Beveridge).

"A Nova Liberdade". Woodrow Wilson, 1913.

"Recuperação através da revolução". (Suposto ser o pensamento de Lovett, Moss e Laski) 1933.

"O que um comité de educação pode fazer nas escolas primárias". Sociedade Fabian, 1943.

"The American Fabians" ADA Periodicals, 1895-1898.

"Roosevelt em Frankfurter". Dezembro de 1917. Cartas de Theodore Roosevelt, Biblioteca do Congresso.

"Riqueza versus Commonwealth". Henry Demarest Lloyd, 1953.

"The Necessity of Militancy: Socialism in Our Time", 1929. Contém uma declaração de Roger Baldwin defendendo a revolução nos Estados Unidos da América.

Discurso "Liberdade no Estado Providência" do Senador Lehman, no qual afirma erradamente que "os Pais Fundadores estabeleceram o Estado Providência". Publicado em 1950.

"Rexford Tugwell" citado nos Rand School Bulletins, 1934-1935.

"American Civil Liberties Union (ACLU)". Formado em Janeiro de 1920, foi então chamado o Gabinete das Liberdades Civis. Muitas das suas ideias foram retiradas do livro "The Man Without a Country" de Philip Nolan. Declaração de Robert Moss Lovett: "Eu odeio os Estados Unidos! Eu estaria disposto a ver o mundo inteiro explodir, se isso destruísse os Estados Unidos" aproxima-se dos sentimentos expressos por Nolan no seu livro. A edição de Junho de 1919 de 'Liberdade' discute a formação da ACLU, nomeando nomes incluindo o fundador, o Reverendo John Nevin Sayre.

Outras fontes da ACLU "Freedom Through Dissent", 30 de Junho de 1962. Também, Rogers Baldwin, membro fundador da ACLU, "The Need for Militancy" e "The Socialism of our Times" de Laidler.

"Walter Reuther". Presidente do Sindicato dos Trabalhadores do Automóvel. Trabalhou em estreita colaboração com a Liga para a Democracia Industrial. De "Quarenta Anos de Educação". LID, 1945. Ver também o Congressional Record House, 16 de Outubro de 1962, páginas 22124-22125. Ver também Louisville Courier Journal. "Suécia: O Caminho do Meio", Marquise Child.

"The Southern Farmer", Aubrey Williams (relatório de 1964 do Comité de Actividades da Casa Unamericana).

"Woodrow Wilson". Material de "The New Freedom" Arthur Link, 1956. Albert Shaw, editor do "Tribune" de Minneapolis. Shaw também escreveu "Review of Reviews". "The Year 2000: A Critical Biography of Edward Bellamy" por Sylvia Bowman, 1958. "International Government" publicado por Brentanos New York, 1916. Comissão de Inquérito do Senado do Estado de Nova Iorque, 1920. Esta comissão investigou a Escola Rand por actividades sediciosas. O MI6 ordenou a Wilson que destruísse os ficheiros do Gabinete de Inteligência Militar sobre elementos subversivos na órbita socialista Fabian, uma ordem que Wilson executou. Relatado em "A Nossa Guerra Secreta" por Thomas Johnson. "An American Chronicle" Ray Stannard Baker, 1945. "Record of the Sixty Sixth Congress" páginas 1522-23, 1919. Audiência da Subcomissão do Poder Judiciário, 87° Congresso, 9 de Janeiro - 8 de Fevereiro de 1961. "O caminho para a segurança". Arthur Willert, 1952. "Fabian News" Outubro, 1969. "Nota para uma biografia". 16 de Julho de 1930. Também, a "Nova República". "Agitação Social" pelo Rev. Lyman Powell, 1919 (Powell era um velho amigo de Wilson).

"Mr. Wilson's War". John Dos Passos, 1962.

"The New Statesman", artigo de Leonard Woolf, 1915.

"Florence Kelley", (nome verdadeiro Weschnewetsky.) A história de Kelley é contada em "Impatient Crusader, Florence Kelley's Life Story" por Josephine Goldmark, 1953. Revista Survey, Paul Kellog, editor. "The Nation, Freda Kirchway, The Roosevelt I Knew, Kelley, 1946. Kelley foi um "reformador do reformador social" e director da Liga da Democracia Industrial (LID) 1921-1922, secretário nacional da Liga Nacional dos Consumidores e inúmeras organizações de fachada dos socialistas Fabian.

O senador Jacob Javitts. Estreitamente aliado com a Fabian Society em Londres, recebeu um cabo de felicitações de Lady Dorothy Archibald. O simpósio Freedom in the Welfare State aplaudiu Javitts e o seu trabalho pelo socialismo. Javitts votou a favor das propostas socialistas da ADA, alcançando uma pontuação quase perfeita de 94%. Participou na "Mesa Redonda sobre Democracia: Necessidade de um Despertar Moral na América" em 1952. Outros que serviram com Javitts incluíram Mark Starr, Walter Reuther e Sydney Hook.

"Poderes Constitucionais de um Presidente". Encontrado na Secção II da Constituição dos Estados Unidos. Registo Congressional 27 de Fevereiro de 1927.

"Lei Geral das Dotações de Deficiência".

"Registo do Congresso, Casa, 26 de Junho de 1884 Página 336 Apêndice ao mesmo". Vemos aqui porque é que a educação é o meio pelo qual a ofensiva socialista pode ser amortecida.

"Espírito e Fé". A. Powell Davies, editado pelo Juiz William 0. Douglas. Davies, o apoiante da Justiça da Igreja Unitária Hugo Black, também escreveu "American Destiny (A Faith for America)" em 1942, e "The Faith of an Unrepentant Liberal" em 1946. O impacto que Davies teve nos Juízes Douglas e Black pode ser visto nas questões socialistas que ambos os Juízes viram com bons olhos nas decisões do Supremo Tribunal em que participaram.

"Admirável Mundo Novo" Julian Huxley. Neste trabalho, Huxley apela à criação de um Estado socialista totalitário em grande escala que governaria com punho de ferro.

"O comunismo e a família. Sra. Kollontay. Em que expressa a sua indignação e revolta pelo controlo parental dos filhos e o papel da mulher na vida matrimonial e familiar.

"Corajosa Nova Família" Laura Rogers. Surpreendentemente como o título do "Admirável Mundo Novo" de Huxley. Rogers expõe a estratégia há muito solicitada pelos socialistas para assumir o controlo das crianças e afastá-las do controlo parental, segundo as linhas sugeridas por Madame Zinioviev, esposa de Gregori Zinoviev, um comissário soviético endurecido.

"Registo do Congresso, Senado S16610-S16614". Mostra como o socialismo está a tentar minar a Constituição.

"Registo do Congresso, Senado 16 de Fevereiro de 1882 páginas 1195-1209". Como a Comissão do Senado lidou com os Mórmons e como violou o Projecto de Lei do Detentor.

"As liberdades da mente". Charles Morgan. Em referência à chamada "psicopolítica".

"Manifesto Comunista de 1848". Karl Marx.

"Registo do Congresso, Senado, 31 de Maio de 1924. páginas 9962-9977". Descreve como os comunistas americanos disfarçam os seus programas de socialismo e explica que eles diferem apenas em grau.

Já publicado

OMNIA VERITAS
OMNIA VERITAS LTD APRESENTA:
JOHN COLEMAN
DIPLOMACIA POR ENGANO
DIPLOMACIA POR ENGANO
UM RELATO DA CONDUTA DE TRAIÇÃO DOS GOVERNOS DA GRÃ-BRETANHA E DOS ESTADOS UNIDOS
POR JOHN COLEMAN
A história da criação das Nações Unidas é um caso clássico da diplomacia do engano

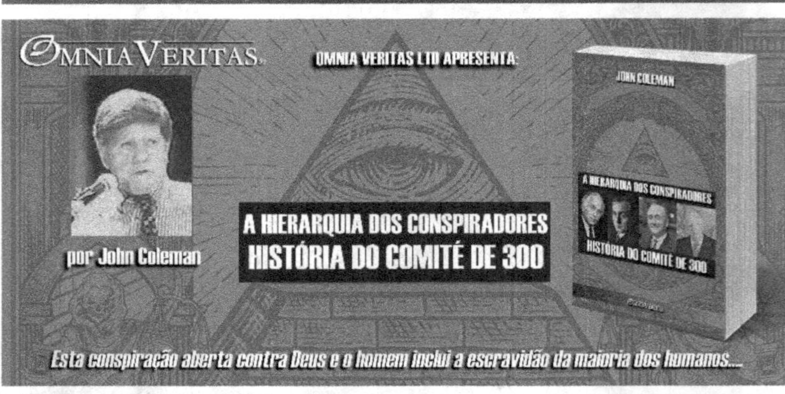
OMNIA VERITAS
OMNIA VERITAS LTD APRESENTA:
JOHN COLEMAN
A HIERARQUIA DOS CONSPIRADORES
HISTÓRIA DO COMITÉ DE 300
por John Coleman
A HIERARQUIA DOS CONSPIRADORES
HISTÓRIA DO COMITÉ DE 300
Esta conspiração aberta contra Deus e o homem inclui a escravidão da maioria dos humanos...

OMNIA VERITAS
OMNIA VERITAS LTD APRESENTA:
JOHN COLEMAN
INSTITUTO TAVISTOCK de RELAÇÕES HUMANAS
INSTITUTO TAVISTOCK
de RELAÇÕES HUMANAS
Moldando o declínio moral, espiritual, cultural, político e económico dos Estados Unidos da América
por John Coleman
Sem o Tavistock, não teria havido as Guerras Mundiais I e II.
Os segredos do Instituto Tavistock para as Relações Humanas

OMNIA VERITAS
OMNIA VERITAS LTD APRESENTA:
MAÇONARIA
de A a Z
por John Coleman
No século XXI, a Maçonaria tornou-se menos uma sociedade secreta do que uma "sociedade de segredos"
JOHN COLEMAN
MAÇONARIA DE A A Z
Este livro explica o que é a Maçonaria

OMNIA VERITAS
OMNIA VERITAS LTD APRESENTA:
O CLUBE DE ROMA
O GRUPO DE REFLEXÃO DA NOVA ORDEM MUNDIAL
POR JOHN COLEMAN
Os muitos acontecimentos trágicos e explosivos do século XX não aconteceram por si só, mas foram planeados de acordo com um padrão bem estabelecido...
JOHN COLEMAN
O CLUBE DE ROMA
Quem foram os planificadores e criadores destes grandes eventos?

OMNIA VERITAS
OMNIA VERITAS LTD APRESENTA:
PARA ALÉM da CONSPIRAÇÃO
DESMASCARAR O GOVERNO MUNDIAL INVISÍVEL
por John Coleman
Todos os grandes acontecimentos históricos são planeados em segredo por homens que se rodeiam de total discrição
JOHN COLEMAN
PARA ALÉM da CONSPIRAÇÃO
Os grupos altamente organizados têm sempre uma vantagem sobre os cidadãos

www.ingramcontent.com/pod-product-compliance
Lightning Source LLC
Chambersburg PA
CBHW050508270326
41927CB00009B/1952

* 9 7 8 1 8 0 5 4 0 0 4 1 7 *